John Peter Sloan

INSTANT
ENGLISH

Der Kurs für alle, die denken, dass sie selbst
das Problem beim Englischlernen sind.

PONS GmbH
Stuttgart

PONS

Instant
ENGLISH

von
John Peter Sloan
Übersetzung aus dem Italienischen von Beate Stern

Auflage A1 ⁶ ⁵ ⁴ ³ / 2017 2016 2015 2014

Original title: Instant English
© GRIBAUDO - IF - Idee editoriali Feltrinelli srl Socio Unico Giangiacomo Feltrinelli
Editore srl, Via Natale Battaglia, 12, 20127 Milano (Italy)
www.gribaudo.it

© PONS GmbH, Rotebühlstraße 77, 70178 Stuttgart, 2014
www.pons.de
E-Mail: info@pons.de
Alle Rechte vorbehalten.

Redaktion: Astrid Proctor
Logoentwurf: Erwin Poell, Heidelberg
Logoüberarbeitung: Sabine Redlin, Ludwigsburg
Illustrationen: Sara Pedroni
Titelfotos: Chrysler Building: Thomas Northcut/Thinkstock; Sir Norman Foster
Building: Michael Blann; Freiheitsstatue, Big Ben, Canary Wharf: Thinkstock
Einbandgestaltung: Anne Helbich, Stuttgart
Design und Layout: ORBIT - San Martino Buon Albergo (VR), Italien
Satz: Digraf.pl – dtp services
Druck und Bindung: Appel und Klinger, Druck und Medien GmbH, Schneckenlohe

Printed in the EU.
ISBN: 978-3-12-561951-7

SUMMARY

Introduction   4

GRAMMAR
STEP 1   8
STEP 2   54
STEP 3   118
STEP 4   160
STEP 5   184

ENGLISH IN USE
AT WORK   208
GOING ABROAD   232

SITUATIONS AND WORDS
REAL LIFE   254
IDIOMS   274

FINAL PART
Solutions and translations   338
Vocabulary   375
Regular Verbs   385
Irregular Verbs   392
Index   395

INTRODUCTION

All jenen gewidmet, die denken, das Problem liege an IHNEN!

Als Lehrer an einer bedeutenden Englischschule in Italien ist mir recht schnell bewusst geworden, dass die Methode, nach der dort unterrichtet wurde, für meine italienischen Studenten wenig effektiv und schwierig war. Viele Sachverhalte lassen sich nicht eins zu eins in eine andere Sprache übertragen – dies führte oft zu Missverständnissen, wenn sie nach der Methode dieser Schule auf Englisch unterrichtet wurden. Deshalb habe ich sie heimlich auf Italienisch erklärt, und da ist meinen Studenten **ein Licht aufgegangen**...

Ich habe ihnen einige Vokabeln und Verben an die Hand gegeben, damit sie – dank der **BUILDING BLOCKS** Methode – von Anfang an englische Sätze bilden konnten. Dabei habe ich aus einem ganz einfachen Grund immer **unterhaltsame Beispiele** gewählt: Man lernt leichter, wenn man dabei Spaß hat. Alle meine Studenten erinnern sich selbst nach Jahren noch an die verrückten Geschichten, die ich geschrieben habe, um ihnen die Regeln beizubringen ... und mit diesen Geschichten erinnern sie sich auch an die **Grammatik**!

Meine Methode beruht im Wesentlichen auf **Einfachheit**, **Logik** und dem gesunden Menschenverstand. Das ist ein Erfolgsrezept – ich habe mich deshalb dazu entschieden, alles in einem Buch niederzuschreiben. Englischlernen kann nämlich wirklich unterhaltsam sein, wenn du jede Übung als Spiel oder Puzzle betrachtest! Du wirst mehr Begeisterung für das Erlernen von Regeln entwickeln, wenn du diese gleich auf einer **Reise** oder am **Arbeitsplatz** umsetzen kannst; wenn du sie nutzen kannst, um all die kleinen Geheimnisse der Engländer zu entdecken – nämlich die typischen und gängigen Redewendungen und **Idioms**. Diese Methode wird bei dir mit Sicherheit innerhalb kürzester Zeit nicht nur zu großer Zufriedenheit führen, sondern hat auch einen weiteren großen Vorteil: Wie wir alle wissen, ist Englisch die Sprache der Zukunft!

Der Aufbau dieses Buches orientiert sich an der Bedeutung der Themen in der englischen Sprache. Dabei werden alle Inhalte behandelt, die es dem Lernenden ermöglichen, so früh wie möglich ein gutes Englisch zu sprechen! Nicht alle Sätze wurden übersetzt – einige Beispiele findest du sowohl auf Englisch als auch auf Deutsch, andere aber nur auf Englisch: Verlasse dich ruhig auf meine jahrelange Erfahrung aus der Arbeit mit meinen Studenten. Ich habe mir für dieses Buch mein Gehirn regelrecht „zermartert", damit es alles enthält, was du brauchst, um in der englischen Sprache gut kommunizieren zu können.

Auf der Internetseite www.pons.de/instant-english findest du übrigens Videos, in denen ich dir die Tücken der englischen Sprache erkläre und dir Tipps gebe, wie du es schaffen kannst, selbst wie ein Native Speaker zu sprechen!

Und, *last but not least*, nicht zuletzt wünsche ich dir: *have fun and enjoy yourself*!

INSTANTENGLISH

GRAMMAR

STEP **1**

STEP **2**

STEP **3**

STEP **4**

STEP **5**

STEP 1

1.1.1   **Das Verb SEIN (*TO BE*)**
die bejahte Form
die verneinte Form
die Frageform

1.1.2   **Der Artikel**

1.1.3   **Der Plural**

1.1.4   **Die Personalpronomen**

1.1.5   **Das Verb HABEN (*TO HAVE*)**
die bejahte Form
die Frageform
die verneinte Form

1.1.6   **Grundwortschatz**
Farben
Familie und Heim
Zahlen

1.1.7   **Possessivbegleiter und Possessivpronomen**

1.1.8   ***Double object***

1.1.9   **Der s-Genitiv**

1.1.10   **Präpositionen**

1.1.11   **Demonstrativbegleiter und Demonstrativpronomen**

1.1.12   **Wer, wie, was, wann und wo?**

1.1.13   ***There is/there are***

1.1.14   **Wochentage und Tageszeiten**

1.1.15   **Monate und Jahreszeiten**

1.1.16   **Die Uhrzeit**

DAS VERB **SEIN** (*TO BE*) 1.1.1

let's see – SCHAUEN WIR UNS ZUERST EINMAL DIE SUBJEKTE AN.

I	ich
you	du
he	er
she	sie
it	es
we	wir
you	ihr (du und ihr ist im Englischen immer you)
they	sie

YOU and I

Sicher wird dir aufgefallen sein, dass man im Englischen nicht zwischen ‚du' und ‚ihr' unterscheidet. Es gibt nur *YOU*, egal ob du zu einer Person sprichst oder zu mehreren. Und es wird noch besser! Im Englischen wird nicht gesiezt. Während du im Deutschen die Höflichkeitsform ‚Sie' verwendest, benutzt du auch hier … na klar: *YOU!*

You are my wife. Du bist meine Frau.
You are my parents. Ihr seid meine Eltern.
You are my boss. Sie sind mein Chef.

Beachte außerdem, dass das Subjekt „*I*" im Englischen immer großgeschrieben wird, auch mitten im Satz. Nicht etwa weil man sich selbst als etwas Besonderes fühlt und sich mit einem kleinen, unscheinbaren „*i*" nicht zufrieden geben möchte - nein, es ist einfach die Regel!

I know I'm John. Ich weiß, dass ich John bin.

1. DIE BEJAHTE FORM

Wir werfen einen Blick auf das konjugierte Verb ‚sein' im Indikativ Präsens.

	LANGFORM	KURZFORM
ich bin	I am	I'm
du bist	you are	you're
er/sie/es ist	he/she/it is	he's/she's/it's
wir sind	we are	we're
ihr seid	you are	you're
sie sind	they are	they're
Sie sind	you are	you're

Die BEJAHTE FORM wird so gebildet:

Subjekt + Verb + Objekt

I am John/I'm John. Ich bin John.
You are Julie/You're Julie. Du bist Julie.
He is nice/He's nice. Er ist nett.
She is drunk/She's drunk. Sie ist betrunken.
It is beautiful/It's beautiful. Es ist schön.
We are young/We're young. Wir sind jung.
You are old/You're old. Ihr seid alt.
They are sad/They're sad. Sie sind traurig.

Hier findest du einige nützliche Begriffe, die dir helfen werden, wenn du Sätze bildest ... Denk daran – wenn ein Buchstabe unterstrichen ist, bedeutet das, dass er zwar geschrieben, aber nicht gesprochen wird.

tired	müde
ugly	hässlich
generous	großzügig
drunk	betrunken
old	alt
sad	traurig
happy	glücklich
slow	langsam

fast	schnell
fat	dick
thin	dünn
big	groß
small	klein
serious	ernst
elegant	elegant
beautiful	schön
young	jung
honest	ehrlich
handsome	gutaussehend
long	lang

NICE

NICE ist ein im Englischen häufig gebrauchtes Adjektiv – es ist ein positiver Be-
griff, der sich auf ALLES beziehen kann ...
Schau dir diese Beispiele an:
He is nice. Er ist nett.
The chicken is nice. Das Huhn ist lecker.
The weather is nice. Das Wetter ist schön.
His car is nice. Sein Auto ist schön.
John is nice. John ist gutaussehend.

Adjektive haben im Englischen keine männliche oder weibliche Form. Auch im
Singular bzw. Plural werden sie nicht konjugiert (ein Problem weniger!).

DAS VERB SEIN (*TO BE*)

Wir kommen nun zu den ersten Beispielen. Übersetze die folgenden Sätze; verlasse dich dabei auf das, was du bereits gelernt hast. Die Antworten zu den Übungen findest du am Ende des Buches ... aber NICHT SCHUMMELN: schlage sie nicht vorher nach!

Wenn du mit der Übung fertig bist (aber wirklich erst dann), schaust du am Ende des Buches nach, wie viele Treffer du gelandet hast.
Es ist nicht schlimm, wenn du Fehler gemacht hast: durch Fehler lernt man. Vielmehr ist es wichtig, dass du verstehst, warum du den Fehler gemacht hast.

Und noch etwas Nützliches: Wenn du die Beispiele liest, dann lies sie immer laut. Das Gedächtnis sitzt nicht nur in einem einzigen Bereich des Gehirns. Sämtliche Teile des Gehirns sind am kollektiven Gedächtnis beteiligt, und es gibt verschiedene Wege, dem Gehirn Informationen zuzuführen. Beim Lesen nimmst du Informationen über die Augen auf, wenn du aber einen Satz sprichst und diesen laut wiederholst, kommt die Information auch über die Ohren an. Das ist eine weitere und einfache Methode, sich etwas zu merken. Es erklärt auch, warum viele Leute von sich sagen, dass sie Englisch viel besser lernen, indem sie sprechen - sie hören dann nämlich tatsächlich zu.
Kennst du das - dir geht ein Problem im Kopf herum, und du denkst immer wieder darüber nach und suchst eine Lösung, findest aber keine? Dann redest du mit einem Freund darüber und schon während du sprichst, erscheinen dir die Dinge klarer.

ÜBUNG Nr. 1

1. Ich bin dünn. ..... *I'm thin*
2. Wir sind alt und müde. *We're old and tired*
3. Sie sind betrunken. (3. Person Pl.) ~~You're~~ *They're drunk*
4. Du bist großzügig. *You're generous*
5. Sie ist dick. *She's fat*
6. Wir sind glücklich. *We're happy*
7. Das Auto ist schnell. *The car is fast*
8. Er ist großzügig. *He's generous*
9. Ich bin dick. *I'm fat*
10. Wir sind traurig. *We're sad*

2. DIE VERNEINTE FORM

Schauen wir uns die verneinte Form des konjugierten Verbs ‚sein' im Indikativ Präsens an. Dazu benötigen wir ein kleines, aber wichtiges Wort, das den Sinn des Satzes komplett verändert: *NOT*. Es dient dazu, ein Verb zu verneinen und steht im Satz nach dem Verb.

	LANGFORM	KURZFORM	
ich bin nicht	I am not	I'm not	
du bist nicht	you are not	you aren't	oder you're not
er/sie/es ist nicht	he/she/it is not	he/she/it isn't	oder he's/she's/it's not
wir sind nicht	we are not	we aren't	oder we're not
ihr seid nicht	you are not	you aren't	oder you're not
sie sind nicht	they are not	they aren't	oder they're not
Sie sind nicht	you are not	you aren't	oder you're not

Die VERNEINTE FORM wird so gebildet:

Subjekt + Verb + *not* + Objekt

I am not John/I'm not John. Ich bin nicht John.
You are not Julie/You're not Julie. Du bist nicht Julie.
He is not nice/He's not nice. Er ist nicht nett.
She is not drunk/She's not drunk. Sie ist nicht betrunken.
It is not beautiful/It's not beautiful. Es ist nicht schön.
We are not young/We're not young. Wir sind nicht jung.
You are not old/You're not old. Ihr seid nicht alt.
They are not sad/They're not sad. Sie sind nicht traurig.

3. DIE FRAGEFORM

Jetzt fehlt uns nur noch der Fragesatz, um den Satzbau im Englischen abzuschließen. Fragesätze mit dem Verb ‚to be' lassen sich ganz einfach bilden.

DAS VERB **SEIN** (*TO BE*)

Genau wie im Deutschen unterscheidet sich auch im Englischen der Aussagesatz vom Fragesatz durch seine Wortstellung. In einem Aussagesatz steht das Subjekt vor dem Verb, während sich in einem Fragesatz die Reihenfolge umkehrt; wir stellen das Verb an erste Stelle, und danach folgt das Subjekt. Ganz einfach, oder?!

AUSSAGESATZ	FRAGESATZ
I am	am I?
you are	are you?
he/she/it is	is he/she/it?
we are	are we?
you are	are you?
they are	are they?

Ein POSITIVER FRAGESATZ wird so gebildet:

Verb + Subjekt + Objekt

AUSSAGESATZ	FRAGESATZ
She is beautiful.	Is she beautiful?
They are tired.	Are they tired?
I am drunk.	Am I drunk?
He is old.	Is he old?
We are young.	Are we young?
You are English.	Are you English?
You and Mary are happy.	Are you and Mary happy?
The man is fat.	Is the man fat?

SHORT ANSWER

SHORT ANSWERS (Kurzantworten) sind Antworten, die mit *ja* oder *nein* beginnen. Sie machen es möglich, eine Wiederholung des Adjektivs zu vermeiden und werden folgendermaßen gebildet:

Bejaht: ***YES*, SUBJEKT + VERB** (Yes, she is/Yes, I am.)
Verneint: ***NO*, SUBJEKT + VERB + *NOT*** (No, they are not.)

Lisa: John, are you drunk? John, bist du betrunken?
John: No, I am not, my darling! Nein, bin ich nicht, mein Schatz!
Lisa: I am not your darling, I am your mother! Ich bin nicht dein Schatz, ich bin deine Mutter!
John: Oh, sorry. Ok, yes! I am. Oh, tut mir leid. Okay, ja! Ich bin betrunken.
(... Tatsächlich kann ich, wenn ich betrunken bin, diesen Satz nicht mehr sagen. Normalerweise falle ich dann um und fertig ...)

Einen sehr kurzen Hinweis widme ich nun dem verneinten Fragesatz, der vorwiegend dazu dient, eine Bestätigung über etwas einzuholen, wovon man bereits eine gewisse Vorstellung hat.

Der VERNEINTE FRAGESATZ wird so gebildet:

Verb + *not* + Subjekt + Objekt

Isn't she beautiful?   Ist sie nicht schön?
Aren't you tired?   Bist du nicht müde?
Isn't he stupid?   Ist er nicht dumm?
Aren't they drunk?   Sind sie nicht betrunken?

DER **ARTIKEL** 1.1.2

Im Englischen gibt es nur einen bestimmten Artikel, der niemals konjugiert wird! Weder in den unterschiedlichen Geschlechtern noch im Plural!

Dieses Zauberwort heißt *THE* und dient als Übersetzung für ‚der', ‚die', ‚das', und ‚die' (im Plural).
Du glaubst das nicht? Dann schau hier:

die Katze	THE cat
die Katzen	THE cats
das Haus	THE house
die Häuser	THE houses
der Skorpion	THE scorpion
die Skorpione	THE scorpions

Der unbestimmte Artikel wird genauso einfach gebildet!
‚Ein' und ‚eine' werden beide mit *A* oder *AN* übersetzt.
A steht vor Substantiven, die mit einem gesprochenen Konsonanten beginnen, während *AN* vor Substantiven steht, die mit einem Vokallaut beginnen. Verblüfft, wie einfach das ist? Versuch es selbst, dann wirst du es glauben:

ein Hund	A dog
eine Katze	A cat
ein Rad	A bike
ein Apfel	AN apple
eine Orange	AN orange

Achtung! Lass dich nicht von der Schreibung irritieren:

Das Wort hour beginnt zwar mit einem Konsonanten, dieser wird aber NICHT gesprochen – also heißt es ...? Richtig – AN hour.

Genauso verhält es sich z. B. beim Wort uniform. Auch hier entscheidet die Aussprache! Geschrieben siehst du zwar einen Vokal zu Beginn des Wortes – gesprochen wird das Wort aber als (j)uniform ... also? Genau – A uniform.

DER **PLURAL** 1.1.3

Sicherlich ist dir schon aufgefallen, dass bei allen bisherigen Beispielen ein -S an das Substantiv angehängt wurde, um den Plural zu bilden:

cat ➞ cats
house ➞ houses

Aber wenn du auf Substantive triffst, die im Singular auf -S, -SS, -SH, -CH oder -Z enden, musst du -ES anhängen, um den Plural zu bilden.

	ENGLISCH SINGULAR	ENGLISCH PLURAL
Bus	bus	buses
Klasse	class	classes
Wimper	lash	lashes
Kirche	church	churches

Hast du hingegen Substantive, die auf -Y enden, musst du ein -S anhängen, wenn dem Y ein Vokal vorausgeht. Geht dem Y hingegen ein Konsonant voraus, wird -ES angehängt; in diesem Fall wird das Y zum I.

	ENGLISCH SINGULAR	ENGLISCH PLURAL
Junge	boy	boys
Spielzeug	toy	toys
Frau	lady	ladies
Studie	study	studies

BECAUSE, BUT, AND

Ich möchte dir einige GRUNDLEGENDE ELEMENTE vorstellen: drei der wichtigsten Konjunktionen des Englischen. Damit kannst du mehr Gedanken zum Ausdruck bringen, inhaltsreichere Sätze formulieren und vor allen Dingen den Sinn meiner Beispiele verstehen …

BECAUSE bedeutet ‚weil'

BUT bedeutet ‚aber'

AND bedeutet ‚und'

ÜBUNG Nr. 2

1. Sie ist großzügig, weil sie betrunken ist. *She's generous because she's d...*
2. Er ist müde, weil er alt ist. *He's tired, because he's old.*
3. Sie sind schnell, weil sie jung sind. *Tey're fast because theyre yo...*
4. Wir sind langsam, weil wir dick und betrunken sind. *We're slow because we'e...*
5. Ich bin nett, aber er ist jung und gutaussehend. *I'm nice but he's you...*
6. Sie ist schön, aber sie ist nicht elegant. *she's beautiful but not elega...*
7. Wir sind dick, aber wir sind schnell. *we're fat, but fast*
8. Du bist dünn und jung, aber du bist langsam. *You're thin, young, but...*
9. Sie sind ehrlich und großzügig. *She's honest and generous*
10. Wir sind hübsch und nett, aber wir sind nicht elegant. ....

DIE
PERSONALPRONOMEN

Die Personalpronomen können dir sehr nützlich sein. Sie können sowohl Subjekt als auch Objekt deiner Sätze sein. Die Objektformen der Personalpronomen treten außerdem oft in Verbindung mit Präpositionen, die du nach und nach lernen wirst, auf.

SUBJEKT	OBJEKTFORM DES PERSONALPRONOMENS
I	me
you	you
he	him
she	her
it	it
we	us
you	you
they	them

WITH(OUT)

Für die nächsten Übungen findest du hier zwei Präpositionen:

WITH bedeutet je nach Kontext ‚mit' oder auch ‚bei'.
WITHOUT bedeutet ‚ohne'.

Ausgeschlossen, dass du den Song With or Without You von U2 nicht kennst! Der Titel bedeutet nichts anderes als ‚Mit dir oder ohne dich'.
Bono singt „Ich kann nicht leben, weder mit dir noch ohne dich". Bevor wir geheiratet haben, sang meine Frau dieses Lied immer beim Karaoke für mich; jetzt singt sie: I will survive, das heißt ‚ich werde überleben'.

Ich gebe dir gleich ein paar Beispiele, in denen ich die Personalpronomen und auch die Präpositionen verwende, die ich dir gerade vorgestellt habe und die du dir dank U2 sicherlich gut merken kannst.

DIE PERSONALPRONOMEN

AUSSAGESATZ	VERNEINTER SATZ	FRAGESATZ
Sie ist bei ihm. She is with him.	Sie ist nicht bei ihm. She is not (isn't) with him.	Ist sie bei ihm? Is she with him?
Er ist bei ihr. He is with her.	Er ist nicht bei ihr. He is not (isn't) with her.	Ist er bei ihr? Is he with her?
Sie sind bei mir. They are with me.	Sie sind nicht bei mir. They are not (aren't) with me.	Sind sie bei mir? Are they with me?

Muss ich dir noch einmal sagen, dass ... es eine neue Übung gibt und dass du die Lösungen erst am Ende nachschlagen sollst? Du sagst NEIN?! Gut, ich hatte nämlich auch keine Lust dazu ...

ÜBUNG Nr. 3

1. Wir sind bei dir. _We're with you_
2. Bist du bei ihm? _Are you with him?_
3. Er und sie sind bei mir. _him and her are with me_
4. Ihr seid bei ihnen. _You're with them_
5. Ihr seid nicht bei ihr. _You're not with her_
6. Ich bin nicht bei ihnen. _I'm not with them_
7. Bist du nicht bei ihm? _Are you not with him_

DAS VERB **HABEN** 1.1.5
(*TO HAVE*)

Das wichtigste Verb, nämlich das Verb ‚sein', *to be*, haben wir bereits kennen gelernt. Fast ebenso wichtig ist das Verb ‚haben', *TO HAVE*.

1. DIE BEJAHTE FORM

Schauen wir uns das konjugierte Verb haben im Indikativ Präsens an.

	LANGFORM	KURZFORM
ich habe	I have	I've
du hast	you have	you've
er/sie/es hat	he/she/it has	he's/she's/it's
wir haben	we have	we've
ihr habt	you have	you've
sie haben	they have	they've
Sie haben	you have	you've

Die BEJAHTE FORM wird so gebildet:

Subjekt + Verb + Objekt

Wie du siehst, lautet die Konjugation des Verbs *TO HAVE* in sämtlichen Personen *HAVE*, außer in der dritten Person Singular (*he/she/it*) – hier musst du *HAS* sagen.

You have a nice house. Du hast ein hübsches Haus.
They have a big house. Sie haben ein großes Haus.
I have an ugly friend. Ich habe einen hässlichen Freund.

Im britischen Englisch verwendet man allerdings üblicherweise *HAVE/HAS GOT*.
We have got an old dog. Wir haben einen alten Hund.

garden	Garten
dog	Hund
brother	Bruder
mother	Mutter
wife	Ehefrau
sister	Schwester

DAS VERB **HABEN** (*TO HAVE*)

pool	Schwimmbad
car	Auto
boyfriend	fester Freund

Jetzt kannst du alles bisher Gelernte anwenden und mit Hilfe dieser Vokabeln die folgenden Sätze übersetzen.

ÜBUNG Nr. 4

1. Wir haben einen kleinen Garten. ....
2. Ich habe einen dicken Hund. ....
3. Sie hat einen hässlichen Bruder. ....
4. Sie haben eine dünne Mutter. ....
5. Er hat eine schöne Ehefrau. ....
6. Er hat eine schöne, aber traurige Schwester. ....
7. Ich bin jung, aber ich habe ein großes Auto. ....
8. Ich bin nicht schön, aber ich habe einen gutaussehenden Freund. ....
9. Sie hat zwei Brüder und eine Schwester. ....

2. DIE FRAGEFORM

Hat das Verb *TO HAVE* die Funktion eines Vollverbs, werden Fragen normalerweise mit dem Hilfsverb *TO DO* gebildet. Zu Fragen mit *TO DO* kommen wir aber erst in Step 2!

Fragen mit *HAVE GOT* können dagegen nicht mit *TO DO* gebildet werden. Stattdessen werden - wie beim Verb ‚to be' - Verb und Subjekt vertauscht. *GOT* steht nach dem Subjekt.

BEJAHTE FORM	FRAGEFORM
I have	have I (got)?
you have	have you (got)?
he/she/it has	has he/she/it (got)?
we have	have we (got)?
you have	have you (got)?
they have	have they (got)?

Die POSITIVE FRAGEFORM wird so gebildet:

Verb + Subjekt + *got* + Objekt

BEJAHTE FORM	FRAGEFORM
You have got a car.	Have you got a car?
They have got time.	Have they got time?
She has got a big house.	Has she got a big house?

3. DIE VERNEINTE FORM

Schauen wir uns die verneinte Form des Verbs ‚haben' an. Um es zu konjugieren, brauchst du wieder das kleine Zauberwort *NOT*, das im Satz auf das Verb folgt.

	LANGFORM	KURZFORM
I have (got)	I have not (got)	I haven't (got)
you have (got)	you have not (got)	you haven't (got)
he/she/it has (got)	he/she/it has not (got)	he/she/it hasn't (got)
we have (got)	we have not (got)	we haven't (got)
you have (got)	you have not (got)	you haven't (got)
they have (got)	they have not (got)	they haven't (got)

Die VERNEINTE FORM wird so gebildet:

Subjekt + Verb + *not* + *got* + Objekt

You have not got/haven't got a car. Du hast kein Auto.
They have not got/haven't got time. Sie haben keine Zeit.
She has not got/hasn't got a big house. Sie hat kein großes Haus.
I have not got/haven't got an ugly brother. Ich habe keinen hässlichen Bruder.
He has not got/hasn't got an old bike. Er hat kein altes Rad.

SHORT ANSWER

Wie du siehst, ändert sich auch beim Verb ‚haben' die Wortstellung nicht.
Und Fragen werden ebenfalls mit **SHORT ANSWERS** beantwortet.
Bejaht: **YES, SUBJEKT + VERB** (Yes, I have/Yes, she has.)
Verneint: **NO, SUBJEKT + VERB + NOT** (No, they have not.)

Tom: Have you got a dog?
Sally: Yes, I have/No, I haven't.

Wife: Have you got time for me?
John: No, I haven't.
Wife: Have you got time for The Simpsons?
John: Yes, I have.
Wife: Have you got time for the pub?
John: Always!

GRUNDWORTSCHATZ 1.1.6

Bevor wir jetzt fortfahren, findest du hier einen Grundwortschatz, mithilfe dessen du vollständigere Sätze bilden kannst. Um dir das Lernen der neuen Wörter zu erleichtern, habe ich diese in thematische Bereiche eingeteilt. So ist es für dich einfacher, sie später herzuleiten.

1. FARBEN

Let's start with colours! Farben sind lustig und unterhaltsam. Wer weiß, vielleicht bringen sie dir beim Lernen Glück.

red	rot
green	grün
yellow	gelb
blue	blau
pink	rosa
black	schwarz
white	weiß
grey	grau
brown	braun
orange	orange

house	Haus
dog	Hund
eye	Auge
hat	Hut
bike	Fahrrad
television	Fernsehgerät
pen	Stift
money	Geld

Übersetze jetzt die Sätze und verwende dabei die neuen Vokabeln. Achte auf das Adjektiv und versuche, zuerst die Übung zu machen und dann in den Lösungen nachzuschlagen.

GRUNDWORTSCHATZ

ÜBUNG Nr. 5

1. Er hat ein schnelles rotes Auto. *He has got a fast red car* ....
2. Ich habe ein großes weißes Haus. ....
3. Sie haben einen langsamen, schwarzen Hund. ....
4. Er hat blaue Augen. ....
5. Sie hat einen orangenfarbenen Hut. ....
6. Wir haben ein braunes Fahrrad. ....
7. Habt ihr ein Schwarz-Weiß-Fernsehgerät? ....
8. Hast du eine graue Katze? ....
9. Hast du einen schwarzen Stift? ....
10. Ich habe einen grünen Apfel. ....
11. Ich habe keine Zeit. ....
12. Sie hat kein Geld für mich. ....
13. Wir haben kein schönes Haus. ....
14. Wir haben kein schönes Auto. ....
15. Ihr habt keine Zeit für mich. ....

2. FAMILIE UND HEIM

Zuerst die wichtigsten Substantive zum Thema Familie und Heim:

mother/mum	Mutter/Mama
father/dad	Vater/Papa
brother	Bruder
sister	Schwester
son	Sohn
daughter	Tochter
grandmother	Großmutter
grandfather	Großvater
uncle	Onkel
aunt	Tante
grandchild	Enkel(in)

nephew	Neffe
niece	Nichte
parents	Eltern
relatives	Verwandte
cousin	Cousin/Cousine
friend	Freund(in)
room	Zimmer
living room	Wohnzimmer
bedroom	Schlafzimmer
bathroom	Bad
kitchen	Küche
cellar	Keller
garage	Garage
attic	Dachboden
garden	Garten
roof	Dach
under	unter
book	Buch
cool	kühl
near	in der Nähe

HOUSE or HOME

HOUSE ist das Gegenstück zum ‚Haus' im Deutschen, während HOME eine Sache des Herzens ist und den deutschen Wörtern ‚Heim', ‚Heimat' oder gar ‚Zuhause' entspricht. Wenn du in einem Haus wohnst, in dem du dich nicht wohlfühlst, sprichst du eher von my house als von my home.

We live in a big, old house. Wir wohnen in einem großen, alten Haus.
Italy is now my home. Italien ist jetzt mein Zuhause.

GRUNDWORTSCHATZ

Denke jetzt bitte an deine Familie und an dein Haus. Versuche, dir alle Vokabeln, die du gerade gelernt hast, ins Gedächtnis zu rufen und mache die Übungen. Bei der ersten Übung übersetzt du bitte die Sätze, bei der zweiten ergänzt du sie mit den fehlenden Verben.

ÜBUNG Nr. 6

1. Mein Vater liegt unter dem Auto in der Garage. *My father is laying under in the*
2. Meine Großmutter ist mit ihrem Buch im Schlafzimmer. ....
3. Die schwarze Katze ist im Keller, weil es kühl ist. ....
4. Das Schlafzimmer ist in der Nähe des Bades. ....
5. Mein Bruder ist mit seinem Freund, aber ohne den Hund, im Wohnzimmer.
    ....
6. Meine Schwester ist im Garten. ....
7. Meine Mutter ist in der Küche. ....
8. Mein Großvater liegt im Bett, und die Katze liegt unter dem Bett. ....
    ....
9. Mein Cousin ist im Auto in der Garage. ....
10. Meine Eltern sind im Keller. ....

ÜBUNG Nr. 7

1. My mother _is_ in the garden.
2. _Is_ my mother in the garden?
3. _Are_ the boys playing in the cellar?
4. _Has_ Tommy got a big garage?
5. He _'s_ got a fat, black cat.
6. She _'s_ from Germany.
7. _Is_ he from England?
8. _Have_ you got my yellow ball?
9. Joe _is_ not in the house.
10. We _have_ not got a car. I _'m_ sorry!
11. The apple _is_ green.
12. The apples _are_ green.
13. I _have_ a brown bike.
14. David _has_ a red bike.

15. We ____ in the garage with Michael.
16. Michael ____ in the garage with us.
17. They ____ with me and Tommy and the boys ____with their mother.
18. The black and white cat ____ green eyes.
19. The dogs ____ eating the cats.
20. You ____ not with me because you ____ not got a car!

3. ZAHLEN

Wir erweitern nun unseren Wortschatz um die Zahlen. Hier findest du eine erste Übersicht:

DIE GRUNDZAHLEN   DIE ORDNUNGSZAHLEN

1	one	erster	*first*
2	two	zweiter	*second*
3	three	dritter	*third*
4	four	vierter	*fourth*
5	five	fünfter	*fifth*
6	six	sechster	*sixth*
7	seven	siebter	*seventh*
8	eight	achter	*eighth*
9	nine	neunter	*ninth*
10	ten	zehnter	*tenth*
11	eleven	elfter	*eleventh*
12	twelve	zwölfter	*twelfth*
13	thirteen	dreizehnter	*thirteenth*
14	fourteen	vierzehnter	*fourteenth*
15	fifteen	fünfzehnter	*fifteenth*
16	sixteen	sechzehnter	*sixteenth*
17	seventeen	siebzehnter	*seventeenth*
18	eighteen	achtzehnter	*eighteenth*
19	nineteen	neunzehnter	*nineteenth*
20	twenty	zwanzigster	*twentieth*
21	twenty-one	einundzwanzigster	*twenty-first*

... und so weiter.

GRUNDWORTSCHATZ

Es folgen einige Beispiele zum Gebrauch der Ordnungszahlen, der vielleicht schwieriger ist als der Gebrauch der Grundzahlen.

Neil Armstrong was the first person to walk on the Moon. Neil Armstrong war der erste Mensch, der auf dem Mond spazierte.

I am drinking my second glass of wine. Ich trinke gerade mein zweites Glas Wein.

Schumacher arrived third today. Schumacher kam heute als Dritter ins Ziel.

Italy won the World Cup for the fourth time. Italien hat den Weltcup zum vierten Mal gewonnen.

This is my fifth day at University! Dies ist mein fünfter Tag an der Universität!

Nachdem wir uns mit den Zahlen bis 21 gut unterhalten haben, machen wir jetzt weiter bis 100.

30	thirty
40	forty
50	fifty
60	sixty
70	seventy
80	eighty
90	ninety
100	hundred

Das ist genug Stoff für einige neue Übungen, auch wenn uns dazu noch ein paar Wörter fehlen ...

work	Arbeit
good	gut
rabbit	Kaninchen
children	Kinder
leg	Bein

Okay, du hast jetzt alles, was du brauchst, um die Sätze der nächsten Übung übersetzen zu können.

ÜBUNG Nr. 8

1. Sie hat zwei große, hässliche Hunde. ....
2. Er hat kein schwarzes Fahrrad. ....
3. Hast du vier Euro? Ich habe kein Geld. ....
4. Nein, ich habe keine vier Euro, weil ich keine Arbeit habe. ....
5. Er hat zwei große, rote Augen, weil er müde ist. ....
6. Wir haben vierzig Hühner im Garten. ....
7. Habt ihr ein großes, weißes Huhn? ....
8. Sie haben kein großes, weißes Huhn, aber sie haben ein schönes, graues Kaninchen. ....
9. Sie haben sieben Kinder, weil sie ein großes Haus haben. ....
   ....
10. Sie sind schnell, weil Sie lange Beine haben. ....

Jetzt bist du in der Lage, dir eigene Beispiele auszudenken und dabei sämtliche Mittel (Verben, Wörter, Präpositionen und Regeln) zu nutzen, die dir bis jetzt zur Verfügung stehen.
Manchmal sagen Schüler zu mir: „Aber ich habe keine Phantasie!. Das ist inakzeptabel! Stell dir vor, du bist in einer Kneipe in London und willst dich mit jemandem unterhalten. Möchtest du dann dein Englischbuch aus der Tasche ziehen, um das Gespräch führen zu können? Nein! Sicher nicht! Wenn du eine Konversation beginnen und auch weiterführen willst, gehört es dazu, Sätze zu formulieren – und das kannst du auch schon. Betrachte es als Spiel, mit dem bereits Gelernten, Sätze zu bilden. Und vergiss nicht - hab Spaß dabei ...

Dasselbe gilt bei der ARBEIT!
Hab keine Angst vor Fehlern. Das Wichtigste ist zu kommunizieren, sich auf die bestmögliche Weise verständlich zu machen. Kein Engländer wird sich über dich lustig machen, wenn er sieht, dass du dich bemühst.

POSSESSIVBEGLEITER UND 1.1.7 POSSESSIVPRONOMEN

Possessivbegleiter und Possessivpronomen zeigen Besitzverhältnisse an. Mit diesen nützlichen Bausteinen kannst du längere, und vor allem präzisere, Sätze bilden.

PERSONAL-PRONOMEN ALS SUBJEKT	PERSONAL-PRONOMEN ALS OBJEKT	POSSESSIV-BEGLEITER	POSSESSIV-PRONOMEN
I	me	my	mine
you	you	your	yours
he	him	his	his
she	her	her	hers
it	it	its	its
we	us	our	ours
you	you	your	yours
they	them	their	theirs

Vergiss nicht, dass:

- auf das Possessivpronomen NIEMALS ein NAME folgt, weil es diesen ersetzt.

Bilden wir also weitere Sätze!

I am with Paul and his brother. Ich bin bei Paul und seinem Bruder.
They are with Sara and her brother. Sie sind bei Sara und ihrem Bruder.
My mother and her dog are in the garden. Meine Mutter und ihr Hund sind im Garten.

POSSESSIVBEGLEITER UND POSESSIVPRONOMEN

Bevor du dich jetzt ans Übersetzen machst, möchte ich dich nochmals daran erinnern: schau dir die Lösungen am Endes des Buches erst an, wenn du fertig bist. Ich glaube, ich habe das schon mal erwähnt!

ÜBUNG Nr. 9

1. Ich fahre in meinem gelben Auto nach Hause. *I drive home in my yellow car*

2. Meine Frau und ihre Mutter gehen mit meinem Geld einkaufen. *My wife and her mother are shopping with my money*

3. Ich bin mit meinem Hund und mit meiner Katze, die alt und müde sind, im Garten. *I'm in the garden with my dog my cat she's old*

4. Sarah hat mein rotes Auto, weil ihr grünes Fahrrad kaputt ist. ....

5. Sie sind mit meinem Bruder und seinem Freund in ihrem Auto. ....

6. Mein Buch liegt auf dem Tisch, deines ist im Schlafzimmer. ....

7. Sein Vater ist alt und dünn, meiner ist dick. ....

8. Unsere Eltern sind alt, ihre (3. Person Plural) sind jung. ....

9. Ihre (3. Person Singular) Tasche ist groß und neu, aber eure ist alt und schmutzig. ....

10. Ihre (Höflichkeitsform) Mutter ist Engländerin, ihre (3. Person Plural) ist Amerikanerin. ....

DOUBLE **OBJECT** 1.1.8

Auf einigen Verben können zwei Objekte folgen: ein direktes Objekt (entspricht dem deutschen Akkusativobjekt, d. h. *wen?/was?*) und ein indirektes Objekt (entspricht dem deutschen Dativobjekt, d. h. *wem?*). In solchen Fällen brauchst du im Englischen die Konstruktion des DOUBLE OBJECT:

Subjekt + Verb + indirektes Objekt + direktes Objekt

I gave John the letter. Ich gab John den Brief.

Nach bestimmten Verben kann dem indirekten Objekt entweder die Präposition *to* oder die Präposition *for* vorausgehen, besonders wenn du das indirekte Objekt in dem Satz betonen willst. Dann musst du jedoch die Reihenfolge der Objekte vertauschen:

Subjekt + Verb + direktes Objekt + *to/for* + indirektes Objekt

I gave the letter to John. Ich gab John den Brief.

address	Adresse
job	Arbeit
present	Geschenk
joke	Witz
letter	Brief
story	Geschichte

Hier einige Beispiele:

to give	geben	Give me the money. / Give the money to me.
to send	schicken	Send them your address. / Send your address to them.
to buy	kaufen	Buy Lucy a present! / Buy a present for Lucy!
to show	zeigen	He shows Julie his dog. / He shows his dog to Julie.
to find	finden, besorgen	Find me an umbrella, please. / Find an umbrella for me, please.
to write	schreiben	Write Kevin a letter. / Write a letter to Kevin.

Wenn du sowohl das direkte als auch das indirekte Objekt durch ein Pronomen ersetzt, dann kehrt sich die Reihenfolge um:

Give it to me.
Send it to them.
Buy it for her.

DER **S-GENITIV** 1.1.9

Im Englischen wird der Besitz entweder durch einen Possessivbegleiter oder ein Possessivpronomen ausgedrückt – oder er wird durch einen Apostroph und ein S am Ende der besitzenden Person oder Sache angezeigt.

Wenn der Besitzer EINE PERSON ist:

‚Bobs Hund' lautet übersetzt nicht the dog of Bob, **sondern** Bob's dog.

‚Stefans Haus' lautet übersetzt nicht the house of Stefan, **sondern** Stefan's house.

‚der Computer meiner Schwester' lautet übersetzt nicht the computer of my sister, **sondern** my sister's computer.

Wenn der Besitzer EIN TIER ist:

‚der Knochen des Hundes' lautet übersetzt nicht the bone of the dog, **sondern** the dog's bone.

‚der Schwanz der Maus' lautet übersetzt nicht the tail of the mouse, **sondern** the mouse's tail.

Der s-Genitiv wird auch im ZEITLICHEN Kontext verwendet:

‚die heutige Zeitung' lautet übersetzt nicht the newspaper of today, **sondern** today's newspaper.

‚das morgige Fest' lautet übersetzt nicht the party of tomorrow, **sondern** tomorrow's party.

‚das Essen vom Montag' lautet übersetzt nicht the lunch of Monday, **sondern** Monday's lunch.

Der s-Genitiv wird auch bei LÄNDERN und STÄDTEN (*countries and cities*) gebraucht:

‚Londons U-Bahn' lautet übersetzt nicht the underground of London, **sondern** London's underground.

‚Schottlands Klima' lautet übersetzt nicht the climate of Scotland, **sondern** Scotland's climate.

‚das Kolosseum von Rom' lautet übersetzt nicht the Colosseum of Rome, **sondern** Rome's Colosseum.

Beim plural:

Steht das Substantiv, auf das sich der s-Genitiv bezieht, im Plural und endet es somit bereits auf -S, so wird lediglich der Apostroph an das Plural-S angehängt.

DER S-GENITIV

‚das Futter der Katzen' lautet übersetzt nicht the food of the cats, **sondern** the cats' food.

So weiß man sofort, ob die Rede von einer oder mehreren Katzen ist; hier findest du die beiden Situationen gegenübergestellt:

the cat's food (das Futter der Katze)
the cats' food (das Futter der Katzen)

Bei der Possessivform von it entfällt der Apostroph, weil diese Form für it is steht. Das -s wird ohne Apostroph direkt angehängt:
its food is in its bowl (ihr Futter ist in ihrem Napf)

son	Sohn
husband	Ehemann
cook	Koch
mountain	Berg
canteen	Kantine
worker	Arbeiter
guide	Führer
reader	Leser
open	geöffnet
on	auf

Es folgen einige Beispiele zum Übersetzen. Verwende den s-Genitiv und die oben aufgeführten Vokabeln!

ÜBUNG Nr. 10

1. Ich bin der Sohn meiner Mutter. ..... *mother's*
2. Er ist Annas Ehemann. ..... *Annas's husped*
3. Der Hut der Köche ist weiß. ..... *cooks' hat*
4. Die Berge Perus sind schön. ..... *Perus' mountains*
5. Die Zeitung meines Großvaters ist auf dem Tisch. ..... *grandfather's newspat*
6. Die morgige Zeitung. ..... *tommorrows'newsa*
7. Ich habe das Radio meines Bruders. ..... *Brother's radio*
8. Er hat das Auto meines Vaters. ..... *father's car*
9. Die Arbeiterkantine ist geöffnet. ..... *workers' canteen*

PRÄPOSITIONEN 1.1.10

Wenden wir uns weiteren Präpositionen zu: Präpositionen sind sozusagen der Leim eines Satzes. Sie ermöglichen es uns, vollständigere und komplexere Sätze zu bilden.

Okay, ich bin jetzt auf Seite 37 meines Buches und habe immer noch nicht das häufigste und banalste Beispiel der Welt genannt:

The pen is ON the table. Der Stift liegt AUF dem Tisch.

Die wichtigsten und am häufigsten verwendeten PRÄPOSITIONEN des ORTES sind:

on	auf	the pen is on the table
above	über	the sun is above the hill
under	unter	the cat is under the table
in	in	the dog is in John's garden
out of	außerhalb	the car is out of the garage
behind	hinter	the cat is behind the sofa
in front of	vor	the house is in front of the school
between	zwischen	I am between Paul's two cars
among	unter (mehreren)	the grandfather is among the children
inside	in	the car key is inside my bag
outside	vor, außerhalb	the umbrella is outside the door
beside	neben	I am beside you
near	in der Nähe	the pen is near the book
far	weit entfernt	Australia is far from here
from	aus	I come from London

mouse	Maus
tree	Baum
toolbox	Werkzeugkasten
mirror	Spiegel

Jetzt können wir wirklich gaaaaaanz lange Sätze bilden! Du musst sie nur noch übersetzen!

PRÄPOSITIONEN

1. Mein Vater liegt mit dem Werkzeugkasten unter dem gelben Auto in der Garage.
   ....

2. Ich stehe (bin) vor einer betrunkenen und dummen Person im Spiegel. ....
   ....

3. Neben dem Bett liegt ein schwarzes Buch auf dem Tisch. ....
   ....

4. Vor meinem Haus gibt es ein Haus mit einem Pool und einem großen Auto.
   ....
   ....

5. In meinem Haus, in der Küche, ist eine Maus unter dem Tisch. ....
   ....

6. Großmutter ist außerhalb des Hauses, sie ist im Garten und liest unter einem
   Baum. ....

7. Ich schlafe zwischen meinem Bruder und meiner Schwester in einem kleinen
   Bett, und unter dem Bett schläft mein Großvater. ....
   ....

8. Sie sind in der Nähe von Stuttgart, aber weit entfernt von meinem Haus.
   ....

9. Hier in der Nähe gibt es ein Kino, und drinnen, unter den hundert Menschen,
   ist mein Freund: er ist dorthin gegangen, um einen Film zu sehen.
   ....
   ....

FINALE UND KAUSALE PRÄPOSITIONEN ODER PRÄPOSITIONEN DER ABSICHT

TO oder *FOR*
Beide Wörter können mit ‚um zu' übersetzt werden. Wir lernen nun, ihren Gebrauch
zu unterscheiden.

PRÄPOSITIONEN

TO

TO + Verb = ABSICHT

(Er geht in den Park in der Absicht, spazieren zu gehen).
Er geht in den Park, um spazieren zu gehen. He goes to the park **to** walk.

Ich gehe ins Pub, um zu trinken. I go to the pub **to** drink.

Ich gehe in den Park, um zu denken. I go to the park **to** think.

Ich gehe ins Zentrum, um zu arbeiten. I go to the centre **to** work.

Ich gehe in die Schule, um zu lernen. I go to school **to** learn.

FOR

FOR + Substantiv = ABSICHT

(Ich gehe ins Pub in der Absicht, Ruhe zu haben)
Ich gehe ins Pub, um Ruhe zu haben. I go to the pub **for** peace.

Ich gehe in den Park, um Mittag zu essen. I go to the park **for** lunch.

Ich gehe in den Laden, um Essen zu kaufen. I go to the shop **for** food.

Ich gehe nach London, um Urlaub zu machen. I go to London **for** a holiday.

church	Kirche
peace	Frieden
clothes	Kleidung
holiday	Urlaub
clean	sauber
bank	Bank
jungle	Dschungel

PRÄPOSITIONEN

VERBEN

to paint	malen
to relax	sich erholen
to wash	waschen
to learn	lernen
to explore	erforschen

Ergänze jetzt die Sätze der folgenden Übung mit for oder to.

ÜBUNG Nr. 12

1. He goes to the church _____ peace.
2. She goes to the cinema _____ watch films.
3. He goes to art school _____ paint.
4. They go shopping _____ clothes.
5. I go to the mountains _____ relax.
6. I go to the mountains _____ my holiday.
7. She washes _____ be clean.
8. We need the bank _____ money.
9. I go to school _____ learn.
10. We went to the jungle _____ explore.

DEMONSTRATIVBEGLEITER 1.1.11 UND DEMONSTRATIVPRONOMEN

Diese Demonstrativbegleiter und Demonstrativpronomen gibt es im Englischen:

Singular	Plural
THIS dieser	THESE diese
THAT jener	THOSE jene

Demonstrativbegleiter sind wesentlicher Bestandteil des Subjekts und stehen im englischen Satz vor diesem. Daher ändert sich die Wortstellung, die wir bereits kennen, nicht.

Die BEJAHTE FORM wird so gebildet:

Demonstrativbegleiter + Subjekt + Verb + Objekt

This cat is black. Diese Katze ist schwarz.

Die FRAGEFORM wird so gebildet:

Verb + Demonstrativbegleiter + Subjekt + Objekt

Is this cat black? Ist diese Katze schwarz?

Die VERNEINTE FORM wird so gebildet:

Demonstrativbegleiter + Subjekt + Verb + *not* + Objekt

This cat is not black. Diese Katze ist nicht schwarz.

Demonstrativpronomen nehmen die Rolle des Subjekts ein. Die gewohnte Wortstellung bleibt erhalten – du kannst also schon entsprechende Sätze bilden.

Die BEJAHTE FORM wird so gebildet:

Subjekt (Demonstrativpronomen) + Verb + Objekt

This is my cat. Dies ist meine Katze.

Die FRAGEFORM wird so gebildet

Verb + Subjekt (Demonstrativpronomen) + Objekt

Is this my cat? Ist dies meine Katze?

Die VERNEINTE FORM wird so gebildet:

Subjekt (Demonstrativpronomen) + Verb + *not* + Objekt

This is not my cat. Dies ist nicht meine Katze.

sweet	Bonbon
cup	Tasse
jacket	Jacke
honest	ehrlich

Rate mal: Was könntest du mit diesen neuen Wörtern und den Demonstrativbegleitern bzw. Demonstrativpronomen wohl tun? Bravo! Übersetze ...

ÜBUNG Nr. 13

1. Diese Tassen sind groß. ....
2. Jener Mann ist nett. ....
3. Diese Bar ist hässlich. ....
4. Jene Bar ist schön. ....
5. Jene Männer sind ehrlich. ....
6. Diese Kinder sind schnell. ....
7. Diese Autos sind langsam. ....
8. Jenes Mädchen ist mit jenem Mann mit der grünen Jacke zusammen; jener mit den blauen Augen ist mit diesem Mädchen hier zusammen. ....

   ....

   ....

WER, WIE, WAS, WANN UND WO?

So viele Fragewörter, wirst du dir jetzt vielleicht sagen; aber keine Sorge – stell dich auf eine Lektion ein, die dir sehr, sehr nützlich sein wird!

WHO WER

WHO are you? Wer bist du?
WHO are they? Wer sind sie?
WHO is this boy? Wer ist dieser Junge?
WHO are these men? Wer sind diese Männer?
WHO is that man? Wer ist jener Mann?

Mit WHO kannst du nach dem Subjekt fragen. Die Wortstellung lautet:

who + Verb + Objekt

skirt	Rock
road	Straße
mad	verrückt
tall	groß
thing	Ding
bag	Tasche
that	dass
money	Geld
shop	Laden

VERBS	
to give (the orders)	(Anweisungen) erteilen
to know	wissen/kennen
to ask	fragen
to eat	essen
to live	leben
to play	spielen
to go	gehen
to cook	kochen

Bitte übersetze diese Sätze mit WHO:

ÜBUNG Nr. 14

1. Wer ist die Frau mit dem roten Rock und den grünen Augen? ....
2. Wer ist jener verrückte Mann auf der Straße? ....
3. Wer bist du, dass du mich fragst, wer ich bin? ....
4. Wer sind jene Kinder im Pub? ....
5. Wer erteilt die Anweisungen in diesem Haus? ....
6. Wer sind diese Männer in schwarz? ....
7. Wer ist das große Mädchen? ....
8. Wer ist dick und dumm?! ....
9. Wer weiß, wer jene alten Männer in meiner Garage sind? ....
10. Wer seid ihr, dass ihr mich fragt, wer ich bin? ....

WHAT WAS

Mit diesem Wort fragen wir nach dem Namen oder der Tätigkeit einer Person.

Fragst du nach dem Subjekt, lautet die Wortstellung:

what + Verb + ...

What's* your name? Wie heißt du?
What are they? Was sind sie?

Fragst du dagegen nach dem Objekt, lautet die Wortstellung:

what + Hilfsverb** + Subjekt + Verb

What do you do?*** Was machst du (beruflich)?

* what's ist die Kurzform
**Du verwendest Hilfsverben, um bestimmte Zeitformen, Fragen und Verneinungen zu bilden. Die Verben be, have und do können Hilfsverben sein.
*** Die Frage what do you do? bezieht sich immer auf die berufliche Tätigkeit einer Person.

Versuche nun, diese Sätze mit WHAT zu übersetzen.

ÜBUNG Nr. 15

1. Was ist ein ‚Nerd'? ....
2. Was sind diese grünen Dinge auf meinem Teller? ....
3. Was isst du in London? ....
4. Was? ....
5. Was sind wir? ....
6. Was bist du? ....
7. Was ist das? ....
8. Was hast du? ....
9. Was habe ich in meiner Tasche? ....
10. Was hat er, was ich nicht habe? ....

WHERE **WO**

Mit *WHERE* kannst du nach dem Aufenthaltsort von Personen bzw. dem Verbleib von Dingen fragen. Fragen mit dem Fragewort *WHERE* bildest du entweder so:

where + Verb (*to be*) + ...

Where is Bob? Wo ist Bob?
Where are the cats? Wo sind die Katzen?

... oder so:

where + Hilfsverb + Subjekt + Verb

Where do you work? Wo arbeitest du?
Where is he sitting? Wo sitzt er?

WHERE + FROM
wird gebraucht, um nach der Herkunft zu fragen.

Where are you from? Wo kommst du her?
Where is this boy from? Wo kommt dieser Junge her?

Übersetze nun diese Sätze mit WHERE.

ÜBUNG Nr. 16

1. Wo ist das Kino? ....
2. Wo sind meine schönen, schwarzen Schuhe? ....
3. Wo ist der Bahnhof? ....
4. Wo ist mein Geld? ....
5. Wo spielt er? ....
6. Wo bist du? ....
7. Wo bin ich? ....
8. Wo ist es? ....
9. Wo ist der Laden? ....
10. Wohin gehe ich? ....

HOW **WIE**

Auch *HOW* leitet einen Fragesatz ein. Hiermit werden Informationen über den Gesundheitszustand einer Person eingeholt. Später werden wir noch lernen, dass es für den Gebrauch von *HOW* viele weitere Möglichkeiten gibt...

Auch Sätze mit HOW können auf zweierlei Weise gebildet werden:

how + Verb + ...

How are you? Wie geht es dir?
How is she? Wie geht es ihr?
How are they? Wie geht es ihnen?
How is your father? Wie geht es deinem Vater?

how + Hilfsverb + Subjekt + Verb

How can I help you? Wie kann ich dir helfen?
How do you pronounce "thin"? Wie spricht man „thin" aus?

WER, WIE, WAS, **WANN UND WO?**

HOW OLD

verwenden wir, um nach dem Alter einer Person zu fragen.
How old are you? Wie alt bist du?
How old is she? Wie alt ist sie?

Übersetze bitte die folgenden Sätze mit HOW.

ÜBUNG Nr. 17

1.   Wie geht es den Kindern? ....

2.   Wie kann ich ohne Küche kochen? ....

3.   Wie kannst du ihm widerstehen? ....

4.   Wie sehe ich mit diesem roten Hut aus? ....

5.   Woher kennst du (*know*) meinen Namen? ....

6.   Wie schmeckt dir (*do you like*) deine Pasta? ....

7.   Wie kann ich (das) wissen? ....

8.   Wie sind die Kinder, (dort) wo du arbeitest? ....

9.   Wie geht es euch? ....

10. Wie bin ich? Schön oder hässlich? ....

THERE IS /THERE ARE

informieren über die Anwesenheit von Personen oder das Vorhandensein von Dingen.

There is   es gibt/es ist
There are   es gibt/es sind

Im Deutschen wird **there is/there are** oft mit ‚ist' bzw. ‚sind' übersetzt.

There is a cat on the roof. Auf dem Dach ist eine Katze.
There is a car in the garage. In der Garage ist ein Auto.

There are two dogs in the garden. Im Garten sind zwei Hunde.
There are three boys in the sitting room. Im Wohnzimmer sind drei Jungen.

Im Fragesatz folgt *THERE* **auf das Verb.**

Is there a cat on the roof? Ist (da) eine Katze auf dem Dach?
Yes, there is/No, there is not (isn't). Ja./Nein.

Are there two dogs in the garden? Sind (da) zwei Hunde im Garten?
Yes, there are/No, there are not (aren't). Ja./Nein.

Bei der verneinten Form fügt man lediglich ein *NOT* **nach dem Verb ein.**

There is not a cat on the roof. Auf dem Dach ist keine Katze.
There is not a car in the garage. In der Garage ist kein Auto.

There are not two dogs in the garden. Im Garten sind keine zwei Hunde.
There are not three boys in the sitting room. Im Wohnzimmer sind keine drei Jungen.

holiday	Urlaub
hope	Hoffnung
team	Mannschaft
horse	Pferd
stable	Stall
men	Männer

Die Regel kennst du, die neuen Vokabeln auch ... Übersetze jetzt bitte diese Sätze.
Verwende dabei THERE IS und THERE ARE.

ÜBUNG Nr. 18

1.   Sind in dem Lokal drei dicke Mädchen? ....

2.   Im Lokal sind heute keine Männer, weil das Fußballspiel stattfindet. ....

3.   Jenes Mädchen ist heute Abend nicht dort. ....

4.   In der Küche sind jene Bonbons. ....

5.   Es gibt kein Geld für den Urlaub. ....

6.   Es gibt keine Hoffnung mit jener Mannschaft. ....

7.   Im Stall sind zwei Pferde. ....

8.   In meiner Klasse gibt es zwei indische Jungen. ....

9.   Es ist (noch) Zeit!...

10. Auf dem Dach meines Hauses sind zwei rote Katzen. ....

WOCHENTAGE UND TAGESZEITEN

1.1.14

Wochentage werden im Englischen immer großgeschrieben, weil sie wie Eigennamen behandelt werden:

Monday	Montag
Tuesday	Dienstag
Wednesday	Mittwoch
Thursday	Donnerstag
Friday	Freitag
Saturday	Samstag
Sunday	Sonntag

... und sie erfordern immer die Präposition *ON*:

On Saturday, I will be with my wife. Am Samstag werde ich mit meiner Frau zusammen sein.
On Monday, I go to the cinema. Am Montag gehe ich ins Kino.

Wenn du deinem Gesprächspartner von einer Gewohnheit berichtest, einer Tätigkeit, die sich zum Beispiel jeden Sonntag wiederholt, musst du an den Wochentag ein **-S** anhängen:

On Sundays, I wash my dog. Sonntags wasche ich meinen Hund (wow!).

Betrachten wir die Tageszeiten. In Klammern findest du die zugehörige Präposition (und den entsprechenden Artikel):

dawn	(*AT*)	Morgendämmerung
morning	(*IN the*)	Morgen, Vormittag
afternoon	(*IN the*)	Nachmittag
midday	(*AT*)	Mittag
evening	(*IN the*)	Abend
night	(*AT*)	Nacht
midnight	(*AT*)	Mitternacht

MONATE UND JAHRESZEITEN

Monatsnamen werden im Englischen ebenfalls großgeschrieben:

January	Januar
February	Februar
March	März
April	April
May	Mai
June	Juni
July	Juli
August	August
September	September
October	Oktober
November	November
December	Dezember

... und sie erfordern immer die Präposition *IN* – es sei denn, der Monat steht in Verbindung mit dem Tag; in diesem Fall benötigt man die Präposition *ON*:

I will start school **in** September. Ich beginne im September mit der Schule.
I will start school **on** September 14th. Ich beginne am 14. September mit der Schule.

Genau wie der Monat verlangt auch das Jahr die Präposition *IN*. Wenn der Tag ebenfalls genannt wird, benötigt man stattdessen *ON*:

The war started **in** September 1939. Der Krieg begann im September 1939.
The war started **on** September 1st, 1939. Der Krieg begann am 1. September 1939.

Schauen wir uns zuletzt die Jahreszeiten an, die sich mit einem kleinen Anfangsbuchstaben zufrieden geben. Sie erfordern ebenfalls die Präposition *IN*:

summer	Sommer
spring	Frühling
autumn	Herbst
winter	Winter

DIE **UHRZEIT** 1.1.16

Wir beginnen mit dem A, B, C ..., auch wenn es – da es sich um Uhrzeiten handelt – angebrachter wäre, vom 1, 2, 3 ... zu sprechen. Hier findest du die wichtigsten Ausdrücke:

quarter of an hour	Viertelstunde
a quarter to + UHRZEIT	Viertel vor + UHRZEIT
a quarter past + UHRZEIT	Viertel nach + UHRZEIT
half an hour	halbe Stunde
half past + UHRZEIT	es ist halb + UHRZEIT (im Englischen folgt hier die vorhergehende Stunde)
UHRZEIT + o'clock	UHRZEIT + Uhr (wird im Englischen nur im Zusammenhang mit der vollen Stunde gebraucht)

So fragst du nach der Uhrzeit:
What time is it/What's the time?

Ansonsten gilt: Alles, was sich auf der rechten Hälfte der Uhr befindet, ist *PAST* und alles, was sich auf der linken Hälfte befindet, *TO*. Während eine Viertelstunde sowohl *PAST*, als auch *TO* sein kann, ist die halbe Stunde immer *PAST*!
Das heißt also: Alle Uhrzeiten bis einschließlich der 30. Minute werden im Englischen mit *PAST* gebildet. Wenn der Uhrzeiger die 30. Minute passiert hat, beginnt man von *TO...* zu sprechen.

Außerdem gibt es im Englischen keine 24, sondern lediglich 12 Stunden – und die gibt es zweimal. Deshalb kennzeichnet man alles, was nach 12 Uhr mittags geschieht, mit **p.m. (post meridiem)**, während **a.m. (ante meridiem)** alles kennzeichnet, was davor geschieht.
Das trifft hauptsächlich auf die geschriebene Uhrzeit zu: in der gesprochenen Sprache sagt man anstelle von *a.m.* häufiger *in the morning* bzw. von *p.m. in the evening.*

SCHRIFTSPRACHE	GESPROCHENE SPRACHE
10.00 (10.00 a.m.)	It is **ten o'clock** in the morning.
18.15 (06.15 p.m.)	They will arrive at **a quarter past** six in the afternoon.
22.30 (10.30 p.m.)	It's **half past ten** in the evening.
12.35 (12.35 p.m.)	It's **twenty-five to one** in the afternoon.

05.05 (05.05 a.m.)   I arrived at **five past five** in the morning.

08.10 (08.10 a.m.)   It's **ten past eight** in the morning.

Und noch ein letzter Hinweis: Wenn nicht von *quarter past/to*, *half past* oder einem Mehrfachen von fünf gesprochen wird, dann musst du immer das Wort *minutes* hinzufügen.

20.28 (08.28 p.m.)   They will arrive **at twenty-eight minutes past eight**
                         in the evening.

Hast du das kapiert? Dann müsstest du in der Lage sein, diese Sätze zu verstehen:

I will be at school at a quarter past three (p.m. or in the afternoon). (15.15)
Did you call me at twenty-five to two (a.m. or in the morning)? (01.35)
Dinner will be ready at half past one. (13.30)
Can I call you at seven o'clock (p.m. or in the evening)? (19.00)
It's five to five (p.m. or in the afternoon); we must run! (16.55)
The game started at three o'clock and finished at a quarter past four (p.m. or in the afternoon). (15.00 - 16.15)
I wake up at six o'clock every morning. (06.00)
I will be at the office at nine in the morning. (09.00)
I will be at the bar at nine in the evening. (21.00)
I was born at twenty-two minutes to three in the afternoon. (14.38)

STEP 2

1.2.1   *Countables and uncountables*

1.2.2   *How much/How many*

1.2.3   *Much, many, a lot of*

1.2.4   *Very and really*

1.2.5   *Too much, too many, too*

1.2.6   **Fragewörter**

1.2.7   ***Simple Present/Present Simple***
Der Aussagesatz
Der Fragesatz
Der verneinte Satz
using it!

1.2.8   **Adverbien der Häufigkeit**

1.2.9   ***Present Continuous***
Der Aussagesatz
Der Fragesatz
Der verneinte Satz
uses

1.2.10   *Going-to*

1.2.11   **Das** *Simple Future*

1.2.12   **Das** *Simple Past*
Der Aussagesatz
Der Fragesatz
Der verneinte Satz
examples

1.2.13   **Das** *Past Continuous*

1.2.14   *Prepositions, adjectives and verbs + -ING*

COUNTABLES AND UNCOUNTABLES

Wir kommen gleich zu einem etwas komplizierten Thema – den zählbaren und den unzählbaren Substantiven. In diese beiden Kategorien werden englische Substantive nämlich eingeteilt!

COUNTABLES

Das sind die zählbaren Substantive; man kann sie zählen und eine Zahl kann ihnen vorausgehen ...

Pen (Stift) ist ein *countable*, denn Stifte kann man zählen. Ich kann sagen, dass auf meinem Tisch ein Stift liegt, dass ich zwei Stifte vom Tisch genommen habe ...

Litre (Liter) ist ein *countable*; Liter sind zählbar: ein Liter, zwei Liter, drei Liter, und so weiter ...

Vor Substantiven, die zu den *countables* zählen, kann der unbestimmte Artikel im Singular *a/an* stehen.
a pen   ein Stift
a litre of milk   ein Liter Milch

UNCOUNTABLES

Das sind die nicht zählbaren Substantive; man kann sie nicht zählen und ihnen kann keine Zahl vorausgehen.
Genau wie im Deutschen gehören zu diesen Substantiven verschiedene feste oder flüssige Substanzen, wie zum Beispiel *wood, sugar, butter, milk, water* ...

Milk (Milch) ist ein *uncountable*, denn man kann sie nicht zählen. Man kann Liter Milch oder Gläser Milch zählen, aber dem Wort *milk* kann keine Zahl vorausgehen.

Money (Geld) ist ein *uncountable*. Man kann zwar Münzen, Banknoten oder Pound Sterling zählen, aber dem Wort *money* kann keine Zahl vorausgehen.

Vor Substantiven, die zu den *uncountables* gehören, kann kein unbestimmter Artikel im Singular *a/an* stehen. Um nicht zählbare Substantive zu quantifizieren, verwendet man Einheiten wie:
a drop* of milk   ein Tropfen Milch
a glass* of milk   ein Glas Milch
some milk   etwas Milch

* drop und glass gehören zu den countables.

COUNTABLES AND UNCOUNTABLES

advice*	Rat
air	Luft
collaboration	Mitarbeit
equipment	Ausrüstung
finance	Finanzen
food	Essen
furniture	Möbel
health	Gesundheit
information	Informationen
intelligence	Intelligenz
justice	Gerechtigkeit
nature	Natur
news	Neuigkeit
pollution	Verschmutzung
power	Macht
progress	Fortschritt
rain	Regen
time	Zeit
traffic	Verkehr
transport	Transport
water	Wasser
work	Arbeit

* zum Beispiel, wie bei allen *uncountables*:
I need some advice. NICHT I need an advice.

HOW MUCH /HOW MANY

bedeuten WIE VIEL? bzw. WIE VIELE? Wenn sie einen Fragesatz einleiten, gilt die Wortstellung des Fragesatzes.

How much?   So fragt man nach Nomen im Singular und nach *uncountables*.
How many?   So fragt man im Gegensatz dazu nach Nomen im Plural und nach *countables*.

MENGE

How much sugar do you want? Wie viel Zucker möchtest du?
How many books do you usually sell? Wie viele Bücher verkaufst du normalerweise?

PREIS

How much is this watch? Wie viel kostet diese Uhr?
How much are these flowers? Wie viel kosten diese Blumen?

Schau dir die folgenden Beispiele an. Achte darauf, wie die Frage ‚wie viel?' bei den zählbaren und wie sie bei den nicht zählbaren Substantiven übersetzt wird:

Granny: Would you like a cup of tea?
Grandson: Yes, please.
Granny: How much sugar would you like?
Grandson: A little.
Granny: How much milk?
Grandson: How much have you got?
Granny: I haven't got much. How many biscuits would you like with your tea?
Grandson: How many biscuits are there?
Granny: Not many.
Grandson: Two, please.

MUCH, MANY, A LOT OF

1.2.3

Diese drei Begriffe sind Übersetzungen für das Wort VIEL/VIELE. Es ist sehr schwierig, ihre Besonderheiten zu lernen und sie dann korrekt anzuwenden.

MUCH

wird normalerweise in verneinten Sätzen und in Fragesätzen bei *uncountables* (nicht zählbaren Substantiven) verwendet.

Is there much hope? Besteht viel Hoffnung?
No, there isn't much hope. Nein, es besteht nicht viel Hoffnung.
Is there much information? Gibt es viele Informationen?
No, there isn't much information. Nein, es gibt nicht viele Informationen.

MANY

wird in verneinten Sätzen und in Fragesätzen bei *countables* (zählbaren Substantiven) verwendet.

Have you got many problems? Habt ihr viele Probleme?
No, we haven't got many problems. Nein, wir haben nicht viele Probleme.
Are there many people at the party? Sind viele Menschen bei der Party?
No, she hasn't got many friends. Nein, sie hat nicht viele Freunde.

A LOT OF

wird normalerweise in Aussagesätzen, sowohl bei *countables* als auch bei *uncountables* verwendet.
LOTS OF wird seltener verwendet und ist mehr oder weniger gleichbedeutend. Es ist lediglich formeller, also ... bleiben wir bei A LOT OF.

David gives me a lot of information (*uncountable*). David gibt mir viele Informationen.
David has a lot of problems. David hat viele Probleme.

Machen wir uns wieder ans Üben … Jetzt bist du dran: Ergänze die unten stehenden Sätze mit *much/many/a lot of*.

ÜBUNG Nr. 19

1. How_____ information is there? (information is uncountable)
2. How_____children go to that school? (children are countables)
3. He has _____ time to think.
4. There are _____ people, today.
5. There isn't _____ time.
6. There aren't _____ opportunities in that company.
7. There isn't _____ hope for Borussia Dortmund this year (brrrr!).
8. We have ____ money to spend.
9. There isn't ____ air in the desert.
10. There aren't _____ trees in the desert.

VERY
AND REALLY

Du lernst jetzt zwei weitere Zauberwörter kennen, die Adjektiven wichtige Nuancen verleihen. Mit ihnen kannst du noch einen Gang zulegen, wenn du Sätze bildest ...

VERY lautet die Übersetzung von SEHR, darauf folgt ein Adjektiv.
REALLY macht ein Adjektiv – wenn es vor diesem steht – zu einem absoluten Superlativ.

I am tired. Ich bin müde.
I am very tired. Ich bin sehr müde.
I am really tired! Ich bin todmüde!

You are beautiful. Du bist schön.
You are very beautiful. Du bist sehr schön.
You are really beautiful! Du bist wunderschön!

It is cold. Es ist kalt.
It is very cold. Es ist sehr kalt.
It is really cold! Es ist eiskalt!

The road is long. Der Weg ist weit.
The road is very long. Der Weg ist sehr weit.
The road is really long! Der Weg ist unendlich weit!

I am nervous. Ich bin nervös.
I am very nervous. Ich bin sehr nervös.
I am really nervous. Ich bin äußerst nervös.

The house is big. Das Haus ist groß.
The house is very big. Das Haus ist sehr groß.
The house is really big. Das Haus ist riesengroß.

London is nice. London ist schön.
London is very nice. London ist sehr schön.
London is really nice. London ist wunderschön!

They are stupid. Sie sind dumm.
They are very stupid. Sie sind sehr dumm.
They are really stupid. Sie sind strohdumm.

TOO MUCH, TOO MANY, TOO

TOO MUCH lautet die Übersetzung von ZU VIEL/E. Es steht **vor Substantiven im Singular**.

There is too much false information on TV. Es gibt zu viele Fehlinformationen im Fernsehen.
There is too much traffic on the roads. Es herrscht zu viel Verkehr auf den Straßen.
Don't use too much sugar! Nimm nicht zu viel Zucker!
She puts too much furniture in the house. Sie hat zu viele Möbel im Haus stehen.
Don't put too much milk in my coffee! Gib nicht zu viel Milch in meinen Kaffee!

TOO MANY ist ebenfalls eine Übersetzung von ZU VIEL/E. Es steht **vor Substantiven im Plural**.

She has too many ideas. Sie hat zu viele Ideen.
We have too many children. Wir haben zu viele Kinder.
There are too many cars in Berlin. Es gibt zu viele Autos in Berlin.
He has too many problems. Er hat zu viele Probleme.
She has too many cats in the house. Sie hat zu viele Katzen im Haus.

TOO lautet die Übersetzung von ZU, wenn es **vor einem Adjektiv** steht.

I am too tired to work. Ich bin zu müde, um zu arbeiten.
I am too fat! Ich bin zu dick!
They are too late to come with us. Sie sind zu spät dran, um mit uns zu kommen.
She is too good with her husband. Sie ist zu gut zu ihrem Mann.
My boss is too stupid to know I am stressed. Mein Chef ist zu dumm zu erkennen, dass ich gestresst bin.

TOO

Darf ich dir das Leben ein bisschen schwer machen? Nur ein kleines bisschen …

TOO: AUCH und ZU
Im Englischen hat das Wort *too* zwei Bedeutungen: ‚zu' und ‚auch'. Das hängt ganz von seiner Stellung innerhalb des Satzes ab.
TOO + Adjektiv = ZU
… + TOO (am Ende des Satzes) = AUCH

John: I love coffee. Ich liebe Kaffee.
Hans: I love coffee, too. Auch ich liebe Kaffee.

John: My coffee is too hot. Mein Kaffee ist zu heiß.
Hans: My coffee is too hot, too. Mein Kaffee ist auch zu heiß.

NOT ENOUGH

So lautet das Gegenteil von ‚zu viel' (*too much, too many, too*). Es bedeutet NICHT GENUG.
Das ist wirklich einfach, also: ‚*Don't worry!*' (Mach dir keine Sorgen!).

There are too many cars. Es gibt zu viele Autos.
There are not enough cars. Es gibt nicht genug Autos.

TOO MUCH, **TOO MANY, TOO**

There is too much sugar. Es ist zu viel Zucker da.
There isn't enough sugar. Es ist nicht genug Zucker da.

Siehst du? Das ist wirklich einfach! ... Im Plural *ARE*, im Singular *IS*.

There is too much snow on the ground. I can't drive today. Es liegt zu viel Schnee. Ich kann heute nicht fahren.
There is not enough snow to build a snowman! Es ist nicht genug Schnee da, um einen Schneemann zu bauen!

There are too many policemen; I will run nude in the street tomorrow. Es gibt zu viele Polizisten. Ich werde morgen nackt auf der Straße herumrennen.
There aren't enough policemen in this town! Es gibt nicht genug Polizisten in dieser Stadt!

There is always too much food at a German wedding. Bei einer deutschen Hochzeit gibt es immer zu viel zu essen.
There is never enough food at an English wedding. Bei einer englischen Hochzeit gibt es nie genug zu essen.

Jetzt bist du dran! Bilde zu jedem der unten stehenden Beispiele einen Satz, der das Gegenteil ausdrückt!

ÜBUNG Nr. 20

1. There is too much work to do. ....
2. There are too many people on the bus. ....
3. There is too much panic about the crisis! ....
4. We have too many rabbits in the garden. ....
5. There is too much interest in my sister! ....

QUESTION **WORDS** 1.2.6

Das sind Wörter oder Ausdrücke, die eine Frage einleiten. Schauen wir sie uns im Detail an. Einige haben wir bereits kennen gelernt, aber es lohnt sich trotzdem, sie kurz zu wiederholen:

WHO bedeutet WER?
Who kann sowohl Subjekt (Who are you?) als auch als Objektergänzung (Who do you see in the picture?) sein.

WHAT entspricht WAS, WELCHE/R/S?
(What are you drinking? What is your name? What do you do?)

WHERE entspricht WO, WOHIN?
(Where are you going? Where is the car?)

WHEN entspricht WANN?
(When do you start school? When is lunch?)

HOW entspricht WIE?
(How is your dog? How can I make it?)

WHICH entspricht WELCHE/R/S?
Which fragt nach einer Auswahl unter einer begrenzten Anzahl von Dingen. (Which one is your car? Which road do you take?)

WHY entspricht WARUM?
(Why are we here? Why doesn't he arrive?)

SIMPLE PRESENT 1.2.7
(oder auch:PRESENT SIMPLE)

Das *Simple Present* drückt eine Gewohnheit aus. Er wird auch verwendet, um über Tatsachen zu reden, das heißt Dinge, die einfach so sind – basta! Wir schauen uns die beiden Gebrauchsmöglichkeiten dieser Zeitform näher an.

MÖGLICHKEIT 1

Das *Simple Present* wird gebraucht für Handlungen, die man häufig oder gewohnheitsmäßig ausführt, oder die immer auf dieselbe Weise stattfinden.

I **play** tennis. Ich spiele Tennis.
(Ich kann Tennis spielen und ich spiele gerne und ziemlich regelmäßig.)
She **works** in a bar. Sie arbeitet in einer Bar.
(Sie arbeitet in einer Bar, und sie tut dies regelmäßig.)
I **eat** pasta. Ich esse Pasta.
The train **leaves** at 8 o'clock. Der Zug fährt um 8 Uhr ab.
The shop **closes** at 6 o'clock. Der Laden schließt um 18 Uhr.

MÖGLICHKEIT 2

Das *Simple Present* wird gebraucht, um ganz allgemein Dinge auszudrücken, die „so sind und basta!", also feststehende Tatsachen.

I **am** a man. Ich bin ein Mann.
The planet **is** round. Der Planet ist rund.
Men from Birmingham **are** incredibly handsome. Männer aus Birmingham sind unglaublich gutaussehend.
She **loves** you. (yeah, yeah, yeah) Sie liebt dich.

Die Konjugation des Verbs bleibt in allen Personen unverändert, außer in der dritten Person Singular (*he/she/it*): Hier wird ein -S angehängt. Mit diesem Spruch kannst du dir das sogar ganz leicht merken: He, she, it! Das s muss mit!

Nehmen wir als Beispiel das Verb *to work* (arbeiten):

I work	ich arbeite
you work	du arbeitest
he/she/it works	er/sie/es arbeitet
we work	wir arbeiten
you work	ihr arbeitet
they work	sie arbeiten

Für das -S am Ende des Verbs in der dritten Person Singular gilt dieselbe Regel wie für das Plural-S. Also Achtung bei Verben, die auf -S, -SS, -SH, -CH, -Z und auch auf -O enden. Und vergiss auch nicht die Regel bei Verben, die auf -Y enden, wenn dem Y ein Konsonant vorausgeht, wird es zum I, und man fügt -ES an. Wenn ihm ein Vokal vorausgeht, bleibt das Y bestehen, und man fügt lediglich das -S an. Hier ein paar Beispiele, gerade richtig zum Wiederholen:

Verb	Bedeutung	3. Person Singular
to pass	vorbeigehen	passes
to wash	waschen	washes
to go	gehen	goes
to play	spielen	plays
to study	studieren	studies

1. DER AUSSAGESATZ

Nachdem wir die wichtigsten Gebrauchsmöglichkeiten des *Simple Present* kennen gelernt haben, schauen wir nun, wie man damit Sätze bildet. Wir beginnen mit dem Aussagesatz.

Der AUSSAGESATZ wird so gebildet:

Subjekt + Verb + Objekt

I work in a shop. Ich arbeite in einem Laden.
you work...
she/he/it works...
we work...
you work...
they work...

2. DER FRAGESATZ

Für die Frageform im *Simple Present* wird das Hilfsverb *to do* (*does* in der dritten Person Singular) verwendet. In einem Fragesatz steht dieses noch vor dem Subjekt – es sei denn, der Satz enthält das Hilfsverb 'sein' oder die Form *have got*. In diesen Fällen gilt, wie bereits erwähnt, die Inversion von Subjekt und Verb.

Der FRAGESATZ wird so gebildet:

do/does + Subjekt + Verb + Objekt

Do you work in a shop? Arbeitest du in einem Laden?
Does he/she/it work*?
Do you work?
Do they work?

* Hänge niemals ein -S an das Verb im Infinitiv an; es ist nämlich das Hilfsverb *to do*, das du in der dritten Person konjugieren musst. Es lautet dann: *does!*

SHORT ANSWERS

Wie wir es bereits von den Verben ‚sein' und ‚haben' kennen, handelt es sich bei *short answers* um ‚kurze Antworten', die häufig mit dem *Simple Present* gebildet werden. Das Hauptverb des Fragesatzes entfällt; stattdessen verwendet man die konjugierte Form von *to do*.

Do you work in a sweet shop?
Im Englischen sagt man nicht: yes, I work,
sondern

yes, I do	no, I do not/don't
yes, you do	no, you do not/don't
yes, he/she/it does	no, he/she/it does not/doesn't
yes, we do	no, we do not/don't
yes, you do	no, you do not/don't
yes, they do	no, they do not/don't

3. DER VERNEINTE SATZ

Für die verneinte Form brauchst du immer das Hilfsverb *to do*. Vergiss aber nicht die Ausnahmen, die Verben *to be* und *have got*. Diese habe ich ja bereits erklärt.

Der VERNEINTE SATZ wird so gebildet:

Subjekt + *do/does* + *not* + Verb + Objekt

I don't work in a shop. Ich arbeite nicht in einem Laden.
you don't work...
he/she/it doesn't work...
we don't work...
you don't work...
they don't work...

4. USING IT!

Weißt du, wie du am besten prüfst, ob du eine Regel verstanden hast? Du musst üben und die Regel praktisch anwenden. Ich habe deshalb beschlossen, dich mit einigen Beispielen und Übungen auf die Probe zu stellen!

John: What do you do?* Was machst du (beruflich)?
Carol: I work in an office. Ich arbeite in einem Büro.
John: Do you like it? Gefällt es dir?
Carol: No, I don't; do you like your job? Nein; magst du deine Arbeit?
John: Yes, I do. Ja.

* Die Frage *What do you do?* dient, sofern sie keinen weiteren Zusatz enthält, einzig und allein dazu, Informationen über die Arbeit/den Beruf ... einer Person einzuholen. Das hatten wir doch schon einmal, erinnerst du dich?

Und um ein wenig Verwirrung zu stiften, lasse ich noch einige *question words* einfließen ... Wir haben vor ein paar Seiten schon einmal darüber gesprochen. Rufe dir zumindest die wichtigsten ins Gedächtnis!

SIMPLE PRESENT (oder auch: PRESENT SIMPLE)

how? wie?

Carol: Do you like pasta? Magst du Pasta?
John: Yes, I do. Ja.
Carol: How do you like pasta? Wie magst du die Pasta gerne?
John: Hot. Heiß.

why? warum?

Carol: Why do you live in Germany? Warum lebst du in Deutschland?
John: Because I like Germany. Weil mir Deutschland gefällt.
Carol: Don't you like England? Gefällt dir England nicht?
John: Yes, I do, but I like Germany, too. Doch, aber mir gefällt Deutschland auch.

Carol: Do you like her? Magst du sie?
John: No, I don't. Nein.
Carol: Why don't you like her? Warum magst du sie nicht?
John: I don't know why I don't like her. Ich weiß nicht, warum ich sie nicht mag.

when? wann?

Carol: Do you like beer? Magst du Bier?
John: Yes, I do; I love it. Ja, ich liebe es.
Carol: When do you drink beer? Wann trinkst du Bier?
John: I drink beer every Saturday evening. Ich trinke jeden Samstagabend Bier.

Carol: When does the shop open? Wann macht der Laden auf?
John: I don't know. Ich weiß nicht.
Carol: Do you go to that shop? Gehst du zu dem Laden?
John: No, I don't. Nein

what? was?

Carol: What do you do? Was machst du (beruflich)?
John: I teach English. Ich unterrichte Englisch.
Carol: What does your wife do? Was macht deine Frau (beruflich)?
John: She does nothing. Sie macht nichts.
Carol: What do you think of me? Was denkst du von mir?
John: I think you are nice. Ich denke, dass du hübsch bist.
Carol: Do you really think so? Denkst du das wirklich?
John: Yes, I do. Ja.

who? wer, wem?

Carol: Who do you work with? Mit wem arbeitest du?
John: I work with Omar. Ich arbeite mit Omar
Carol: Who loves you most? Wer liebt dich am meisten?
John: My dog! Mein Hund!

where? wo?

Carol: Where do you work? Wo arbeitest du?
John: In Berlin. In Berlin.
Carol: Where does Omar work? Wo arbeitet Omar?
John: Stop talking, please! Hör jetzt bitte auf zu reden!

PRÄPOSI-TIONEN

Enthält ein Fragesatz im Deutschen eine Präposition, so leitet diese die Frage ein und steht daher am Satzanfang; im Englischen steht die Präposition hingegen am Ende des Satzes, und die Frage wird durch eines der *question words* eingeleitet, die wir bereits kennen:

Für wen arbeitest du? Who do you work **for**?
Mit wem isst du? Who do you eat **with**?
Woher kommst du? Where do you come **from**?
Womit arbeitest du? What are you working **with**?

Ergänze nun bitte die Sätze. Verwende dabei *to be* oder *to do*... und gib Acht, weil ich eine kleine Falle eingebaut habe: in einem der Beispiele musst du *to have* verwenden. Weißt du in welchem?

ÜBUNG Nr. 21

1. _____ you love me?
2. _____ she with you?
3. _____ you smoke?
4. No, I _____ not smoke.
5. How _____ you? Well?
6. How _____ you know me?
7. How _____your mother?
8. Why _____ your brother smoke?
9. Why _____ you come here?
10. Why _____ she here?
11. When _____ you got time?
12. When _____ you work?
13. When _____ your birthday?
14. What _____ you want?
15. What _____ the problem?
16. What _____ I?
17. Who _____ you?
18. Who _____ you think you are?!
19. Who _____ you want? Me or him?
20. Who _____ the washing in this house?
21. Where _____ everybody?*
22. Where _____ you go at the weekend?
23. Where _____ your money come from?
24. Where _____ I?
25. Where _____ you want to go? _____ you sure?

* Denke daran, dass bei *everybody* und *everything* das Verb im Singular steht!

ADVERBIEN DER HÄUFIGKEIT

1.2.8

Sie dienen dazu – wie der Name schon sagt – die Häufigkeit zu bezeichnen, mit der eine Tätigkeit erfolgt oder ausgeführt wird.

usually	normalerweise
sometimes	manchmal
always	immer
never	nie
often	oft
rarely	selten

Adverbien der Häufigkeit stehen im Satz zwischen Subjekt und Verb, außer in Sätzen mit dem Verb ‚sein' (*to be*); hier steht das Adverb der Häufigkeit nach dem Verb.

She sometimes plays tennis. Sie spielt manchmal Tennis.
He never eats pasta. Er isst nie Pasta.
I always help you. Ich helfe dir immer.
Tom often comes with me to school. Tom kommt oft mit mir in die Schule.
I never go to school. Ich gehe nie in die Schule.
She always forgets my birthday. Sie vergisst immer meinen Geburtstag.
aber:
She is usually late. Sie kommt für gewöhnlich zu spät.
He is often drunk. Er ist oft betrunken.

Ich stelle dir nun einige Vokabeln und Verben vor, die du für die folgenden Übungen benötigst, beziehungsweise in den Beispielen wiedererkennst.

boss	Chef
telephone	Telefon
order	Auftrag
client	Kunde
problem	Problem
customer service	Kundendienst
reception	Rezeption
on the telephone	am Telefon
VERBEN	
to swim	schwimmen
to sleep	schlafen
to walk	(spazieren)gehen

to eat	essen
to drink	trinken
to write	schreiben
to answer	antworten
to talk	reden
to send	schicken
to call	anrufen
to work	arbeiten
to understand	verstehen

TEILNEHMEN

Oft höre ich, dass das Verb TEILNEHMEN mit dem englischen Verb *to participate* übersetzt wird. In seltenen Fällen ist das auch richtig, aber je nach Kontext ist es üblicher ein anderes Verb zu verwenden. Es gibt folgende Möglichkeiten, das Verb TEILENEHMEN auszudrücken:

to take part in ...
... a competition / talks / an exercise / a meeting
an einem Wettkampf / Gesprächen / einer Übung / einer Sitzung teilnehmen (hier trägt man aktiv zur Veranstaltung bei)

to attend ...
... a conference / a meeting
an einer Konferenz / einer Sitzung teilnehmen
(hier ist man eher Zuhörer und nimmt passiv an der Veranstaltung teil)

to compete in ...
... the Olympics / a race / a tournament
an den Olympischen Spielen / einem Wettlauf / einem Turnier teilnehmen

to go on ...
... a guided tour / a course
an einer Führung / einer Fortbildung teilnehmen

Das Substantiv *participant* wird dagegen sehr häufig verwendet, um Personen zu bezeichnen, die an diesen Veranstaltungen teilnehmen ...

ÜBUNG Nr. 22

1. Ich schwimme normalerweise mit meinem Bruder. ....
2. Sie schläft nie. ....
3. Ich gehe oft spazieren. ....
4. Ich esse nie Pasta. ....
5. Sie trinken normalerweise Weißwein. ....
6. Wir gehen immer sonntags ins Kino. ....
7. Meine Mutter geht immer montags einkaufen. ....
   ....
8. Philipp geht selten zum Arzt. ....
9. Ich antworte dir nicht (won't), weil du dumm bist. ....
10. Sandra arbeitet in einem Restaurant. ....
11. Ich schreibe oft E-Mails. ....
12. Ich spreche immer mit meinem Chef. ....
13. Normalerweise melde ich mich am Telefon. ....
14. Ich schicke jede Woche Aufträge an Kunden. ....
    ....
15. Ich rufe die Kunden an, wenn es Probleme gibt. ....
    ....
16. Ich arbeite im Kundendienst. ....
17. Ich arbeite an der Rezeption. ....
18. Ich rufe die Kunden nicht an. ....
19. Ich verstehe nichts, wenn mein Chef am Telefon mit mir spricht. ....
    ....
20. Manchmal nehme ich an Sitzungen teil. ....

PRESENT CONTINUOUS

1.2.9

Die Verlaufsform des Präsens ist ein bisschen komplizierter als das *SIMPLE PRESENT*.
Es gibt drei Anwendungsmöglichkeiten, die alle sehr wichtig sind.
Ein kleines Beispiel für die Verlaufsform im Deutschen kann uns dabei helfen:

Ich koche gerade. I am cook**ing**.

Die *-ing* Form funktioniert wie ein *PARTICIPLE* des Verbs. Sie bezeichnet eine Handlung,
die in dem Moment, in dem gesprochen wird, gerade abläuft. Die Verlaufsform im
Präsens verlangt – oder vielmehr erfordert – das Verb ‚sein'. An das Verb, das die
Handlung beschreibt, wird die Endung -ING angehängt.

Du musst jedoch sehr vorsichtig sein, weil sich die Schreibweise bei einigen Verben
durch das Anhängen von -ING verändert!

A. VERDOPPELUNG DES KONSONANTEN

Bei einsilbigen Verben, die auf einen Konsonanten enden, dem ein Vokal vorausgeht
und bei einigen zweisilbigen Verben verdoppelt sich der Konsonant.

to sto**p** (anhalten)	sto**pp**ing
to si**t** (sitzen)	si**tt**ing
to pu**t** (legen)	pu**tt**ing
to prefe**r** (bevorzugen)	prefe**rr**ing
to permi**t** (erlauben)	permi**tt**ing

B. VERLUST DES „E" VOR DER ENDUNG -ING

Verben, die auf -E enden, verlieren dieses, wenn die Endung -ING angehängt wird.

to hav**e** (haben)	having
to com**e** (kommen)	coming

Ausnahmen bilden:

to b**e** (sein)	b**e**ing
to se**e** (sehen)	se**e**ing

C. „IE" WIRD ZU „Y"

Bei Verben, die auf -IE enden, wird daraus „Y", wenn die Endung -ING angehängt wird.

to d**ie** (sterben)	d**y**ing
to l**ie** (lügen, liegen)	l**y**ing

D. „L" WIRD ZU „LL"

Bei Verben, die auf ein -L enden, dem ein einzelner Vokal vorausgeht, wird das L verdoppelt.

to trav**el** (reisen)	trave**ll**ing
to canc**el** (streichen, absagen)	cance**ll**ing

E. ERHALT DES -Y

Bei Verben, die auf -Y enden, wird lediglich die Endung -ING angehängt.

to pla**y** (spielen)	pla**y**ing
to stud**y** (lernen)	stud**y**ing
to cr**y** (weinen)	cr**y**ing
to bu**y** (kaufen)	bu**y**ing

1. DER AUSSAGESATZ

Hier findest du Einzelheiten über die Wortstellung beim *Present Continuous*; wir beginnen mit der bejahten Form.

Der AUSSAGESATZ wird so gebildet:

Subjekt + *to be* + Verb *-ing*

You are playing tennis. Du spielst gerade Tennis.
She is walking on the grass. Sie geht im Gras.

2. DER FRAGESATZ

Schauen wir uns jetzt an, wie sich der Fragesatz beim *Present Continuous* verändert; es gibt eine Inversion des Subjekts und des Hilfsverbs *to be*.

Der FRAGESATZ wird so gebildet:

to be + Subjekt + Verb *-ing*

Are you playing tennis? Spielst du gerade Tennis?
Yes, I am*. Ja, (ich spiele gerade).
Is she walking on the grass? Geht sie im Gras?
No, she isn't*. Nein (, sie geht nicht im Gras).

* Bei den *short answers* ist es nicht notwendig, das Verb mit der Endung –ING zu wiederholen.

3. DER VERNEINTE SATZ

Für die verneinte Form benötigt man immer das Hilfsverb *to be*, das wieder seinen Platz zwischen Subjekt und Verb einnimmt. Beachte, dass dem Verb, das auf –ING endet, ein *NOT* vorausgeht.

Der VERNEINTE SATZ wird so gebildet:

Subjekt + *to be* + *not* + Verb *-ing*

You are not playing tennis. Du spielst gerade nicht Tennis.
She is not walking on the grass. Sie geht nicht im Gras.

4. USES

Wir kommen jetzt zu den drei wichtigsten Anwendungsmöglichkeiten der Verlaufsform des Präsens.

1_INSTANT

Ich nenne die erste Anwendung der Verlaufsform des Präsens *INSTANT*, weil sie eine Handlung bezeichnet, die in diesem Moment – oder besser, in dem Moment, in dem man spricht oder schreibt – abläuft.
Am Telefon trifft dies fast immer zu – in 90 % aller Fälle. Warum? Weil du, wenn du mir in einer Pizzeria gegenübersäßest, niemals zu mir sagen würdest: ‚*Hey, John! I am eating a pizza'*. Man würde dich für verrückt halten! Wenn ich dir gegenübersitze, sehe ich selbstverständlich, dass du gerade eine Pizza isst. Wenn ich dich dagegen anrufe und frage: ‚*What are you doing?'* (Was tust du gerade?), dann kannst du mir antworten: ‚*I am eating a pizza'*.
Wie bei jeder Regel gibt es auch hier Ausnahmen, die ich dir anhand von Beispielen erklären möchte:

Wenn sich jemand in einem anderen Raum befindet, wenn zum Beispiel meine Frau im Bad ist, und wir schon spät dran sind zum Fest:

John (brüllt zur Tür hinaus): What are you doing? Come on! Was machst du? Beeile dich!

Concettina: I am coming! Five minutes! Ich komme schon! Fünf Minuten noch!

(Ganz offensichtlich lügt sie ... Sie braucht mindestens 15 Minuten!)

Wenn dir jemand gegenüber sitzt und sich Ketchup über die Nudeln macht (so wie ich!), könntest du vor Überraschung ausrufen: ‚*What are you doing?*', auch wenn du offensichtlich sehr genau siehst, was ich gerade mache!

TO MAKE/ TO DO

So übersetzt du die Verben TUN bzw. MACHEN. Werfen wir einen Blick auf die unterschiedlichen Bedeutungen:

to make bedeutet im Wesentlichen ‚tun', ‚schaffen'. Das heißt, unsere Handlungen führen zu einem Ergebnis, schaffen etwas Neues, was es bisher noch nicht gibt.

to make a cake (einen Kuchen backen)
to make a presentation (eine Präsentation machen, im Sinne von ‚verfassen')
to make a pact (ein Abkommen schließen)

to do bezieht sich im Gegensatz dazu auf die Ausführung einer Tätigkeit, ohne dass dabei etwas Neues geschaffen wird.

to do* homework (Hausaufgaben machen)
to do a presentation (etwas präsentieren, was bereits verfasst wurde)
to do exercises (Übungen machen)

* ACHTUNG: The teacher makes the homework: the student does it.

TV	Fernseher
hairdresser	Frisör
angry	wütend

VERBS

to watch	anschauen*
to wait for	warten
to miss	jd. oder etw. vermissen
to cry	weinen
to make	tun, machen
to get	(hier:) werden
to get ready	sich fertig machen
to listen	zuhören
to play	spielen
to say	sagen

* im Englischen gibt es zwei Verben für das Wort „anschauen":

to watch bedeutet ‚etwas anschauen, das gerade passiert' (im Fernsehen, eine Aufführung, ein Fußballspiel).
to look at bedeutet ‚sich etwas anschauen', (z. B. ein Foto, eine schöne Landschaft, eine Blume).

TO WAIT

Aufgepasst! Achte auf die richtige Verwendung des Verbs TO WAIT im Englischen! Möchtest du es als Übersetzung von ‚warten' anwenden, wirst du oft auch eine Präposition benötigen, denn to wait kann auch ‚bedienen' bedeuten (tatsächlich ist der waiter im Englischen der ‚Ober', der im Restaurant bedient). Manchmal muss man to wait for benutzen, das bedeutet ‚warten auf'.

Dieses Verb war zu Anfang unserer Beziehung die Ursache eines schlimmen Missverständnisses zwischen meiner Frau und mir.

Sie hatte zu mir gesagt: ‚*Tonight, I will wait you.*' (Heute Abend bin ich deine Sklavin.) Und ich habe ihr geantwortet: ‚Gut, mir tun nämlich die Füße weh!'.

... und damit haben die Probleme angefangen.

PRESENT CONTINUOUS

Die Beispiele, die du nun übersetzen sollst, haben sich zwischen mir (J steht für John) und meiner Frau (C steht für Concettina) am Telefon tatsächlich so abgespielt.

ÜBUNG Nr. 23

J: Hallo Liebes, wo bist du? ....

C: Vor dem Fernseher, ich schaue gerade einen Film an. ....

C: Wo bist du? Ich warte auf dich! ....

J: Warum wartest du auf mich, Liebes? ....

C: Ich habe kein Geld für den Frisör. ....

J: Hallo Liebes, vermisst du mich? ....

C: Ja, ich vermisse dich, aber wer bist du? ....

J: Ich werde gleich wütend! ....

C: Ach du bist es! ....

J: Liebes, was machst du gerade? ....

C: Ich weine. ....

J: Weine nicht! Ich komme gleich nach Hause! ....

C: Gerade deshalb weine ich. ....

J: Bist du zuhause? ....

C: Ja, ich backe gerade mit viel Liebe einen Kuchen. ....

J: Für wen? ....

C: Was schaust du dir im Fernsehen an? ....

J: Ich weiß es nicht; ich höre es nicht. ....

C: Warum hörst du es nicht? ....

J: Weil du mit mir sprichst! ....

material	Material
office	Büro
employee	Angestellter
delivery	Lieferung

VERBS

to turn on	einschalten
to turn off	ausschalten
to know	wissen/kennen
to look into	sich informieren
to deliver	(aus)liefern
to finish	fertig werden/beenden

Die Beispiele, die du nun übersetzen sollst, beziehen sich auf eine Unterhaltung zwischen einem Chef (boss) und seinem Angestellten (employee).

Boss: Machen Sie die gewünschte Arbeit? Are you doing the work requested?
Employee: Ja, Chef! Yes, Sir!
Jetzt bist du an der Reihe ...

PRESENT CONTINUOUS

B: Wann versenden sie das Material? ....
E: Ich versende es jetzt gerade. ....

B: Sind Sie im Büro? ....
E: Ja, ich schalte gerade den PC ein. ....

B: Sind Sie im Büro? ....
E: Ja, aber jetzt schalte ich gerade den PC aus. ....

B: Ist Müller da? ....
E: Nein, er isst gerade in der Kantine. ....

B: Und was isst er? ....
E: Ich weiß nicht, was Müller isst!! ....

B: Was machen Sie gerade? ....
E: Ich spreche mit Herrn Smith; kennen Sie ihn? ....

B: Um wie viel Uhr trifft die Lieferung ein? ....
E: Ich erkundige mich gleich. ....

B: Ich warte ... .
E: Okay, sie liefern jetzt gerade aus. ....

B: Wird Frank mit dem Projekt fertig? ....
E: Nein, aber ich helfe ihm dabei. ....

B: Was macht er gerade? ....
E: Er wartet auf mich. ....

ball	Ball
client	Kunde
motorbike	Motorrad
desk	Schreibtisch
coffee	Kaffee
espresso	Espresso
newspaper	Zeitung
project	Projekt
nobody	niemand
there	dort

VERBS

to do	tun, machen
to try to	versuchen
to find	finden
to look	schauen
to look for	suchen
to answer	antworten
to wait (for)	warten (auf)
to go	gehen
to happen	geschehen
to eat	essen
to cook	kochen
to speak	sprechen
to sleep	schlafen
to drink	trinken
to read	lesen
to help	helfen
to sell	verkaufen
to buy	kaufen

PRESENT CONTINUOUS

Jetzt sollst du ein paar *conversations* übersetzen!

ÜBUNG Nr. 25

1.

Mother: Was macht Timmy? ....

Father: Er versucht gerade, seinen Ball zu finden. ....

Mother: Schaut er unter dem Bett nach? Der Ball ist nämlich dort. ....

2.

Boss: Was machen Sie? ....

Secretary: Ich rufe gerade den Kunden an. ....

Boss: Antwortet er nicht? ....

Secretary: Nein, aber ich warte. ....

Boss: Ich gehe. ....

Secretary: Tschüss! ....

3.

Karl: Was ist gerade los (geschieht gerade)? ....

Lisa: Der Hund frisst, meine Mutter kocht, mein Vater putzt sein Motorrad und ich

rede mit dir. ....

....

4.

Sales Manager: Was macht ihr? ....

Lucy: Ich verschicke gerade eine E-Mail, Tom schläft auf seinem Schreibtisch, Jonas

trinkt Kaffee und Lukas liest die Zeitung. ....

....

Sales Manager: Ah, dann ist ja alles normal! ....

2_ THESE DAYS

Die zweite Anwendung der Verlaufsform des Präsens betrifft eine Tätigkeit oder Handlung, die im Augenblick noch andauert, aber in naher Zukunft beendet sein wird. Normalerweise versteht man darunter Tätigkeiten, die nicht von Dauer sind.

Johannes: Was machst du denn zur Zeit? So, what are you doing these days?

Robert: Nichts Besonderes, ich lerne Englisch. Nothing special; I'm studying English.

book	Buch
restaurant	Restaurant
translation	Übersetzung
project	Projekt
hotel	Hotel
colleague	Kollege
product	Produkt

VERBS	
to paint	malen, anstreichen
to read	lesen
to go to	nach ... gehen
to fast	fasten
to study	lernen
to try	versuchen, ausprobieren
to sell	verkaufen
to book	buchen
to cover for sb.	für jdn. übernehmen
to buy	kaufen
to open	(er)öffnen
to close	schließen

PRESENT **CONTINUOUS**

Errätst du es schon? Du sollst wieder einmal übersetzen … vom Deutschen ins Englische. Nutze dabei die Möglichkeiten, die du bisher kennengelernt hast.

ÜBUNG Nr. 26

1. Zur Zeit male ich. ....
2. Ich lese gerade ein Buch. ....
3. Meine Frau geht zur Zeit oft zum Yoga (zumindest behauptet sie, dass sie zum Yoga geht … wer weiß!). ....
    ....
4. Ich gehe nicht ins Restaurant, weil ich gerade faste. ....
    ....
5. Ich lerne gerade Englisch. ....
6. Wohin gehst du? Ich gehe zum Arzt, ich bin krank. . ...
    ....
7. Wir lernen gerade, wir spielen nicht!! ....
8. Macht ihr gerade die Französisch-Übersetzung? ....
9. Hey! Hallo, wohin geht ihr? ....
10. Wir gehen ins George Michael Konzert. ....
    ....
11. Ich arbeite am Star Projekt. ....
12. Ich führe gerade eine *conference call*. ....
13. Wir versuchen, nach Russland zu verkaufen. ....
14. Probiert ihr gerade eine neue Software aus? ....
15. Ich gehe nicht um sieben Uhr zur Arbeit. ....
16. Sie bucht das Hotel für den Chef. ....
17. Ich übernehme für meinen Kollegen, der zu Hause ist. ....
18. Kaufen sie unsere Produkte? ....
19. Wir eröffnen kein neues Büro. ....
20. Wir schließen das Büro. ....

PRESENT CONTINUOUS

crisis	Krise
idea	Idee
for less	billiger
shop owner	Ladeninhaber
sales assistant	Verkäufer

VERBS
to lose	verlieren

Und weil die vorherige Übung so einfach war, steigern wir jetzt das Niveau ein wenig und übersetzen wieder aus dem Deutschen.

ÜBUNG Nr. 27

Ladeninhaber: Wir verlieren Geld in dieser Krise. ....

Verkäufer: Ich habe eine Idee: lassen sie uns billiger verkaufen. ....

Ladeninhaber: Nein! ....

Verkäufer: Aber alle verkaufen jetzt billiger – und arbeiten! ....

....

PRESENT CONTINUOUS

Ich möchte dich nicht langweilen. Bevor wir zur dritten und letzten Anwendung des *Present Continuous* kommen, die eigentlich eine Form des Futurs ist, gibt es nochmals zwei Übungen. Bei der ersten Übung sollst du entscheiden, ob das *Simple Present* oder die Verlaufsform des Präsens richtig ist. Bei der zweiten musst du bestimmen, ob die Sätze mit dem *Simple Present* oder dem *Present Continuous* ein *too much* oder *too many* erfordern!

Every Monday, Sally **walks** to school. (*Simple Present*) Sally geht jeden Montag zu Fuß in die Schule.
Frank **is playing** football today. (Verlaufsform) Frank spielt heute Fußball.

Jetzt bist du an der Reihe! Ergänze die unten stehenden Sätze, *please*:

ÜBUNG Nr. 28

1. Usually I (work) _____ with my father, but not this month.
2. Don't shout! Lucy (sleep) _____.
3. Stay at home, it (rain) _____.
4. Sorry, I can't hear her (sing) _____ because everybody (talk) _____.
5. I (play) _____ football every Friday.
6. Jason (write) _____ a book. I want to read it when it is finished.
7. She (work) _____ at the school at the moment. She (cook) _____ for the children.
8. I never (swim) _____ in the sea.
9. She (take) _____ the bus every morning.
10. He sometimes (eat) _____ with us.
11. He is always (make) _____ mistakes!
12. She usually (come) _____ with us.
13. My wife never (give) _____ me a kiss.
14. We (give) _____ all her money to charity.
15. Joseph (work) _____ with me.
16. Karl is always (run) _____ to work, because he wakes up late.
17. The snow (fall) _____ now.
18. We (love) _____ her.
19. I (study) _____ English these days.
20. His car is broken at the moment, so he (walk) _____ to the stadium.

PRESENT CONTINUOUS

vampire	Vampir
toy	Spielzeug
safely	sicher
promise	Versprechen
secret	Geheimnis
factory	Fabrik

VERBS

to invest	investieren
to spend	ausgeben
to keep	halten

ÜBUNG Nr. 29

1. She is working _____ in that factory.
2. She works _____ hours.
3. He is investing _____ money in that stupid company.
4. He sleeps _____, is he a vampire?
5. They are spending _____ money on stupid things.
6. Her son has _____ toys; his bedroom is full!
7. There are people drinking _____ to drive safely after the pub.
8. We are thinking about buying a house, but they cost _____.
9. He made _____ promises that he couldn't keep.
10. She knows _____ of my secrets!

PRESENT **CONTINUOUS**

3_ THE NEAR FUTURE

Mit der letzten Anwendung der Verlaufsform ist es möglich, etwas im Futur auszudrücken (ich habe ja schon immer gesagt, dass im Englischen viel unglaublicher Blödsinn existiert, der einzig und allein dazu dient, große Verwirrung zu stiften!).

Das *Present Continuous* ist ja eine Präsensform. Du kannst sie aber auch verwenden, um eine bereits fest geplante Tätigkeit in der Zukunft auszudrücken. Man kennt die Uhrzeit, den Tag, die Person, die die Tätigkeit ausüben wird ... alles! Normalerweise wird damit eine eher nahe Zukunft beschrieben.

Tom: What are you doing tomorrow? Was machst du morgen?
Fred: Tomorrow morning I am taking the dog to the park. Morgen früh gehe ich mit dem Hund in den Park.

This evening I am eating pizza with my brother. Heute Abend esse ich mit meinem Bruder Pizza.
Tomorrow morning I am playing tennis with Paul. Morgen Vormittag spiele ich Tennis mit Paul.
At 7.15 on Wednesday morning, we are going to Scotland. Wir fahren am Mittwoch um 7.15 Uhr nach Schottland.
(Scotland? Are you sure? Bleeeur! Why?)

Üüüüüü...bersetzen wir!

ÜBUNG Nr. 30

1. Am Sonntagvormittag streiche ich die Küche. ....
2. Heute Abend sehe ich meine Mutter. ....
3. Heute Nacht reise ich nach London ab. ....
4. Heute Abend übernachte ich bei meinem Freund zu Hause. ....
5. Morgen verlasse ich meine Freundin. ....
6. Ich dusche jetzt. ....
7. Heute Nachmittag mache ich meine Hausaufgaben mit Alex. ....
8. Morgen Vormittag wasche ich das Auto. ....
9. Am Mittwoch kaufe ich eine Katze. ....
10. Am Samstag kaufe ich Weihnachtsgeschenke. ....

meeting	Sitzung, Treffen
fax	Fax
supplier	Lieferant
lunch	Mittagessen
bill	Rechnung (z. B. im Restaurant)
invoice	Rechnung (für gelieferte Waren
customer	Kunde
speech	Rede

VERBS
to meet	treffen
to arrive	ankommen, eintreffen
to move	umziehen, bewegen
to pay	zahlen
to protect	schützen

Uuuuuuuu...nd noch einmal!

ÜBUNG Nr. 31

1. Heute Abend verlasse ich um 20.00 Uhr das Büro. ....
2. Wir haben um 16 Uhr eine Sitzung (*to have a meeting*). ....
3. Morgen treffen wir all unsere Kollegen aus London. ....
4. Der neue Chef kommt um 12 Uhr an. ....
5. Ziehen wir am Dienstag in ein neues Büro um? ....
6. Heute Nachmittag hält der Chef eine bewegende Rede. ....
7. Sie zahlen am Montagmorgen. ....
8. Ich schicke das Fax um 14.00 Uhr ab. ....
9. Rufst du den Lieferanten nach dem Mittagessen an? ....
10 Ich gehe nicht mit ihnen ins Büro. ....

PRESENT CONTINUOUS

everybody	alle
wedding	Hochzeit
kind	nett
crazy	verrückt
violent	gewalttätig, brutal
sensitive	sensibel
birthday	Geburtstag
present	Geschenk
hope	Hoffnung

VERBS

to show	zeigen
to celebrate	feiern
to bring	(hier:) mitbringen
to protect	(be)schützen

Hier findest du ein paar nette Dialoge unter Freunden. So ist vielleicht auch die Übersetzungsübung unterhaltsamer und einfacher für dich.

ÜBUNG Nr. 32

1.

Kevin: Was machst du heute Abend? ....

Stefan: Ich schaue mir mit Mary einen Film an. ....

Kevin: Mary? ....

Stefan: Ja, ich nehme sie mit ins Kino. ....

Kevin: Ich komme mit! (soeben beschlossen) ....

Stefan: Bist du verrückt? Sie zeigen einen brutalen Film, du bist sensibel. ....

Kevin: Okay Stefan. Nett von dir, mich zu beschützen! ....

2.

Wendy: Heute Abend feiern wir meinen Geburtstag! ....

Sarah: Wer kommt? ....

Wendy: Alle kommen! ....

Sarah: Bringen sie Geschenke mit? ....

Wendy: Ich hoffe es! ....

GOING **TO** 1.2.10

Ich habe es ja schon einmal gesagt, dass die englische Sprache „unglaublichen Blödsinn bereithält, insbesondere was die Grammatikregeln betrifft! Was jetzt kommt, ist der absolute Gipfel.

going to bedeutet ‚gehen nach', ABER NICHT NUR …
going to verwendet man auch, um eine Absicht in der Zukunft auszudrücken (*Going to-Future*).

I am going to Japan. Ich gehe nach Japan.
In diesem Fall folgt auf going to ein ORT; deshalb handelt es sich hier um das *Present Continuous* in der 3. Anwendungsmöglichkeit (Erinnerst du dich? Das hatten wir doch gerade erst!).

I am going to buy a car. Ich habe die Absicht, mir ein Auto zu kaufen.
In diesem Fall folgt auf going to ein VERB; deshalb handelt es sich hier um das *Going to-Future*.

Was ist also dieses *Going-to-Future*?
Es steht für eine Absicht, etwas in der Zukunft zu tun, ohne dass dies – wie beim *Present Continuous* – notwendigerweise fest beschlossen sein muss!

I am not going to buy the new Alfa Romeo. Ich habe nicht die Absicht, den neuen Alfa Romeo zu kaufen (auch wenn es in Wahrheit mein Geldbeutel ist, der nicht die Absicht hat, dies zu tun!).
I am going to call my mother, when I have time. Ich habe die Absicht, meine Mutter anzurufen, wenn ich Zeit habe.

Verwendet man going to in einer Frage, so ist das gleichbedeutend mit der Frage: ‚Was hast du vor?'.

John hat entdeckt, dass seine Frau nicht zum Yoga, sondern mit einem „Muskelpaket tanzen ging (stell dir vor!). Sie nennt ihn ihren Freund Jimmy …

Jimmy: So, what are you going to do? Also, was hast du vor?
John: I'm going to find a muscular woman! Ich habe die Absicht, mir ein weibliches Muskelpaket zu suchen!

DAS SIMPLE **FUTURE** 1.2.11

Den Indikativ Futur erkennt man an dem Wort *will*, das das Verb im *Simple Future* – der wichtigsten und am häufigsten gebrauchten Futurform – begleitet.
Im Unterschied zum *Present Continuous* für Zukünftiges und zum *Going to-Future*, benutzt man *will* in dem Moment, in dem man beschließt, eine Sache zu tun – und dies auch freiwillig macht.

Mit *will* beschließt man etwas, das man gerne tut, wie zum Beispiel jemandem helfen ... *will* verwendet man auch, um ein Versprechen auszudrücken.

1. DER AUSSAGESATZ

Im Aussagesatz steht *will* vor dem Verb und nach dem Subjekt.

Der AUSSAGESATZ wird so gebildet:

Subjekt + *will* + Verb + Objekt

I will eat an apple. Ich werde einen Apfel essen.

Ich beschließe, einen Apfel zu essen.

2. DER VERNEINTE SATZ

Bei der verneinten Form verwendet man ebenfalls *will*, gefolgt von *NOT*, vor dem Verb.

Der VERNEINTE SATZ wird so gebildet:

Subjekt + *will* + *not* + Verb + Objekt

I will not eat an apple. Ich werde keinen Apfel essen.

Ich beschließe, KEINEN Apfel zu essen.

3. DER FRAGESATZ

Im Fragesatz steht *will* vor dem Subjekt und dem Verb und leitet daher die Frage ein.

Der FRAGESATZ wird so gebildet:

will + Subjekt + Verb + Objekt

Will you eat an apple? Wirst du einen Apfel essen?

In diesem Fall fordere ich dich auf, jetzt zu entscheiden, ob du einen Apfel essen möchtest oder nicht.

CHOOSING

WILL kann auch als Höflichkeitsform dienen, wenn man jemanden um einen Gefallen bittet. Dabei überlässt man der anderen Person die Wahl.

Hier findest du einige Beispiele (rate mal, zu welchem meine Frau mich inspiriert hat?!):

1. A: Reichst du mir bitte den Stift?
    B: Natürlich!

    A: Will you pass me the pen?
    B: Of course!

2. A: Kannst du bitte das Fenster öffnen?
    B: Ja, natürlich

    A: Will you open the window, please?
    B: Yes, of course

    A: Verlässt du mich bitte?
    B: Nein, das kann ich nicht.

    A: Will you leave me, please?
    B: No, I can't.

DAS SIMPLE FUTURE

Oft verwenden wir anstelle von *I WILL* die Kurzform *I'LL*.
Viele glauben, wir Engländer würden abkürzen, um schneller zu sein ... ABER das stimmt nicht immer. *I will* verleiht deiner Aussage Nachdruck, es klingt wie ein Versprechen.

Ober: What will you have, Sir? Was hätten Sie gerne, mein Herr?
(Der Ober fordert mich auf zu entscheiden, was ich bestellen möchte!)

Ich: I'll have the fish, please. Ich hätte bitte den Fisch.
(Ich habe mir die Speisekarte angeschaut und mich entschieden.)

Hier verwende ich die Kurzform *I'll*, weil diese Entscheidung nur mich und den Kellner was angeht. Es ist wirklich nicht notwendig, meiner Entscheidung mehr Nachdruck zu verleihen oder sie wichtiger werden zu lassen als sie tatsächlich ist!

Wie du siehst, verwendet man *will* immer dann, wenn man spontane Entscheidungen trifft. In so einer Situation ist *will* die gebräuchlichste Futurform. Wenn du mit jemandem redest, erzählst du ja schließlich nichts, was derjenige sowieso schon weiß, oder? Mit Sicherheit teilst du ihm Neuigkeiten mit und erwartest eine Reaktion deines Gesprächspartners.

John: This afternoon, I am cleaning my garage.
Jimmy: I'll help you!
(John hatte geplant, die Garage zu putzen, Jimmy wusste nicht, dass John die Garage putzen wollte. In dem Augenblick, in dem er davon erfährt, beschließt er, ihm zu helfen.)

Paul: When are you going to call our mother? Wann hast du vor, unsere Mutter anzurufen?
John: I'll call her, now. Ich rufe sie jetzt gleich an.

Concettina: I can't find the dog! Ich kann den Hund nicht finden!
John: We won't* find him**! Wir werden ihn nicht finden!

* **will not** oder **won't**
** Anstelle von *he* oder *she* wird bei Tieren häufig *it* verwendet. Das ist nicht richtig! Wenn du das Geschlecht des Tieres kennst, kannst du *he* oder *she* sagen. Wenn du es nicht kennst, ist *it* aber okay.

sofa	Sofa
door	Tür
table	Tisch
flight	Flug
church	Kirche
secret	Geheimnis

VERBS

to need	brauchen
to lift	anheben
to ask	fragen, bitten
to return	zurückkommen
to kiss	küssen
to check	überprüfen
to marry	heiraten
to come	kommen

Der Unterschied zwischen dem Futur mit *will* und den beiden anderen Futurformen ist fundamental. Man kann nicht immer und ausschließlich eine einzige Form verwenden. Jetzt ist es an der Zeit, die verschiedenen Futurformen und deren Anwendung zu üben ...

ÜBUNG Nr. 33

Chef: Ich brauche die Akte X. ....
Hannah: Ich schicke sie Ihnen jetzt. ....

John: Lukas, hilfst du mir bitte, das Sofa anzuheben? ....
Lukas: Ich versuche es! ....

Chef: Wo ist Herr Jones? ....
Hannah: Ich frage Martha. ....

DAS SIMPLE FUTURE

Carol: Ich komme um drei Uhr zurück. ....

John: Nach zwölf öffne ich die Tür nicht!! ....

Chef: Können Sie mir für heute Abend einen Tisch im „Goldenen Ochsen" reservieren?
....

Hannah: Selbstverständlich! Ich werde sofort anrufen! ....

John: Schnarchst du, wenn du schläfst? ....

Paul: Nein! Ich schnarche nicht. ....

John: Gut! ....

Chef: Ist der Flug gebucht? ....

Hannah: Ich überprüfe das jetzt. ....

Carol: Ich gehe zum Bingo. ....

John: Ich bleibe hier. ....

Tommy: Iss den Kuchen nicht. Er ist für Sonntag! ....

Anna: Ich tu's nicht. ....

Tommy: Ich buche jetzt das Hotel. ....

Anna: Okay, ich sage es jetzt meiner Mutter. ....

WILL wird als Futurform auch verwendet, um eine Überzeugung oder eine als sicher geltende Vorhersage, die der Sprecher nicht unbedingt beeinflussen kann, zum Ausdruck zu bringen.

VFB will win on Sunday. Am Sonntag gewinnt VFB (meiner Meinung nach).

If she sees that film, she'll cry. Wenn sie diesen Film sieht, wird sie weinen (glaube ich).

package	Paket
promotion	Beförderung
idea	Idee
expenses	Kosten
discount	Preisnachlass
soon	bald

VERBS

to lose	verlieren
to take	bringen/mitnehmen
to hate	hassen
to think	denken
to receive	empfangen, erhalten
to like	gefallen, (hier:) gut ankommen
to cut	(hier:) senken

ÜBUNG Nr. 34

1. Hoffenheim verliert am Sonntag. ....
2. Sie wird dich deshalb verlassen. ....
3. Nimm Julie mit ins Kino, und sie wird dich lieben. ....
4. John wird nicht mit uns kommen. ....
5. Suzy wird dich dafür hassen. ....
6. Die E-Mail wird am Montag eintreffen. ....
7. Meine Kollegen werden glücklich darüber sein, dass sie uns jetzt mehr Geld geben. ....
8. Das Paket wird heute ankommen. ....
9. Ich denke, Herr Baker wird dich bald empfangen. ....
10. Du wirst für dieses Projekt eine Beförderung erhalten. ....
11. Der Chef aus London wird bei der *conference call* sprechen. ....
12. Deine Idee wird gut ankommen! ....
13. Sie werden deine Idee hassen. ....
14. Sie werden die Kosten in diesem Jahr senken. ....
15. Die Kunden werden glücklich sein über den Preisnachlass. ....

DAS SIMPLE FUTURE

An diesem Punkt möchte ich dir eine kleine Geschichte erzählen, in der alle drei Futurformen, die du bis jetzt kennengelernt hast, vorkommen ...
Eines Abends trinkt Simon zu viel und beschließt, seiner Freundin Samantha einen Heiratsantrag zu machen.

Si: Samantha, möchtest du mich heiraten?
Wie war das gleich noch mal im Englischen, wenn er sie um eine Entscheidung bittet?
Si: Samantha, will you marry me?

Sa: Ja, ich möchte dich heiraten.
Sa: Yes, I will marry you.

Dann ruft Simon seine Mutter an, um ihr die gute Nachricht mitzuteilen.

Si: Mama, ich werde heiraten!
Erinnerst du dich – welche Form brauchst du für eine bereits beschlossene, aber noch nicht näher geplante Handlung?
Si: Mum, **I'm going** to get married!

Jetzt bestellt Simon das Aufgebot und ruft seinen Vater an. (Überlege dir, wie er es seinem Vater sagen wird. Die Hochzeit ist ja jetzt geplant.)

Si: I'm getting married! (*Present Continuous*)

Es folgt ein Gespräch zwischen drei Freunden. Beachte, dass jeder der Freunde in den einzelnen Phasen des Dialogs eine andere Futurform gebraucht (Verlaufsform – Going to-Future – will):

Brad: Heute Abend sehe ich Julie (geplante Handlung).
B: I'm seeing Julie this evening
Carl: Ich komme mit dir (gerade beschlossen)!
C: I'll come with you!
David: Wenn ich Zeit habe, rufe ich sie an (Absicht, bereits beschlossen).
D: When I have time, I'm going to call her.

husband	Ehemann
sister	Schwester

VERBS
to find	finden
to eat	essen
to call	anrufen

Es folgt eine weitere Übung, die – wie das vorherige Beispiel – verschiedene Futurformen enthält, die du bereits kennst. Die Gelegenheit dazu gibt uns das Gespräch zwischen drei Freundinnen: Barbara, Charlotte und Mandy.

ÜBUNG Nr. 35

B: Am Samstag nimmt mich mein Mann zum Einkaufen mit (geplante Handlung, zumindest für sie!?).

C: Ich werde auch so einen Mann wie deinen finden! (Absicht.)

M: Ich gebe dir meinen, wenn du ihn willst!

M: Morgen Abend esse ich mit meiner Schwester bei ihr zu Hause. Möchtest du mitkommen, Charlotte?

C: Ja! Ich rufe jetzt meinen Mann an.

B: Macht sie Tiramisù?

DAS SIMPLE **PAST** 1.2.12

Um das Imperfekt konjugieren zu können, musst du die *REGULAR AND IRREGULAR VERBS RULE* (die Regel der regelmäßigen und unregelmäßigen Verben) kennen.

Was ist der Unterschied zwischen einem regelmäßigen und einem unregelmäßigen Verb? Regelmäßige Verben sind Verben, an die man lediglich die Endung **-ED** anhängt, um die Vergangenheitsform zu bilden. Unregelmäßige Verben hingegen folgen keiner Regel und auch keiner Logik: man muss sie leider auswendig lernen! Wir schauen uns zuerst die regelmäßigen Verben an.

Präsens: I want (ich will)
Vergangenheit: I wanted (ich wollte) dient als Übersetzung für das Imperfekt und in manchen Fällen auch für das Perfekt.
Partizip Perfekt: wanted (gewollt)

Die Reihe lautet also: TO WANT-WANTED-WANTED

Genau wie für das Plural-S, gelten auch für die Endung -ED gewisse Regeln:

Bei Verben, die bereits auf -E enden, hängt man nur ein -D an:

to lov**e**	lov**ed**
to smok**e**	smok**ed**

Bei einsilbigen Verben, die auf einen einzelnen Konsonanten enden, dem ein einzelner Vokal vorausgeht, wird der Konsonant verdoppelt und dann die Endung -ED angehängt:

to stop	stopped
ABER NICHT	
to clean	cleaned (hier gehen dem Konsonanten zwei Vokale voraus!)

Bei Verben mit betontem -ER am Ende wird ebenfalls der Konsonant verdoppelt, bevor man die Endung -ED anhängt:

to prefer	preferred (die Betonung liegt auf -ER)
ABER NICHT	
to offer	offered (die Betonung liegt auf dem O der ersten Silbe)

Bei Verben, die nach einem einzelnen Vokal auf -L enden, verdoppelt sich der Konsonant vor -ED:

to trave**l**	trave**lled**
ABER NICHT	
to boi**l**	boi**led**

Bei Verben, die auf -Y enden, bleibt dieses erhalten, wenn es auf einen Vokal folgt; geht ein Konsonant voraus, wird es zu einem -I:

| to pla**y** | pla**yed** |
| to stud**y** | stud**ied** |

ACHTUNG!

Mehr noch als in anderen Fällen darf man beim *Simple Past* nicht wörtlich aus dem Deutschen übersetzen! Wenn wir im Deutschen sagen: ‚Ich habe dich gestern gesehen', verwenden wir das Perfekt anstelle des Imperfekts. Im Englischen können wir auf KEINEN Fall sagen ‚*Yesterday, I have seen you*'. Um etwas Vergangenes auszudrücken, sagt man im Englischen ‚*Yesterday, I saw you*'. Im *Simple Past* gibt es KEIN *HAVE* (haben)! Das *Simple Past* wird gebraucht für abgeschlossene Handlungen in der Vergangenheit. Genau wie beim *Simple Present* ändert sich die Wortstellung im Englischen nicht.

Wir benötigen auch hier in verneinten Sätzen, sowie in positiven und negativen Fragesätzen das Verb *to do*. Es wird also in der Vergangenheit immer *to do* und nicht das Verb, das die Handlung ausdrückt, konjugiert. Dieses steht dann im Infinitiv: ein Verb in der Vergangenheit genügt!
Die Reihe lautet: *to do - did - done*.

1. DER AUSSAGESATZ

Nachdem wir die wichtigsten Anwendungsmöglichkeiten des *Simple Past* kennengelernt haben, schauen wir uns jetzt an, wie man damit Sätze bildet. Wir starten mit dem Aussagesatz.

Der AUSSAGESATZ wird so gebildet:

Subjekt + Verb + Objekt

I saw a film yesterday. Gestern habe ich einen Film gesehen (unregelmäßig).
She washed her car. Sie hat ihr Auto gewaschen (regelmäßig).

2. **DER VERNEINTE SATZ**

Beim verneinten Satz gehen wir vom Aussagesatz aus und erweitern diesen um die verneinte Form von *did* (*did not*). Denk daran, dass wir nicht das Hauptverb konjugieren – dieses bleibt im Infinitiv Präsens!

Der VERNEINTE SATZ wird so gebildet:

Subjekt + *did* + *not* + Verb + Objekt

I didn't see the film. (NICHT I didn't saw the film.) Ich habe den Film nicht gesehen.
Last year, I didn't go to Japan. Letztes Jahr bin ich nicht nach Japan gegangen.

3. **DER FRAGESATZ**

Beim Fragesatz genügt es, dem Aussagesatz ein *did* (*past* von *to do*) vorauszustellen und das Hauptverb im Infinitiv Präsens zu verwenden.

Der FRAGESATZ wird so gebildet:

did + Subjekt + Verb + Objekt

Did you see the film? (NICHT Did you saw the film?) Hast du den Film gesehen?
Did you have dinner last night? Hast du gestern zu Abend gegessen?

Der VERNEINTE FRAGESATZ wird so gebildet:

did + *not* + Subjekt + Verb + Objekt

Didn't you see the film? (NICHT Didn't you saw the film?) Hast du den Film nicht gesehen?

4. **EXAMPLES**

Du wirst jetzt etwas lernen, was sonst niemand in Deutschland lernt. Ich bringe dir bei, wie ein Engländer zu sprechen – und nicht wie ein Tourist. Oft höre ich die Leute sagen: ,Wenn du nicht perfekt Englisch sprichst, dann tun die Londoner so, als ob sie dich nicht verstehen würden!'. Das stimmt aber nicht! Manchmal kommt es tatsächlich zu Verständigungsschwierigkeiten, aber nur weil sich die Touristen unnötigerweise manchmal umständlich ausdrücken!

Stell dir vor: Du wohnst in London und und bist auf dem Weg zum Einkaufen, wenn dich jemand so anspricht: *,Excuse me, Sir, I hope not to disturb you, but I am German and I want to know maybe if it's ok...'.*

In diesem Fall wäre es vielleicht besser, sich klarer auszudrücken und den „unwichtigen" Ballast im Satz wegzulassen. Frag das nächste Mal lieber einfach so nach dem Weg: „Excuse me, Piccadilly?"
Denn auch die höflichen Engländer gehen gerne sparsam mit ihren Worten um!

Noch ein Beispiel.
Stell dir vor, du wärst gestern Abend ausgegangen, hättest ein Bier getrunken, getanzt und wärst dann nach Hause gegangen. Du würdest sagen:
,I went out and then I drank a beer and then I danced and then I went home'.

Das ist LANG, viel zu LANG!
In alten englischen Grammatikbüchern wird behauptet, wir würden immer das Subjekt wiederholen. DAS STIMMT NICHT! Vielleicht sind die Bücher auch deshalb veraltet ...

Ich würde sagen:
,I went out, drank a beer, danced, then went home'.
Ist das nicht schöööööön???

Sehen wir uns also nochmals den Satz, den du gesagt hättest, an und markieren die überflüssigen Wörter.

I went out **and then** I drank a beer **and then** I danced **and** then I went home.

Hier haben wir vier Handlungen:
1.   I went out
2.   drank a beer
3.   danced
4.   went home
Vergewissere dich, dass du diese vier Handlungen klar ausdrückst – alles Weitere ist überflüssig!

AND/THEN

Die Protagonisten dieses Abschnitts – *AND* (und) und *THEN* (dann) – sind mehr oder weniger austauschbar. Ihr einziger Unterschied besteht darin, dass *THEN* eher am Ende eines Satzes – wenn die Handlungssequenz zu Ende geht – steht. Sicher ist es aber auch kein Weltuntergang, wenn du in diesem Fall *and* verwendest.

Denke daran, dass Handlungen, die innerhalb eines gewissen Zeitraums stattfinden, immer nacheinander ablaufen. Sie geschehen niemals im selben Moment. Einen Satz zu bilden bedeutet daher, eine Art Handlungskette herzustellen. Diese Kette kann den Verlauf eines gesamten Abends abdecken, aber auch viel längere Zeiträume, sogar Jahre. Merke dir, dass du in der Regel *and* oder ein Komma verwendest, um die Handlungen voneinander zu trennen. Der letzten Handlung geht dann *THEN* voraus.

Die letzten fünf Minuten …

Boss/Chef: What did you do in the last five minutes? Was hast du in den letzten fünf Minuten gemacht?

Robert: I called my mother, ate a sandwich, drank a coffee then you arrived! Ich habe meine Mutter angerufen, ein Sandwich gegessen, Kaffee getrunken, dann kamen Sie!

Die Geschichte der Erde …

The world was created, dinosaurs came, died, then man was born. Die Welt wurde erschaffen, Dinosaurier kamen und starben, dann wurde der Mensch geboren.

Es müssen natürlich nicht zwingend vier Handlungen sein. Es genügen auch zwei oder drei. Lediglich der Übung wegen verwende ich Sätze mit mehreren Handlungen, so wie diesen hier:

Letztes Jahr habe ich begonnen zu arbeiten, mein Auto bezahlt, meinen Job verloren und dann mein Auto verkauft. Last year, I started to work, paid for my car, lost my job and then sold my car.

bed	Bett
school	Schule
milk	Milch
last year	letztes Jahr
lake	See
full	voll
bread	Brot
playboy	Playboy
neighbour	Nachbar

VERBS

to cook	kochen
to clean	putzen
to work	arbeiten
to return	zurückkehren
to watch	anschauen
to celebrate	feiern
to ask	fragen
to kiss	küssen
to eat	essen
to go	gehen
to go out	ausgehen
to take	bringen
to sleep	schlafen
to buy	kaufen
to see	sehen

Versuche nun, anhand der obigen Beispiele, diese kurzen Sätze zu übersetzen und dich so fit zu machen für den Text, den du danach übersetzen sollst.

ÜBUNG Nr. 36

1. Gestern Abend habe ich gekocht, gegessen, das Haus geputzt und bin dann zu Bett gegangen.
2. Heute habe ich gearbeitet, einen Film angeschaut, meinen Sohn in die Schule gebracht und dann geschlafen.

3. Heute Morgen habe ich Milch gekauft, bin nach Hause gegangen und dann ins Bett zurückgekehrt.
4. Gestern haben wir das Projekt beendet, dann sind wir feiern gegangen.
5. Ich habe einen Brief geschrieben und dann drei Stunden geschlafen.

ÜBUNG Nr. 37

Suzys Tagebuch

Am Montag sah ich einen schönen Mann.
Ich bat ihn, mit mir auszugehen.
Wir gingen zum See und aßen dann.
Während wir aßen, bat er mich, ihn zu küssen, aber mein Mund war voller Brot.
Als mein Mund leer war, küsste er eine Andere.
‚Du bist ein Playboy!' rief ich.
‚Aber sie ist meine Schwester', sagte er.
Ich sah im Spiegel, dass mein Gesicht rot war.
Während wir fertig aßen, kam die Rechnung.
Er bezahlte alles, und danach gingen wir an die Bar und holten eine Flasche Wein.
Während wir tranken, bat er mich um einen Kuss, aber mein Mund war voller Wein.
Als mein Mund leer war, küsste er eine Andere.
‚Ist sie auch deine Schwester?', fragte ich.
‚Nein, ich bin ein Playboy', sagte er.
Ich ging hinaus, nahm ein Taxi und fuhr nach Hause.
Als ich zu Hause ankam, sah ich Blumen auf dem Tisch mit einer Botschaft.
Die Botschaft lautete ‚Ich liebe dich'.
Während ich über die Nachricht lächelte, kam meine Nachbarin herein.
‚Suzy' sagte sie. ‚Du bist in meinem Haus! Hast du wieder Wein getrunken?'.

DAS PAST **CONTINUOUS** 1.2.13

Wie der Name schon sagt, ist das *Past Continuous* der Verlaufsform im Präsens sehr ähnlich, beziehungsweise ist das Gegenstück dieser Form in der Vergangenheit.
Wie beim *Present Continuous* benötigt man für das *Past Continuous* das Verb ‚sein', das selbstverständlich im Imperfekt gemäß der Reihe *TO BE - WAS - BEEN* konjugiert wird.

Präsens: I am making a cake. Ich backe gerade einen Kuchen.
Imperfekt: I was making a cake. Ich buk gerade einen Kuchen.

Präsens: I am drinking a coffee. Ich trinke gerade einen Kaffee.
Imperfekt: I was drinking a coffee. Ich trank gerade einen Kaffee.

Präsens: I am cutting the grass. Ich mähe gerade das Gras.
Imperfekt: I was cutting the grass. Ich mähte gerade das Gras.

Die Wortstellung unterscheidet sich nicht von der Wortstellung der Verlaufsform im Präsens – weder im Aussagesatz noch im Fragesatz noch im verneinten Satz. Lediglich das Verb *TO BE* wird im Imperfekt konjugiert.

Die Verlaufsform in der Vergangenheit verwendet man, wenn eine Handlung, die in der Vergangenheit andauert, durch das Eintreten eines anderen Ereignisses unterbrochen wird. Sätze mit dem *Past Continuous* werden durch *when* (als) oder *while* (während) eingeleitet.

I was watching TV, **when** you called me. Ich sah gerade fern, als du mich anriefst.

While I was writing, the light went out. Während ich schrieb, ging das Licht aus.

When the phone rang, she was writing a letter. Als das Telefon läutete, schrieb sie gerade einen Brief.

While we were having a picnic, it started to rain. Während wir picknickten, begann es zu regnen.

What were you doing, **when** the storm started? Was hast du gerade gemacht, als das Gewitter begann?

DAS PAST CONTINUOUS

While John was sleeping last night, someone took his car. Während John letzte Nacht schlief, nahm jemand sein Auto.

Sammy was waiting for us, **when** we arrived. Sammy wartete auf uns, als wir eintrafen

While I was writing the e-mail, the computer died. Während ich die E-Mail schrieb, ging der Computer kaputt!

What were you doing, **when** you broke your leg? Was hast du gemacht, als du dir das Bein brachst?

Das ist doch einfach, oder? Es ist wichtig, dass du die unregelmäßigen Verben jetzt nach und nach lernst. Um dies einfach, aber effizient, zu tun empfehle ich dir, sie schrittweise zu lernen – zum Beispiel drei Verben pro Tag. Genauso wichtig ist es, sie im Laufe des Tages zu wiederholen ... oder besser noch, zu singen – beim Ankleiden oder unter der Dusche!

photo	Foto
match	Spiel (im Sport)
leg	Bein
question	Frage
name	Name
scream	Schrei
kick	Tritt

VERBS	
to start	beginnen
to cry	weinen
to fall	(hin)fallen, stürzen
to run	laufen
to forget	vergessen
to undress	sich ausziehen
to sort out	aufräumen

Vielleicht ist dir aufgefallen, dass die Sätze im Deutschen manchmal merkwürdig klingen, wenn du das Imperfekt verwendest. Tatsächlich gebraucht man im Deutschen – vor allem in der gesprochenen Sprache – häufig das Perfekt. Eleganter klingt im Deutschen oft auch die substantivierte Form. Anstatt „Als er lief, brach er sich das Bein" sagt man im Deutschen eher „Beim Laufen brach er sich das Bein. Bitte achte darauf, wenn du die folgenden Sätze übersetzt.

ÜBUNG Nr. 38

1. Während ich putzte, rief mich Simon an. ....

2. Ich redete gerade, als sie zu weinen begann. ....

3. Während ich mir das Spiel anschaute, stürzte ich. ....

4. Beim Laufen brach er sich das Bein. ....

5. Während sie mir eine Frage stellte, vergaß ich ihren Namen. ....
....

6. Als ich das Schlafzimmer aufräumte, fand ich ein Pfund Sterling! ....

7. Ich zog mich gerade aus, als deine Frau kam! ....

8. Während wir spielten, hörten wir einen Schrei. ....

9. Als ich einschlief, gab sie mir einen Fußtritt. ....

Schau dir jetzt diese Beispielsätze im Präsens, Imperfekt und im Futur an ... auch das *Future Continuous* kommt darin vor.

Present Continuous: I am waiting for a bus. Ich warte auf den Bus.
Past Continuous: I was waiting for a bus. Ich wartete auf den Bus.
Future Continuous: I will be waiting for a bus. Ich werde auf den Bus warten.

Simple Present: I walk to school. Ich gehe zu Fuß zur Schule.
Past Simple: I walked to school. Ich ging zu Fuß zur Schule.
Future Simple: I will walk to school. Ich werde zu Fuß zur Schule gehen.

Jetzt ist es an dir, die Sätze korrekt zu bilden! Damit es einfacher ist, habe ich nur regelmäßige Verben verwendet; das heißt Verben, die im Imperfekt immer auf -ED enden.

DAS PAST CONTINUOUS

1.
Präsens: I am aiming my pistol. (*to aim* zielen)
Imperfekt: ....
Futur: ....

2.
Präsens: I allow people in my house. (*to allow* hier: Zugang gewähren)
Imperfekt: ....
Futur: ....

3.
Präsens: I avoid stupid people. (*to avoid* meiden)
Imperfekt: ....
Futur: ....

4.
Präsens: I am begging her to go out with me. (*to beg* bitten, betteln)
Imperfekt: ....
Futur: ....

5.
Präsens: I behave very well when she is with me. (*to behave* sich benehmen)
Imperfekt: ....
Futur: ....

6.
Präsens: He is boiling eggs for breakfast. (*to boil* kochen)
Imperfekt: ....
Futur: ....

7.
Präsens: She is counting her money to see if she can buy a new dress. (*to count* zählen)
Imperfekt: ....
Futur: ....

8.
Präsens: I complain to the father when the child behaves badly at school.
(*to complain* sich beschweren)
Imperfekt: ....
Futur: ....

9.
Präsens: I am cleaning my garage. (*to clean* putzen)
Imperfekt: ....
Futur: ....

10.
Präsens: I am concentrating on my work. (*to concentrate* sich konzentrieren)
Imperfekt: ....
Futur: ....

11.
Präsens: The postman delivers letters to my house sometimes. (*to deliver* austragen)
Imperfekt: ....
Futur: ....

12.
Präsens: I dislike everything he says. (*to dislike* missbilligen)
Imperfekt: ....
Futur: ....

13.
Präsens: I am describing the party to Simon. (*to describe* beschreiben)
Imperfekt: ....
Futur: ....

14
Präsens: She develops projects for big companies. (*to develop* entwickeln)
Imperfekt: ....
Futur: ....

15.
Präsens: I don't decide what to do in my house. (*to decide* bestimmen)
Imperfekt: ....
Futur: ....

DAS PAST CONTINUOUS

16.
Präsens: She isn't forcing her son to study. (*to force* zwingen)
Imperfekt: ....
Futur: ....

17.
Präsens: They are improving conditions, finally. (*to improve* verbessern)
Imperfekt: ....
Futur: ....

18.
Präsens: I am learning Russian. (*to learn* lernen)
Imperfekt: ....
Futur: ....

19
Präsens: They live in a big house. (*to live* leben, wohnen)
Imperfekt: ....
Futur: ....

20
Präsens: We are launching the new product in January. (*to launch* ‚einführen')
Imperfekt: ....
Futur: ....

21.
Präsens: I am watching TV and opening my mail, while Tina is cleaning the room.
(*to watch* schauen, *to open* öffnen)
Imperfekt: ....
Futur: ....

22.
Präsens: They shout, scream and complain about everything. (*to shout* rufen,
to scream schreien)
Imperfekt: ....
Futur: ....

23.
Präsens: The police arrest, the lawyers accuse and the judge sentences.
(*to arrest* verhaften, *to accuse* anklagen, *to sentence* verurteilen)
Imperfekt: ....

Futur: ....
24.
Präsens: I park the car, press the button, then pull out the ticket.
(*to park* parken, *to press* drücken, *to pull out* entnehmen)
Imperfekt: ....
Futur: ....
25.
Präsens: I regret that I refuse to remove the offensive poster. (*to regret*
bedauern, *to refuse* sich weigern, *to remove* entfernen)
Imperfekt: ....
Futur: ....

TO SAY /TO TELL

Diese beiden Verben bedeuten SAGEN. Wann aber verwendet man das eine, wann das andere?
TO SAY gebraucht man ganz allgemein in einem Gespräch, während *TO TELL* im Sinne von ‚informieren', ‚Anweisungen erteilen', ‚erzählen' verwendet wird.

Auf das Verb *TO TELL* folgt nie die Präposition *TO*. Die Person, der etwas mitgeteilt wird, steht also direkt im Anschluss an das Verb.

Tell me a joke.	Erzähle mir einen Witz.
Tell him the story.	Erzähle ihm die Geschichte.
Don't **tell** Lucy I love her.	Sag Lucy nicht, dass ich sie liebe.
I **told** him to go.	Ich habe ihm gesagt, er solle gehen.

PREPOSITIONS, ADJECTIVES AND VERBS + -ING

Steht ein Verb im Englischen nach einer Präposition, wird es oft in der -ING-Form gebraucht.

Das gilt z. B. für:

after	nachdem
before	bevor
without	ohne
instead of	anstatt

She always calls me **after** leav**ing**. Sie ruft mich immer an, nachdem sie gegangen ist.
Please, clean your room **before** go**ing** out. Bitte putz dein Zimmer, bevor du ausgehst.
I can't live **without** eat**ing**. Ich kann nicht leben, ohne zu essen.
Do your homework **instead of** watch**ing** TV. Mach deine Hausaufgaben anstatt fernzusehen.

Es gibt auch sehr nützliche Adjektive, die eine Präposition erfordern, auf die wiederum das Verb in der -ING-Form folgt.

Hier findest du ein paar davon:

tired of	von etwas genug haben
sick of	etwas satthaben
afraid of	vor etwas Angst haben
fond of	etwas gerne machen/jdn gerne haben
used to	etwas gewohnt sein

I am **tired of** wait**ing**. Ich habe es satt zu warten.
I am **sick of** eat**ing** pasta. Ich habe es satt, Pasta zu essen.
I am **afraid of** fly**ing**. Ich habe Angst vor dem Fliegen.
Mr Williams is **fond of** garden**ing**. Herr Williams macht gerne Gartenarbeit.
I am **used to** gett**ing** up early. Ich bin es gewohnt, früh aufzustehen.

Um das Thema abzuschließen, folgen nun einige Verben, nach denen ein weiteres Verb in der -ING-Form steht.

to start	anfangen
to stop	aufhören
to finish	aufhören

I want to **start** learn**ing** English well. Ich möchte anfangen, gut Englisch zu lernen.
Please, **stop** smok**ing**! Bitte hör auf zu rauchen!
They **finished** talk**ing** at 1 o'clock in the morning. Sie hörten um 1 Uhr morgens auf zu reden.

bathroom	Bad
kitchen	Küche
homework	Hausaufgaben
thing	Sache
nonsense	Unsinn
same	der-/die-/dasselbe
music	Musik
bad impression	schlechter Eindruck (to make a)
in a loud voice	mit lauter Stimme

VERBS

to go out	ausgehen
to listen to	zuhören
to repeat	wiederholen
to help	helfen
to pass	überholen

ÜBUNG Nr. 40

1. Putze das Bad und die Küche, bevor du ausgehst. ....
2. Ich ging zur Schule, ohne meine Hausaufgaben zu machen. ....
3. Warum redest du nicht, anstatt zu weinen? ....
4. Hör auf, immer dieselben Worte zu wiederholen. ....
5. Warum lernst du nicht, anstatt Tennis zu spielen? ....
6. Wir sind es gewohnt, seinem Unsinn zuzuhören! ....
7. Sie haben es satt, immer dieselben Worte zu wiederholen. ....
8. Meine Mutter mag gerne Musik. ....
9. Wir haben Angst, einen schlechten Eindruck zu machen. ....
10. Ich fange an, das Bad zu streichen, dann putze ich die Küche fertig. ....

STEP 3

1.3.1   **Prepositions**
place
time
motion

1.3.2   **IF**

1.3.3   **Adjectives**

1.3.4   **Comparative**
Mehrheit
Minderheit
Gleichheit

1.3.5   **Superlative**
Der absolute Superlativ
Der relative Superlativ

1.3.6   **The human body and the five senses**
the head
the eyes
the nose
the ears
the mouth
„the voice"
the fifth sense

PREPOSITIONS   1.3.1

Für die Präpositionen gibt es im Englischen eine sehr einfache Regel – *THE ENGLISH PREPOSITION RULE*. Im Gegensatz zu vielen anderen Regeln hat sie KEINE Ausnahmen!

Auf eine Präposition folgt stets ein Nomen, nie ein Verb. Unter ‚Nomen' verstehen wir:
- eigentliche Nomen (*dog*, *money*, *love*), die von einem oder mehreren Adjektiven begleitet werden können
- Eigennamen (Bangkok, Maria)
- Pronomen (*you*, *him*, *us*)
- das Gerundium (*swimming*, *acting*, *playing*), das in diesen Fällen wie ein Nomen zu verstehen ist: das Schwimmen, das Schauspielen, das Spielen.

The food is on the table.
She lives in Japan.
Tara is looking for you.
The letter is under your blue book.

Präpositionen können auch am Satzende stehen:

What are you looking at?

In den vorausgegangenen Kapiteln hast du gelernt, wie die wichtigsten Verbzeiten angewandt werden. Jetzt wirst du lernen, wie man Präpositionen, die ich gerne als „Leim der englischen Sprache bezeichne, anwendet. Sie sind unverzichtbar, weil ein Gespräch wie ein Zug ist: es gibt ein Ziel, einen Ort, den du erreichen möchtest … Nimmst du die falsche Präposition, dann riskierst du im Englischen, auf dem falschen Gleis abzufahren und an einem völlig anderen Ort zu landen!

DIE WICHTIGSTEN PRÄPOSITIONEN

aboard	an Bord	before	bevor
about	ungefähr, gegen (zeitlich), hinsichtlich, über	behind	hinter
		beyond	jenseits
		below	unter
above	über	beside	neben
after	nach, nachdem	between	zwischen
across	hinüber, querdurch	by	neben, zwischen (zeitlich)
against	gegen		
among	zwischen, unter (mehr als 2 Dingen)	despite	trotz
		down	hinunter
around	um … herum; gegen (zeitlich)	during	während
		except (for)	außer, abgesehen von

for	für	since	seit, da
from	von	than	als (Komparativ)
in	in	through	durch
in front of	vor	to	nach
like	wie	towards	in Richtung, auf ... zu;
near	nahe bei		gegen (zeitlich)
next to	neben	under	unter
of	von	unlike	anders als
off	weg von	until	bis
on	auf	up	hinauf
opposite	gegenüber	with	mit
out	außerhalb	within	innerhalb
plus	plus	without	ohne
regarding	bezüglich		

A TRAP

Warum steht in den folgenden Beispielsätzen nach der Präposition *to* ein Verb?
Laut der Regel wäre das eigentlich nicht möglich!
I would like to go now.
She used to smoke.

Achtung – die Antwort ist sehr einfach:
In diesen beiden Beispielen ist *to* keine Präposition, sondern gehört zum Infinitiv
des Verbs (*to go*, *to smoke*).

sun	Sonne
mountain	Berg
wind	Wind
tree	Baum
river	Fluss
temperature	Temperatur
forest	Wald

(the) cold	Kälte
walk	Spaziergang
(the) rain	Regen
WC	Toilette
dawn	Morgendämmerung

VERBS

to swim	schwimmen
to run	laufen
to find	finden
to sleep	schlafen

Jetzt gilt es, die Präpositionen anzuwenden. Du kannst sie üben, indem du diese Sätze übersetzt:

ÜBUNG Nr. 41

1. Die Sonne steht über dem Berg. ....

2. Ich bin gegen den Wind gegangen. ....

3. Ich habe zwischen den Bäumen geschlafen. ....

4. Hinter dem Berg ist ein Fluss. ....

5. Gegen 6 Uhr gingen wir fort. ....

6. Die Temperatur im Wald lag bei (war) 5 Grad unter Null. ....

7. Jane war neben mir. ....

8. Zwischen den zwei Bergen war ein schönes Pub. ....

9. Trotz der Kälte schwammen wir im Fluss. ....

10. Während unseres Spaziergangs stürzte ich. ....

11. Es war schön, abgesehen vom Regen. ....

12. Ich lief wie der Wind (wie denn sonst!?). ....

13. Vor dem Pub gab es eine Toilette. ....

14. Anders als Mark fand ich die Toilette ohne Probleme. ....

15. Nach dem Pub schliefen wir bis zur Morgendämmerung unter einem Baum. ...

1. PLACE

Hier siehst du die drei wichtigsten Präpositionen des Ortes (sie sind identisch mit den Präpositionen der Zeit, aber dazu gleich mehr):

AT

bezeichnet einen Fixpunkt, also den genauen Punkt, an dem sich eine Person oder ein Gegenstand befindet. Je nach Kontext wird *at* auf Deutsch mit ‚in', ‚auf', ‚an', und ‚zu' übersetzt.

He is at the park. Er ist im Park (er ist dort, wo auch der Park ist).
She is at the bar with her husband.
We are at my house.
Mom is at the market.
Dad is at church.

at the corner, at the bus stop, at the door, at the top of the page, at the end of the road, at the entrance, at the crossroads, at the pub, at home, at work, at school, at university, at college, at the top, at the bottom, at the side, at reception...

ON

Diese Präposition bezieht sich auf eine Oberfläche und ist sehr einfach. Man kann sie mit ‚auf', ‚an' und ‚in' übersetzen.

The pen is on the table.
The cat is on the book.

on the wall, on the ceiling, on the door, on the cover, on the floor, on the carpet, on the menu, on a page, on the first floor, on a bus, on a train, on a horse, on the radio, on the beach, on the road...

IN

Diese Präposition gibt an, dass sich etwas in einem geschlossenen Raum befindet *.

I am in a hotel room.
She is in London.
The children are in the playground.

The present is in a red box.

in the garden, in France, in my pocket, in my wallet, in the building, in the car, in a taxi, in a lift, in the newspaper, in the sky, in Oxford Street...

* Hierzu muss man wissen, dass ‚in einem geschlossenen Raum' nicht unbedingt ‚geschlossen' im physischen Sinne bedeutet, also zum Beispiel ‚von Mauern umgeben'. So sagt man *to be in London*, weil man London im Hinblick auf bestimmte vorgegebene Größen als ‚geschlossen' bezeichnen kann – auch wenn diese Größen nicht physischer Art sind.

Lies jetzt die folgenden Beispiele, die ich ja wohl nicht mehr übersetzen muss, ODER?! Versuche, dir den Gebrauch der Präpositionen einzuprägen.

Jane is waiting for you at the bus stop.
The shop is at the end of the street.
My plane stopped at Dubai and Hanoi and arrived in Bangkok two hours late.
When will you arrive at the office?
Do you work in an office?
I have a meeting in New York.
Do you live in Japan?
Jupiter is in the Solar System.
The author's name is on the cover of the book.
There are no prices on this menu.
You are standing on my foot.
There was a "no smoking" sign on the wall.
I live on the 7th floor at 21 Wellington Street in London.

AT the bar, there was a cat IN a box ON the floor.
AT the cinema, there was a man IN a boat ON the screen.
He is ON the 7th floor AT work IN London.

2. TIME

Ich habe ja schon angekündigt, dass einige der Präpositionen des Ortes und Präpositionen der Zeit im Englischen identisch sind:

PREPOSITIONS

AT

gibt eine genaue Uhrzeit an.

At lunchtime, I have an appointment.
I am seeing her at 7 in the morning (geplante Handlung).
I will meet you at 12 noon (im Moment des Sprechens gefasster Beschluss).
I saw them at 4 in the afternoon (Handlung, die bereits in der Vergangenheit stattgefunden hat).
I was swimming at 6.40 (in der Vergangenheit andauernde Handlung).

At 3 o'clock, at noon, at bedtime, at sunrise, at sunset, at the moment, at the weekend, at Christmas, at the same time, at midnight...

ON

verwendet man, um Tage und Daten anzugeben (was, wenn du darüber nachdenkst, mehr oder weniger dasselbe ist; ein Datum steht ja schließlich für einen Tag).

I am studying with Carol on Monday. (geplante Handlung)
I'm leaving for Africa on August 1st. (geplante Handlung)
On Tuesday I started work. (Handlung, die bereits in der Vergangenheit stattgefunden hat)
On September 11 there was a memorial service. (Handlung, die bereits in der Vergangenheit stattgefunden hat)
I'll come with you to the stadium on Thursday. (im Moment des Sprechens gefasster Beschluss)

on Independence Day, on Tuesday morning, on my birthday, on the morning of 5th May...

IN

Diese Präposition wird für Monate, Jahre, Jahrhunderte oder lange Zeiträume verwendet. Ein kleiner Trick: Wenn du von der Zeit sprichst und weder AT (genaue Uhrzeit), noch ON (Tag, Datum) verwenden kannst, dann brauchst du auf jeden Fall IN – das ist die richtige Präposition für alle anderen Fälle.

In the morning, in the week, in the month of June, in the year 2013, in the 21st century, in 2010, in summer, in the past, in the 1990s, in the Ice Age, in the future...

I was born in 1978.
It will be easier in the future!

Wie angekündigt, werde ich die folgenden Beispiele nicht mehr übersetzen, weil es sonst zu langweilig wird. Versuche, dir den Gebrauch der Präpositionen einzuprägen!

I have a meeting at 9 a.m.
The shop closes at midnight.
Jane went home at lunchtime.
In England, it often snows in December.
Do you think we will go to Mars in the future?
There will be a lot of progress in the next century.
Do you work on Mondays?
Her birthday is on November 20.
Where will you be on New Year's Day?

Hier findest du ein reales Beispiel, nämlich mein Geburtsdatum, einschließlich der Uhrzeit:

I was born ON February 27 IN 1970 AT 6 in the morning.
I was born ON February 27 IN 1978 AT 6 in the morning (wenn mich ein hübsches Mädchen fragt!).
Versuche jetzt, dein eigenes Geburtsdatum zu nennen – einschließlich Tag, Jahr und Uhrzeit ...

AUSNAHMEN!

1. In Sätzen mit *last* (vergangene/r/s), *next* (nächste/r/s), *every* (jede/r/s) oder *this* (diese/r/s) entfallen die Präpositionen *AT*, *IN* und *ON*.

I went to London last June. **nicht:** in last June!
He's coming back next Tuesday. **nicht:** on next Tuesday!
I go home every Easter. **nicht:** at every Easter!
We'll call you this evening. **nicht:** in this evening!

2. Für Monate, Jahre und Tageszeiten verwendet man *IN*, außer bei *night/midnight* (Mitternacht) und *midday* (Mittag): hier brauchst du immer die Präposition *AT*.

I study at night. **nicht:** in the night!
She kisses you at midnight. **nicht:** in the midnight!
I need to have a lunch at midday. **nicht:** in the midday!

PREPOSITIONS

Versuche nun, die richtige Präposition einzusetzen. Wähle zwischen den Präpositionen der Zeit und des Ortes.

ÜBUNG Nr. 42

1. I live ____ the centre of Edinburgh.
2. My drink is ____ the table.
3. I go to Sardinia ____ the summer.
4. I have an appointment with the doctor ____ 6 a. m.
5. I like living ____ the city.
6. My book is ____ my car ____ the seat (Sitz).
7. My brother is working ____ the new factory in Oxford.
8. He only comes here ____ Mondays.
9. ____ June 5, she will be 6 years old!
10. They are surely ____ the train, the train left ____ 7.15 p. m. from the station.
11. If he is not ____ the bar, then he is ____ work.
12. The last time I saw him was __ 1985 ___ the railway station.
13. She was ____ the car with Simon ____ Thursday.
14. I don't like to speak ____ the morning.
15. I will be __ the hospital ____ 10.00 A.M..
16. If the bed is full, I will sleep ____ the floor.
17. There were 150 people ____ the church ____ 9 ____ the morning!
18. We are moving to a new house ____ Scotland. It is ____ a hill near the lake.
19. I went to France by boat ____ 1977.
20. You will see the supermarket ____ the end of the road.

3. MOTION

Wenn du von einer Bewegung sprichst, ist es sehr wichtig, dass du die korrekte Präposition verwendest.

Du kannst nicht sagen: „*I go school!*". Richtig heißt es: „*I go to school!*" (ich gehe in die Schule). Kommst du aus der Schule zurück, so sagst du: „*I come from school!*".

TO

bezeichnet eine Bewegung zu einem Ort hin. Beim Verb *TO ARRIVE* musst du allerdings aufpassen, denn es erfordert die Präposition *AT* – obwohl es ein Verb der Bewegung ist. In diesem Fall ist nicht das Gehen wichtig, sondern das Ankommen.

I go to the shops by car.
I went to the shops by car.
I will go to the shops by car.
aber
I arrived at school.

FROM

bezeichnet eine Bewegung von einem Ort weg.

I come back from school at 6 p. m.
I came back from school at 6 p. m.
I will come back from school at 6 p. m.

INTO

bezeichnet eine Bewegung von draußen nach drinnen.

I put the flowers into the vase. Ich stelle die Blumen in die Vase.
I went into the hotel. Ich ging in das Hotel (von draußen nach drinnen).
NOW I am in the hotel (jetzt bin ich drinnen, in einem geschlossenen Raum).

ONTO

Ähnlich wie bei *INTO* gibt *ONTO* an, dass ein Ziel erreicht wurde, es beschreibt aber eine Bewegung auf etwas hinauf (*on*).

PREPOSITIONS

I put the glass onto the table. Ich stelle das Glas auf den Tisch.
The flowers are in my hand. I put the flowers onto the table. Now the flowers are on the table. Die Blumen sind in meiner Hand. Ich lege die Blumen auf den Tisch. Jetzt sind die Blumen auf dem Tisch.
The cat was on the chair. The cat jumped onto the table. The cat is now on the table. Die Katze war auf dem Stuhl. Die Katze sprang auf den Tisch. Die Katze ist jetzt auf dem Tisch.
Würdest du sagen:
The cat jumped on the table, dann hieße das, dass die Katze bereits auf dem Tisch ist und dort auf und ab springt. Diese Katze hat vielleicht einen Floh ...

Was gibt es Schöneres, als mit diesen neuen Präpositionen eine kleine Geschichte zu übersetzen? Die Lösung findest du dann am Ende des Buches, aber bitte schau nicht gleich nach ... übersetze die Sätze so gut du kannst!

cup	Tasse
wind	Wind
window	Fenster
bird	Vogel
clouds	Wolken
boats	Boote
sea	Meer
suddenly	plötzlich
odour	Duft, Geruch
Scots	Schotten
flight	Flug
joke	Witz
funny	lustig

VERBS	
to smell	riechen
to ask	bitten
to pour	einschenken
to see	sehen
to look	schauen
to sit	sitzen

ÜBUNG Nr. 43

The journey (die Reise)

An Bord des Flugzeugs bat ich um einen Drink.
Die Flugbegleiterin schenkte mir heißen Kaffee in meine Tasse ein, während das Flugzeug gegen den Wind flog.
Durch das Fenster sah ich einen Vogel zwischen den Wolken, und als ich nach unten schaute, sah ich Boote auf dem Meer.
Plötzlich roch ich Whiskey, und als ich mich umschaute, sah ich, dass ich inmitten von Schotten saß.
Während des Fluges sprach ich mit einer amerikanischen Dame neben mir.
Sie stellte ihren Kaffee auf den kleinen Tisch und hörte meinen lustigen Witzen zu.

Wie versprochen, findest du hier weitere Vokabeln, Verben und noch eine kleine Geschichte mit Präpositionen des Ortes und der Zeit ... *Ready?*

wine	Wein
glass	Glas
wall	Wand
shop	Laden
hands	Hände
pocket	Tasche
key	Schlüssel
centre	Zentrum
actor	Schauspieler

VERBS	
to fly	fliegen
to understand	verstehen
to rummage around in/for sth.	in etw. nach etw. kramen
to know	kennen

PREPOSITIONS

ÜBUNG Nr. 44

Bologna

Gestern Morgen um 10:15 Uhr war ich in einer Bar im Zentrum Bolognas.
Vor mir saß eine Frau auf einem Tisch, die Wein in ein Glas einschenkte.
Ich wusste nicht, wer sie war, aber ich kannte ihr Gesicht.
An der Wand hing ein Foto von einem Vogel, der durch die Wolken fliegt.
Draußen sah ich ein Kind, das vor einem Laden auf seine Mama wartete.
Während die Frau ihren Wein trank, kam ein Mann hinein und setzte sich neben sie.
Um 11 Uhr ging ich ins Hotel.
Ich kramte in meinen Hosentaschen und holte den Schlüssel für mein Zimmer heraus.
Im Zimmer machte ich den Fernseher an.
Da waren die Frau und der Mann von der Bar! Plötzlich verstand ich alles: sie waren Schauspieler!

IF

Jetzt ist es an der Zeit, dich in die wunderbare Welt des *IF* einzuführen.
IF ist gleichbedeutend mit WENN.
Selbstverständlich ist nicht alles, was man tun oder nicht tun will, sicher. Genau dafür gibt es das englische *IF* – es kennzeichnet eine Unsicherheit, eine Hypothese, eine Möglichkeit.

Es gibt im Englischen vier verschiedene *IF*-Sätze, die sich – je nach Kontext und Zweck – unterscheiden. Wir schauen sie uns nacheinander an ...

1. REALE MÖGLICHKEIT

Das erste *IF* drückt eine realisierbare Bedingung aus.

Wenn das Geld eingeht, fliege ich auf die Malediven. If the money arrives, I will go to the Maldives.

Hier besteht die konkrete Möglichkeit, dass Geld eingeht. Und wenn es da ist, dann ist es sicher, dass ich auf die Malediven gehe!

Regel: Bei diesem ersten *IF* erfordert der mit *IF* eingeleitete Satz das *Simple Present*, während der Hauptsatz im Futur steht (mit *will* oder einem anderen Hilfsverb).

If I go to the party, I will take my friend. Wenn ich zu der Party gehe, bringe ich meinen Freund mit.
In diesem Satz besteht offensichtlich die konkrete Möglichkeit, dass der Sprecher zu der Party geht.

2. REINE HYPOTHESE

Das zweite *IF* kennzeichnet keine konkrete Möglichkeit, sondern eine reine Hypothese.

Wenn viel Geld einginge, dann würde ich auf die Malediven fliegen. If a lot of money arrived, I would go to the Maldives.

In diesem Fall ist die Bedingung (dass viel Geld zur Verfügung stehen wird) zwar erfüllbar, aber sie wird nicht unbedingt eintreten. Sie bleibt hypothetisch. Der Sprecher äußert einen Wunsch - etwas, was er gerne tun würde.

Regel: Bei diesem zweiten *IF* erfordert der mit *IF* eingeleitete Satz das *Simple Past*, während der Hauptsatz im Konditional steht (mit dem Modalverb *would*).

IF I went to the party, I would take my friend. Wenn ich zur Party ginge, würde ich meinen Freund mitnehmen.
Hier ist es klar, dass der Sprecher nicht die Absicht hat, zur Party zu gehen. Er will lediglich klarstellen, dass er im Falle eines Falles, einen Freund mitbringen würde.

3. NICHT ERFÜLLBAR, DA IN DER VERGANGENHEIT

Das dritte IF bezieht sich auf eine Handlung, die nicht geschehen ist und nicht mehr geschehen kann, da das Ereignis in der Vergangenheit liegt.

Wenn das Geld eingegangen wäre, wäre ich auf die Malediven geflogen. If the money had arrived, I would have gone to the Maldives.

In diesem Fall kann man die Vergangenheit nicht mehr ändern. Man bringt vielmehr eine Handlung, die nicht stattgefunden hat, beziehungsweise eine Möglichkeit, die nicht eingetroffen ist, zum Ausdruck.

Regel: Bei diesem dritten IF erfordert der mit IF eingeleitete Satz das *Past Perfect* während der Hauptsatz im *Conditional Perfect* steht (*would have*).

IF I had had the opportunity, I would have married him. Wenn ich die Möglichkeit gehabt hätte, hätte ich ihn geheiratet.
Hier ist es offensichtlich, dass für die Sprecherin niemals die Möglichkeit bestanden hat, ihn zu heiraten.

4. OHNE *CONDITIONAL*

Das vierte IF, das ich auch „IF im Allgemeinen" nenne, bezieht sich auf reale Tatsachen und allgemeine Wahrheiten. Hier verhält sich IF wie jede andere Konjunktion und bezieht sich nicht auf reale oder unerfüllbare Bedingungen. Du benutzt außerdem dieselben Zeiten wie bei anderen Konjunktionen.

Wenn ich viel Wein trinke, falle ich um. If I drink a lot of wine, I fall over.

Hier will man eine allgemein gültige Aussage machen.

Regel: Bei diesem vierten IF benutzt du eine Präsensform, wenn es um die Gegenwart geht und eine Vergangenheitsform, wenn es um die Vergangenheit geht.

If John didn't come to work, he was probably ill. Wenn John nicht zur Arbeit gekommen ist, war er vermutlich krank.

In diesem Falle kann man anstelle von *IF* auch *WHEN* (wenn) verwenden:
Wenn ich sie sehe, bin ich glücklich. When I see her, I am happy.
Fassen wir noch einmal zusammen ... der englische Zuhörer achtet, wenn er ein *IF* hört,
sehr genau auf das Tempus des Hauptverbs im Satz. So erkennt er, ob das Gehörte
Realität ist oder nicht ... und wenn er *had* (das *Past Participle* des Verbs *to have*) hört,
reist sein Gehirn in die Vergangenheit.

Bei der folgenden Übersetzung wenden wir das gerade Erlernte an. In den verschiedenen Gesprächen enthält jeder Satz ein anderes *IF*.

ÜBUNG Nr. 45

1.
Tom: Wenn ich eine Arbeit finde, kaufe ich ein Auto.
Tim: Hätte ich das gestern gewusst, hätte ich dir meines verkauft.
Tom: Wenn ich fahren könnte, dann würde ich ein schönes, schnelles Auto kaufen.

2.
Sara: Wenn ich das Geld dazu habe, gehe ich in diesem Sommer nach New York.
Julia: Wenn ich Zeit hätte, käme ich mit dir.
Lisa: Wenn ich die Zeit und das Geld dazu gehabt hätte, wäre ich im letzten Jahr
nach New York gegangen.

3.
Concetta: Wenn du mit mir kommst, bin ich glücklich.
Emma: Hättest du mich vorher gefragt, hätte ich ja gesagt.
Carmen: Wenn du mich gefragt hättest, wäre ich gekommen.

4.
Football coach and player (Fußballtrainer und -spieler)
FC: Wenn du wieder so spielst wie am Samstag, verlieren wir.
P: Ich werde gut spielen, du wirst sehen.
FC: Tut mir leid: Ich wollte sagen, wenn du heute spielen würdest, dann würdest du
nicht gut spielen.
P: Warum? Spiele ich nicht? (geplante Handlung).
FC: Nein!

IF

could be	es könnte sein
gold mine	(hier:) Goldgrube
office	Büro
area	Gegend
owner	Eigentümer
sorry	tut mir leid
exhibition centre	Messegelände

VERBS	
to get rich	reich werden

Es folgt eine kurze Geschichte zum Übersetzen. Achte darauf, welches *IF* du brauchst, und – *remember* – es ist nur ein Spiel!!

ÜBUNG Nr. 46

The big chance

Ich ging mit Karl spazieren, als wir eine Bar sahen.

Die Bar war alt und hässlich, aber ich sagte: «Diese Bar könnte eine Goldgrube sein. Schau, wie viele Büros es in dieser Gegend gibt. Wenn ich Geld hätte, würde ich diese Bar kaufen und reich werden!».

Karl hat im Unterschied zu mir (unlike me) viel Geld. Zur Mittagessenszeit ging er also in die Bar und fragte den Besitzer: «Würden Sie diese Bar verkaufen?».

Der Besitzer antwortete: «Ich würde sie verkaufen, aber ich muss meine Frau fragen; rufen Sie mich um 18 Uhr an ...».

Danach, im Büro, sagte Karl: «Wenn er mir diese Bar verkauft, werde ich reich!».

Um 18 Uhr rief Karl den Besitzer an, aber der Besitzer sagte: «Tut mir leid, aber meine Frau möchte nicht verkaufen!».

Einen Monat später beschloss der Stadtrat von München, ein neues Messegelände neben dieser Bar zu eröffnen.

Karl war traurig. «Wenn er mir diese Bar verkauft hätte, wäre ich reich geworden!» sagte er.

EVERYTHING or NOTHING

every	jede/r/s
everything	alles
everybody	jeder
nothing	nichts
nobody	niemand, keiner
something	etwas
somebody	jemand

ÜBUNG Nr. 47

1. Wenn alle ins Kino gehen, bleibe ich zu Hause. ....
2. Du hast etwas im Auge. ....
3. Ich möchte etwas für dich kaufen. ....
4. Jemand hat mein Eis gegessen! ....
5. Niemand möchte mit mir kommen! ....
6. Ich habe nichts zu verbergen! ....
7. Ich würde (would) dir alles geben, aber ich habe nichts! ....
8. Ich hoffe jeden Tag, dass du kommst. ....
9. Jedes Mal wenn ich dorthin gehe, komme ich müde zurück. ....
10. Manchmal ruft er mich an! ....
11. Alles, was ich mache, mache ich für dich. ....
12. Jeder braucht jemanden, den er liebt. ....
13. Keiner versteht mich. ....
14. Manchmal brauche ich jemanden. ....
15. Wenn du etwas isst, fühlst du dich besser. ....

ADJECTIVES

Jetzt ist es an der Zeit, dir neue Möglichkeiten an die Hand zu geben, damit du Gegenstände, Orte und Personen besser beschreiben kannst.

Adjektive stehen im Englischen in einer genau definierten Reihenfolge! Adjektive treten vor einem Substantiv in folgender Reihenfolge auf:

Maß	Alter	Meinung	Farbe	Material	Substantiv
big	old	beautiful	black	wooden	piano
small	young	ugly	white		man
deep		wonderful	blue		river
long			black		road
long	young	sad	white		face
	young	happy	black		girl

MASS

big	groß
small	klein
high	hoch
low	niedrig
tall	groß (bei Personen)
short	klein (bei Personen)
wide	breit
narrow	schmal
long	lang
deep	tief
shallow	seicht, flach

ALTER

old	alt
young	jung
new	neu

MEINUNG

Der Großteil der Adjektive fällt unter diese umfangreiche Kategorie: Alle Adjektive, die eine Meinung ausdrücken, gehören dazu!

good	gut	fat	dick
nice	gut/hübsch/nett	pleasant	angenehm
bad	schlecht	fast	schnell
happy	glücklich	slow	langsam
sad	traurig	grateful	dankbar
rich	reich	un*grateful	undankbar
poor	arm	polite	höflich
beautiful	schön	im*polite	unhöflich
ugly	hässlich	lucky	glücklich
thin	dünn	un*lucky	unglücklich

* **un-**, **in-** oder **im-** am Anfang eines Adjektivs kehrt – wie im Deutschen – seine Bedeutung ins Gegenteil um.

FARBEN

black	schwarz	light blue	hellblau
blue	blau	grau	grau
green	grün	orange	orangefarben
yellow	gelb	purple	violett
white	weiß	red	rot
pink	rosa	brown	braun

MATERIAL

Adjektive aus dieser Gruppe lauten gleich wie das entsprechende Substantiv!

steel	Stahl-	Stahl
plastic	Kunststoff-	Kunststoff
glass	Glas-	Glas
metal	Metall-	Metall
cotton	Baumwoll-	Baumwolle
cloth	Stoff-	Stoff

Achtung! Dinge ‚aus Holz', zum Beispiel das ‚Holzbein' sind wooden (*a wooden leg*), das Material aber heißt wood.

Es folgt eine klassische Übung. Wir setzen die Adjektive in den folgenden Sätzen in die richtige Reihenfolge. Das ist deine Aufgabe!

ÜBUNG Nr. 48

1. John is a...white - young - beautiful - tall man.
2. John's dog is a .... ugly - short - old - fat pet.
3. He had a .... wooden - long - brown leg.
4. She had a .... glass - old - short - nice table.
5. They were in a .... blue - new - metal - fast car.
6. I have a .... cotton - soft - white - new T-shirt.
7. She wears .... pink - plastic - modern glasses.
8. She had.. brown - beautiful - big eyes.
9. He was a ....thin - old - tall boy.
10. She is a .... young - nice - polite girl.

ADVERBS

Adverbien sind Wörter, die näher bestimmen, wann, wo und wie eine Handlung abläuft. Adverbien werden im Englischen in der Regel durch Anhängen der Silbe -LY an das Adjektiv gebildet.

| langsam (Adjektiv) | slow |
| langsam (Adverb) | slowly |

| klar (Adjektiv) | clear |
| klar (Adverb) | clearly |

| offensichtlich (Adjektiv) | obvious |
| offensichtlich (Adverb) | obviously |

COMPARATIVE 1.3.4

In einem Vergleichssatz werden zwei Dinge oder Personen durch ein Adjektiv in Bezug zueinander gesetzt.

Paul is slower than John. Paul ist **langsamer** als John.
John is less slow than Paul. John ist **weniger langsam** als Paul.
John isn't as slow as Paul. John ist **nicht so langsam** wie Paul.

Paul und John werden miteinander verglichen; ‚langsam' ist das Adjektiv, das sie in Bezug zueinander setzt.

Es gibt drei Formen des Komparativs: MEHRHEIT (mehr)
MINDERHEIT (weniger)
GLEICHHEIT (gleich wie)

1. MEHRHEIT

Um den Komparativ der Mehrheit eines Adjektivs zu bilden, geht man wie folgt vor:

• Einsilbige Adjektive

ADJEKTIV + -ER
tall/tall**er** (groß/größer)

Sonderfälle:

1. Bei Adjektiven, die auf -E **enden, wird lediglich ein** -R **angehängt**
nice/nice**r** (hübsch/hübscher)

2. Bei Adjektiven, die auf einen Konsonanten enden, dem ein Vokal vorausgeht, wird der Konsonant verdoppelt, bevor man die Endung -ER **anhängt**
hot/hot**ter** (heiß/heißer)

3. Bei einsilbigen oder zweisilbigen Adjektiven, die auf -Y enden, wird das Y zu I, **bevor man** die Endung -ER **anhängt**
ugly/ugl**ier** (hässlich/hässlicher)

COMPARATIVE

• Adjektive mit mehr als 2 Silben

MORE + ADJEKTIV*
interesting/more interesting (interessant/interessanter)

* Bei einigen zweisilbigen Adjektiven sind beide Formen des Komparativs möglich – das Anhängen der Endung -ER bzw. Voranstellen von *more*. Normalerweise:

gebraucht man den Komparativ mit -ER, wenn dem Adjektiv eine größere Bedeutung beigemessen werden soll;
gebraucht man den Komparativ mit *MORE*, wenn das Wort *more* stärker betont werden soll.

Der zweite Teil** des Vergleichs wird immer durch das Wort *THAN* eingeleitet.

Paul is taller than John. Paul ist größer als John.
This book is more expensive than that one. Dieses Buch ist teurer als jenes.

** Ist der zweite Teil des Vergleichs ein Personalpronomen, muss die Subjektform dieses Personalpronomens verwendet werden:
He is taller than I, YOU, S/HE, THEY.
Paul is taller than she (is).

Dem Komparativ der Mehrheit kann eines der folgenden Adverbien vorausgehen, um seine Intensität zu variieren:

much/a lot of/far + Komparativ bedeutet ‚viel mehr‘

We are going to Madrid by car. It's much cheaper! Wir fahren mit dem Auto nach Madrid. Es ist viel billiger!
Travelling by plane is far more expensive. Im Flugzeug zu reisen ist viel teurer.

a little/a bit/a little more + Komparativ bedeutet ‚ein wenig mehr‘

My suitcase is a little heavier than yours. Mein Koffer ist ein wenig schwerer als deiner.
Paul is a bit taller than John. Paul ist ein wenig größer als John.

Komparativ + *AND* + Komparativ bedeutet immer mehr

It's getting colder and colder. Es wird immer kälter.

•

It's getting more and more difficult to find a car park in the city centre. Es wird immer schwieriger, im Stadtzentrum einen Parkplatz zu finden.

THE + Komparativ + *THE* bedeutet ‚je/desto'

The sooner you leave, the sooner you will arrive. Je früher du gehst, desto früher kommst du an.
The sooner, the better! Je früher, desto besser.

2. MINDERHEIT

Der Komparativ der Minderheit wird wie folgt gebildet:

LESS + ADJEKTIV

Der zweite Teil des Vergleichs wird stets durch das Wort *THAN* eingeleitet.

John is less tall than Paul. John ist weniger groß als Paul.
Sarah is less beautiful than I (am). Sarah ist weniger schön als ich.

Genau wie beim Komparativ der Mehrheit kann ein Adverb vorausgehen, um die Intensität des Komparativs zu variieren.
John is a little less tall than Paul. John ist nicht ganz so groß wie Paul.
Travelling by train is far less expensive than travelling by plane. Eine Bahnreise ist weitaus weniger teuer als eine Flugreise.

3. GLEICHHEIT

Der Komparativ der Gleichheit wird wie folgt gebildet:

AS + ADJEKTIV + *AS*

Der zweite Teil* des Vergleichs wird in diesem Fall durch das Wort *AS* eingeleitet.

Mary is as tall as Susan. Mary ist so groß wie Susan.

This cake is not as good as the cake my grandmother makes. Dieser Kuchen ist nicht so gut wie der Kuchen, den meine Großmutter macht.

* Ist der zweite Teil des Vergleichs ein Personalpronomen, solltest du die Subjektform dieses Personalpronomens verwenden:
He is as tall as I, YOU, S/HE, THEY.
Sarah is as beautiful as I (am).

Allerdings verwenden englische Muttersprachler inzwischen oft nicht die Subjektform, sondern die Objektform des Personalpronomens. Das ist heute nicht mehr falsch, es zeichnet aber einen informelleren Stil aus!

He is as tall as me/your/her/them etc.
Sarah is as beautiful as me.

Genau wie im Deutschen verwendet man im Englischen in verneinten Sätzen eher den Komparativ der Gleichheit als den Komparativ der Minderheit:

John isn't as tall as Paul anstelle von John is less tall than Paul.

EVEN

Auch EVEN ist für den Komparativ sehr wichtig.
Es entspricht in diesem Fall dem deutschen «(sogar) noch».

Jenny ist noch schöner als Jane! Jenny is even more beautiful than Jane!

Bayern München ist noch stärker als Borussia Dortmund! Bayern München is even stronger than Borussia Dortmund!

In England ist es noch kälter als in Deutschland. England is even colder than Germany.

leopard	Leopard
pig	Schwein
elephant	Elefant
snail	Schnecke
bee	Biene
lion	Löwe
horse	Pferd
bat	Fledermaus
camel	Kamel
feather	Feder
fast	schnell
busy	beschäftigt/fleißig
dangerous	gefährlich
blind	blind
light	leicht

Stell dich auf die Probe: Hast du das wirklich verstanden? Übersetze bitte die Sätze:

ÜBUNG Nr. 49

1. Er ist so schnell wie ein Leopard. ....
2. Er ist so dick wie ein Schwein. ....
3. Ich bin so groß wie ein Elefant. ....
4. Sie ist so langsam wie eine Schnecke. ....
5. Sie ist so fleißig wie eine Biene. ....
6. Ich bin so gefährlich wie ein Löwe. ....
7. Er isst so viel wie ein Pferd. ....
8. Er ist so blind wie eine Fledermaus. ....
9. Sie ist noch leichter als eine Feder. ....
10. Ein Löwe frisst noch mehr als ein Kamel. ....

AS or LIKE

Ich weiß nicht, wie oft mich meine Studenten fragen, worin der Unterschied zwischen diesen beiden Möglichkeiten, das Wörtchen ‚wie' zu übersetzen, liegt! *AS* gebraucht man, um den Komparativ zu bilden – *LIKE* hat aber dieselbe Bedeutung. Bist du jetzt verwirrt? Ich auch! Schauen wir uns die Unterschiede in der Anwendung an …

AS + SUBSTANTIV in der Rolle von/in der Funktion von

I work as a teacher at the English school. Ich arbeite als Lehrer an der Englischschule.
I use my bedroom as a study. Ich nutze mein Schlafzimmer als Arbeitszimmer.

LIKE + SUBSTANTIV oder PRONOMEN, **um einen Vergleich anzustellen**.

He eats like a pig. Er isst wie ein Schwein.
She dances like an elephant. Sie tanzt wie ein Elefant.

ÜBUNG Nr. 50

1. Mike is working in London ____ a policeman.
2. He looks ____ a gorilla.
3. ____ you know, I have no money.
4. She sees me ____ a bank!
5. He drinks ____ a fish!
6. I love him ____ a friend, only ____ a friend!
7. You are ____ a brother to me.
8. You are ____ stupid ____ me.
9. He plays football ____ a girl!
10. She's working ____ a waitress.

SUPERLATIVE 1.3.5

Es gibt zwei Formen des Superlativs: ‚absolut' (Mark ist riesengroß)
‚relativ' (Mark ist der größte in seiner Klasse)

1. DER ABSOLUTE SUPERLATIV

So wird er gebildet:

VERY, EXTREMELY **und** *REALLY* + ADJEKTIV

Mark is very tall. Mark ist riesengroß/sehr groß.
This book is very interesting. Dieses Buch ist sehr interessant.
That girl is really beautiful. Dieses Mädchen ist wunderschön/sehr schön.

Manche Adjektive drücken an sich schon einen Superlativ aus. Bei diesen Adjektiven verwendet man die Adverbien *VERY* und *EXTREMELY* oder auch *ABSOLUTELY* und *REALLY* (diese sind weniger formell). Schauen wir uns einige an:

freezing	eiskalt
wonderful	wunderbar, wundervoll
fantastic	fantastisch
marvellous	wundervoll
perfect	perfekt
essential	unbedingt erforderlich/unentbehrlich
enormous	enorm
delicious	köstlich
awful	furchtbar

This cake is absolutely delicious! Dieser Kuchen ist absolut köstlich!
It's really freezing today. Es ist heute wirklich eiskalt.

2. DER RELATIVE SUPERLATIV

Der relative Superlativ wird so gebildet:

• Einsilbige Adjektive

ADJEKTIV -EST
tall/tall**est** (groß/größte)

Sonderfälle:

1. Bei Adjektiven, die auf -E enden, wird lediglich die Endung -ST **angehängt**
nice/nice**st** (hübsch/hübscheste)

2. Bei einsilbigen oder zweisilbigen Adjektiven, die auf -Y enden wird das Y zu I, bevor man die Endung -EST **anhängt**
happy/happ**iest** (glücklich/glücklichste)

• Adjektive mit mehr als zwei Silben

MOST + ADJEKTIV*
interesting/most interesting (interessant/interessanteste)

* Bei zweisilbigen Adjektiven kann der relative Superlativ sowohl durch Anhängen von -EST als auch durch Voranstellen von *MOST* gebildet werden, also: narrow – narrowest/most narrow.

Adjektive, bei denen Komparativ/Superlativ unregelmäßig gebildet werden

good	better	the best
bad	worse	the worst

I am faster than you, but Michael is the fastest in the world! Ich bin schneller als du, aber Michael ist der Schnellste der Welt!
She is more beautiful than her sister, but her mother is the most beautiful woman in the city! Sie ist schöner als ihre Schwester, aber ihre Mutter ist die schönste Frau der Stadt!

You are slower than I (am), but David is the slowest in the class. Du bist langsamer als ich, aber David ist der Langsamste in der Klasse.

old (alt)
Dieses Adjektiv hat zwei Komparativformen, und somit auch zwei Superlativformen:

older kann man immer verwenden

My house is older than yours. Mein Haus ist älter als deines.
He is older than I (am). Er ist älter als ich.

elder verwendet man, um das Alter von Familienmitgliedern zu vergleichen.

My elder brother is a teacher. Mein älterer Bruder ist Lehrer.

oldest kann man immer verwenden

This is the oldest building in the town. Dies ist das älteste Gebäude der Stadt.
Carl is the oldest sailor on the ship. Carl ist der älteste Matrose auf dem Schiff.

eldest verwendet man, um das Alter von Familienmitgliedern zu vergleichen.
Beachte, dass du elder sowie eldest nur *vor* dem Substantiv verwenden kannst, *nicht* nach einem Verb!

She is the eldest daughter. Sie ist die älteste Tochter.

Es ist Zeit für ein schönes Quiz. Bei dieser Multiple-Choice-Übung musst du entscheiden, welche der 4 Möglichkeiten zutrifft.

SUPERLATIVE

ÜBUNG Nr. 51

1. Wie lautet der Komparativ von hot?
hoter
hotter
hotest
hottest

2. Wie lautet der Superlativ von deep?
deeper
deepper
deepest
deeppest

3. Wie lautet der Komparativ von lively?
livelyer
more livelyer
livelier
more livelier

4. Wie lautet der Komparativ von sad?
sader
sadder
sadier
saddier

5. Wie lautet der Superlativ von ugly?
uglier
uggliest
uglyest
ugliest

6. Wie lautet der Superlativ von small?

smallier

smaller

smalliest

smallest

7. Wie lautet der Superlativ von unpleasant?

unpleasant

most unpleasant

more unpleasant

unpleasantest

8. Wie lautet der Komparativ von destructive?

destructiver

more destructive

destructivier

more destructivier

9. Wie lautet der Superlativ von soft?

softest

softiest

softtest

most soft

10. Wie lautet der Komparativ von heat?

heater

heatter

heatier

hetter

nichts von alldem

SUPERLATIVE

Es folgt nun ein schöner Brief mit all diesen Komparativen und Superlativen zum Übersetzen. Du benötigst dazu auch die Adjektive, die du vorher gelernt hast.
Der Brief handelt von Herrn Jones, der immer den Wunsch hatte, einen Wachhund für seinen Bauernhof zu kaufen; man brachte ihm jedoch täglich einen Hund, der nicht geeignet war. In seinem Brief erklärt er, warum.

Für diese Übung musst du wissen, dass das englische Wort für ankommen/eintreffen (*to arrive*) immer am Satzende steht ... denn die Wortstellung im englischen Satz lautet SUBJEKT + VERB + OBJEKT. Vergiss das nie!

ÜBUNG Nr. 52

Lieber Herr Smith,

Am Montag traf ein dicker, langsamer weißer Hund ein.

Am Dienstag traf ein Hund ein, der dicker und langsamer als der erste war.

Am Mittwoch traf der dickste und langsamste aller Hunde ein.

Am Donnerstag traf ein dünner, langsamer, dummer schwarzer Hund ein.

Am Freitag traf ein Hund ein, der dümmer als der vom Donnerstag und dicker als der vom Mittwoch war.

Am Samstag traf der schlechteste Hund der Welt ein. Ein Hund namens Lucky mit einem Holzbein und einem kaputten Glasauge.

Ich möchte mein Geld zurück!

Herr Jones

SOME
and ANY

SOME und *ANY* sind die englischen Teilungsartikel. Sie bezeichnen eine unbestimmte Menge oder Anzahl und stehen für eine Teilmenge eines Ganzen.

SOME verwendet man in Aussagesätzen und in Fragesätzen, bei denen man weiß – oder zumindest davon ausgeht –, dass die Antwort positiv ausfallen wird.

ANY verwendet man dagegen in verneinten Sätzen und in Fragesätzen.

A LITTLE (ein wenig) und *A FEW* (einige) sind mögliche Alternativen.

I have some friends.	Ich habe einige Freunde.
I haven't/I don't have any friends.	Ich habe keine Freunde.
Are there any shells on the beach?	Gibt es Muscheln am Strand?
Is there any air in the ball?	Ist Luft im Ball?
I have little time.	Ich habe wenig Zeit.
I have a little time.	Ich habe ein wenig Zeit.
I have few records.	Ich habe wenige Schallplatten.
I have a few records.	Ich habe einige Schallplatten.

THE HUMAN BODY AND THE FIVE SENSES

1.3.6

Wir starten mit einer Reise zu den Körperteilen. Früher oder später wird es sich als äußerst nützlich erweisen, wenn du sie kennst ...

head	Kopf
face	Gesicht
neck	Hals, Nacken
arm	Arm
chest	Brust
breasts	Busen
belly	Bauch
back	Rücken
hand	Hand
finger	Finger
thumb	Daumen
palm	Handfläche
leg	Bein
knee	Knie
foot	Fuß
toe	Zeh

Den Intimbereich kann ich nicht völlig außer Acht lassen: Sollte dir im Ausland irgendetwas passieren, dann bist du sicher erleichtert, wenn du einem Apotheker oder einem Arzt darüber berichten kannst. Wir Engländer haben eine nette Art, diese Körperteile zu bezeichnen:

private parts	private (Körper)teile
buttocks	Pobacken
bottom	Gesäß
genitals	Genitalien

Genauso wichtig ist es zu wissen, wie man einen Schmerz bezeichnet. Wenn ein Körperteil schmerzt, steht im englischen Satz – genau wie im Deutschen – zuerst der betreffende Körperteil und dann das Verb to *hurt* (schmerzen/weh tun).

My eyes hurt.	Meine Augen tun weh.
My legs hurt.	Meine Beine schmerzen.
My head hurts.	Mein Kopf schmerzt.
His back hurts.	Sein Rücken tut weh.
Her belly hurts.	Ihr Bauch tut weh.

Wir kommen zu etwas Schönem: Wir kombinieren die wichtigsten Körperteile (du musst wissen, wie du gebaut bist, wenn du über dich reden sollst!) mit den entsprechenden Verben. Die sind wirklich wichtig!

Diese Kombination liegt mir am Herzen, weil im Englischen viele der gebräuchlichsten Verben in Zusammenhang mit einem Körperteil stehen. Wenn wir uns diesen Zusammenhang vor Augen führen, dann können wir ihn uns leichter merken. Unserem Gehirn fällt es leichter, Bilder zu speichern.

1. THE HEAD

Fangen wir oben an, nämlich beim KOPF. Hier gibt es zuerst einmal die Haare (wenn es welche gibt!!).

Anders als im Deutschen, sind Haare im Englischen nicht zählbar. Deshalb spricht man immer von *HAIR* – ganz egal, ob du viele oder wenige Haare auf dem Kopf hast.

HAIR ist im Englischen ein häufig benutztes Wort. Wir verwenden es für die komplette Körperbehaarung; man fügt lediglich den betreffenden Körperteil hinzu (*arm hair, chest hair, leg hair*).

eye/eyes	Auge/Augen
nose	Nase
mouth	Mund
chin	Kinn
ear/ears	Ohr/Ohren
cheek/cheeks	Wange/Wangen

2. THE EYES

Kommen wir zu den AUGEN. Was können wir nicht alles mit den Augen machen? Vor allem einer der 5 Sinne ist mit den Augen verbunden:

the sense of sight (der Sehsinn)

sehen
to see - saw - seen

Merke dir, dass der Engländer, wenn er vom Sehen spricht, eher „*I can see"* als „*I see"* sagt:

I can see you! Can you see me?
Can't you see me? I can't see you!

(an)schauen
to look-looked-looked

LOOK (AT) erwendet man, um das Augenmerk auf das Aussehen einer Person oder Sache zu richten (*at* weist wie ein Pfeil auf das, was man anschaut).

schauen
to watch-watched-watched

WATCH verwendet man im Gegensatz dazu, um die Aufmerksamkeit auf die Handlung zu lenken, die eine Person oder eine Sache ausführt.

Tom, look at that dog!
Du möchtest, dass Tom sich anschaut, wie der Hund aussieht, welche Rasse, Farbe ... er hat.

Tom, watch that dog!
Du möchtest, dass Tom beobachtet, was der Hund gerade macht, zum Beispiel, wie er springt, tanzt, Karaoke singt ...

Tim: What are you looking at?
Tom: I am looking at the photo.
Julie: What are you watching?
Sarah: I am watching a sad film.

Der Unterschied zwischen ‚sehen' und ‚schauen' liegt darin, dass das Sehen unabsichtlich geschieht. Ein Beispiel, um das zu verdeutlichen: ich *sehe* ein Auto, das gerade vorbeifährt (I see a passing car), aber ich *schaue* mir einen Sportwagen *an* (I look at a sports car).

3. THE NOSE

Kommen wir zur NASE, die – wie die Augen – mit einem der 5 Sinne verbunden ist:

the sense of smell (der Geruchsinn)

riechen
to smell - smelled - smelled

I can smell coffee. Can you smell coffee?
Can't you smell coffee? I can't smell coffee.

TO SMELL ist ein weiterer Schatz unserer Sprache: Als Verb ist es gleichbedeutend mit ‚riechen', als Substantiv übersetzen wir *smell* mit ‚Geruch/Duft'. Solange du es nicht mit einem Adjektiv versiehst, ist das Substantiv neutral; es kann sich also zu einem Wohlgeruch, *a good smell* oder zum Gestank, *a bad smell* wandeln.

4. THE EARS

Nun zu den OHREN – auch sie sind mit einem der 5 Sinne verbunden:

the sense of hearing (das Gehör)

hören
to hear-heard-heard

I can hear the traffic. Can you hear the traffic?
Can't you hear the traffic? I can't hear the traffic.

zuhören
to listen-listened-listened

Genau wie bei *TO SEE* und *TO LOOK* liegt der Unterschied zwischen dem Hören und dem Zuhören darin, dass *TO HEAR* unabsichtlich geschieht, während *TO LISTEN* ein bewusster Vorgang ist.

Wenn ich im Radio den Sänger höre, den ich am meisten hasse, dann muss ich ihm – bis ich den Sender gewechselt habe – zwangsläufig drei Sekunden lang zuhören. Wenn ich aber meinen Lieblingssänger höre, dann höre ich ihm gerne zu ... . Deshalb heißt es hier *TO LISTEN*.
TO LISTEN kann, wie auch *TO LOOK (AT)*, mit einem Hinweispfeil versehen werden: Wenn du das, was du hörst, näher bezeichnen möchtest, so sagst du *TO LISTEN TO*.
Don't listen to him, listen to me! Hör nicht auf ihn, hör auf mich!

5. THE MOUTH

Kommen wir zum MUND, der an einer wirklich wichtigen Aktivität beteiligt ist:

atmen
to breathe-breathed-breathed

Und auch der Mund ist, dank der Zunge, mit einem der 5 Sinne verbunden:
the sense of taste (der Geschmacksinn)

schmecken/probieren
to taste - tasted - tasted

I can taste salt in this soup. Can you taste salt in this soup?
Can't you taste salt in this soup? I can't taste salt in this soup.

6. „THE VOICE"

Ebenfalls mit dem Mund verbunden ist die STIMME, die kein Körperteil im eigentlichen Sinne ist. Sie übt jedoch derart wichtige Funktionen aus, dass sie es wert ist, ihr ein eigenes kleines Kapitel zu widmen.

Schauen wir mal, was man mit der Stimme alles tun kann:

reden/sprechen
to talk - talked - talked
to speak - spoke - spoken

Diese beiden Verben sind mehr oder weniger austauschbar. TO SPEAK ist etwas formeller.

sagen
to say - said - said
to tell - told - told

TO SAY ist allgemeiner: Du verwendest es, wenn eine Unterhaltung oder ein Gespräch stattfindet. TO TELL bezieht sich im Gegensatz dazu auf eine einseitige Aktion, es dient als Synonym für ‚erzählen', ‚Anweisungen erteilen' und ‚informieren'.

TO SAY erfordert wieder einen dieser berühmten Hinweispfeile, nämlich to, der angibt, wem man etwas sagt.

What did she say to him? oder What did she tell him?

rufen/schreien
to shout - shouted - shouted

"STOP SHOUTING!" I shouted.

schreien/kreischen
to scream - screamed - screamed

All the girls were screaming, when they saw John Peter Sloan (in my dreams!).

flüstern
to whisper - whispered - whispered

"I love you!" the postman whispered into my wife's ear.

singen
to sing - sang - sung

"I only sing in the shower" said Tommy. "So you don't sing very often!" I said.

7. THE FIFTH SENSE

Jetzt fehlt uns nur noch der fünfte Sinn:

The sense of touch (der Tastsinn)

berühren
to touch - touched - touched

I can touch the sky. Can you touch the sky?
Can't you touch the sky? I can't touch the sky.

Wie im Deutschen bezieht sich *TO BE TOUCHED* (von etwas berührt werden) auch auf das Gefühlsleben. Man kann also auch gefühlsmäßig berührt werden.

You remembered my birthday! I am touched!
I heard Löw on the radio defending his actions and I was touched.
Your book is very touching.

drücken
to push - pushed - pushed

THE HUMAN BODY AND THE FIVE SENSES

ziehen
to pull - pulled - pulled

fühlen/spüren
to feel - felt - felt

mit den Händen fühlen: to feel
(emotional) fühlen: to feel

I can feel something on my chest! Is it a spider? Aaaghhrr!
I feel love for you.
I feel loved/bad/cold/good.

driver	Fahrer
dark	dunkel
high volume	große Lautstärke
back door	Hintertür
turned on	eingeschaltet
turned off	ausgeschaltet

VERBS	
to want	wollen
to happen	geschehen
to decide	beschließen
to die	sterben
to turn on	einschalten
to turn off	ausschalten

So, vielleicht trinkst du erst einmal ein Tässchen Kaffee und atmest tief durch. Wir kommen jetzt nämlich zu ernsthafteren Übungen: Die Geschichte, die du übersetzen sollst, enthält (überwiegend) Verben, die mit dem Körper zusammenhängen, und Präpositionen. Vorsicht: die Geschichte ist äußerst furcheinflößend. Gehe kein Risiko ein, falls du Herzprobleme hast! *Let's go!*

ÜBUNG Nr. 53

Um 7:30 Uhr gestern Abend war ich mit meiner Frau in einem Taxi.
Ich saß hinter dem Fahrer und schaute mir die Fotos des neuen Hauses an,
während meine Frau Radio hörte. Der Fahrer sprach mit uns, aber ich konnte nicht
hören, was er sagte. Von hinten sah ich, dass der Fahrer lange, schwarze Haare und
große Ohren hatte. Plötzlich hörte ich einen Schrei und ich berührte den Arm meiner Frau. Ich wollte sehen, was geschehen war und so sagte ich dem Taxifahrer, er
solle anhalten (Anweisung). Ich ging auf das Haus zu, aber meine Frau wollte nicht
mit mir kommen. Als ich außerhalb des Hauses war, konnte ich nichts sehen, also
ging ich in den Garten, um besser zu sehen. Durch das Fenster konnte ich nichts
sehen, weil alles dunkel war, also beschloss ich, hinter das Haus zu gehen. Ich trat
durch die Hintertür ein. Im Innern des Hauses hörte ich jemanden flüstern. Ich
wollte weglaufen, aber ich war zu neugierig. Nach 5 Minuten hörte ich jemanden
rufen: «Weg! Weg von hier!» Ich wollte sterben. Langsam ging ich ins Wohnzimmer und sah alles. Es war ein Fernsehgerät, das auf voller Lautstärke eingeschaltet
war, mit einer alten Dame, die davor schlief!

NO

NO ist die Übersetzung für KEIN/E/N und wird zusammen mit Nomen sowohl
im Singular als auch im Plural gebraucht.

I have no friends.	Ich habe keine Freunde.
I have no money.	Ich habe kein Geld.
We have no solution.	Wir haben keine Lösung.
Mark has no chance with Lucy.	Mark hat bei Lucy keine Chance.
They have no idea about me.	Sie haben keine Vorstellung was mich betrifft.

STEP 4

1.4.1   *Present Perfect*

1.4.2   *Present Perfect Continuous*

1.4.3   *Past Perfect*

1.4.4   **Die Modalverben**
          Can/Could/Be able to
          Could/Could have
          Would/Would have
          Should/Should have
          Might (oder *may*)/*Might have*
          Must und *have to*

PRESENT **PERFECT** 1.4.1

Diese Zeitform des Verbs entspricht dem deutschen Perfekt (ich habe gegessen, ich habe gemacht, ich bin gegangen, zurückgekehrt ...) – aber leider nur in der Theorie! In der deutschen Umgangssprache sagt man meistens ‚ich habe gegessen', man verwendet also das Perfekt, auch wenn die Handlung bereits abgeschlossen ist.

Matthias: Was hast du heute Morgen gemacht?
Markus: Nichts, ich habe zu Hause gegessen und dann habe ich das Auto getankt (abgeschlossene Handlungen).

Im Englischen kannst du, wenn du das *Present Perfect* verwendest, keinen Zeitpunkt für das Ereignis in der Vergangenheit angeben. Es wäre falsch zu sagen *I have seen your mother yesterday*, weil in diesem Fall die Handlung abgeschlossen ist und deshalb das *Simple Past* zum Einsatz kommen muss: *I saw your mother yesterday*.
Das *Present Perfect* ist für uns Engländer die Zeitform, die ganz allgemein für Handlungen gilt, die zwar in der Vergangenheit stattgefunden haben – vor einem Tag oder auch vor fünf Minuten –, aber für die Gegenwart noch von großer Bedeutung sind.

I have seen your mother; she is beautiful!
I have broken my leg; I can't come to play football.

Im zweiten Beispiel ist die Tatsache, dass sich der Sprecher das Bein in der Vergangenheit gebrochen hat, nicht das Wichtigste; das Wichtigste ist in diesem Fall, dass er JETZT nicht Fußball spielen kann.

Nachdem du die wesentlichen Anwendungsmöglichkeiten des *Present Perfect* kennst, schauen wir uns an, wie man damit Sätze bildet. Dazu brauchen wir eine *Present Simple*-Form des Hilfsverbs *TO HAVE*, gefolgt vom Partizip Perfekt des Verbs (dieses ist die dritte Verbform in unserer ‚Reihe'!).

Der AUSSAGESATZ wird so gebildet:

Subjekt + *to have* + Partizip Perfekt des Verbs + Objekt

I have eaten an apple. Ich habe einen Apfel gegessen.

Simple Past: I ate an apple.

Der VERNEINTE SATZ wird so gebildet:

Subjekt + *to have* + *not* + Partizip Perfekt des Verbs + Objekt

I haven't eaten an apple. Ich habe keinen Apfel gegessen.

Simple Past: I didn't eat an apple.

Der FRAGESATZ wird so gebildet:

to have + Subjekt + Partizip Perfekt des Verbs + Objekt

Have you eaten an apple? Hast du einen Apfel gegessen?

Simple Past: Did you eat an apple?

Der verneinte FRAGESATZ wird so gebildet:

to have + *not* + Subjekt + Partizip Perfekt des Verbs + Objekt

Haven't you eaten an apple? Hast du keinen Apfel gegessen?

Simple Past: Didn't you eat an apple?

Damit das etwas klarer wird, schauen wir uns einige Beispiele an ...

This morning, I bought (Simple Past) a watch. Heute Morgen habe ich eine Uhr gekauft.

I have bought (Present Perfect) a watch; do you like it? Ich habe eine Uhr gekauft, gefällt sie dir? (Hier verwendet man das *Present Perfect*, weil nicht der Zeitpunkt des Uhrenkaufs, sondern die Meinung des Gesprächspartners wichtig ist. Dieser soll sich dazu äußern, ob ihm die Uhr JETZT gefällt!)

I broke (Simple Past) Jake's PC last week. Ich habe Jakes PC letzte Woche kaputt gemacht.

I have broken (Present Perfect) Jake's PC! Ich habe Jakes PC kaputt gemacht! (Dieser Satz, in dem das *Present Perfect* verwendet wird, bringt nämlich die Frage mit sich: „Was mache ich JETZT nur?").

Ich als Engländer muss nicht darüber nachdenken, ob eine Handlung, die in der Vergangenheit stattfand, nur zu diesem Zeitpunkt – nämlich als sie geschah – wichtig war oder ob die Folge der Handlung für die Gegenwart – nämlich JETZT – von Bedeutung ist. Das geschieht bei mir automatisch. Du als Deutscher musst, anders als ich, darüber nachdenken. Deshalb fällt es den Deutschen oft sehr schwer, diese Zeitform im Englischen zu verstehen und sie richtig anzuwenden. Leider besteht die einzige Möglichkeit sie zu lernen darin, diese so oft wie möglich ANZUWENDEN – und zwar so lange, bis sie dir in Fleisch und Blut übergegangen ist.

PRESENT   1.4.2
PERFECT CONTINUOUS

Diese Zeitform des Verbs drückt eine Handlung aus, die in der Vergangenheit begonnen hat und in der Gegenwart andauert.

Der AUSSAGESATZ wird so gebildet:

Subjekt + *has/have* + *been* + Gerundium (Verb + *-ing*)

I have/I've been working here for two years.
You have/You've been working here for two years.
Have you been working here for two years?
You have not/haven't been working here for two years.

FOR
and SINCE

Wenn man im *Present Perfect Continuous* die Dauer einer Handlung (seit wann etwas getan wird) angeben möchte, hat man die Wahl:

SINCE drückt den Beginn der Handlung aus.
FOR drückt die Dauer der Handlung aus.

Nehmen wir einmal an, du arbeitest seit zwanzig Jahren für deine Firma; diese zwei Möglichkeiten hast du, um das auszudrücken:

Q: How long* have you been working for Teleboh?
A: I have been working for Teleboh for 20 years. (Ich arbeite seit 20 Jahren dort.)
oder
A: I have been working for Teleboh since 1993. (Ich arbeite seit 1993 dort.)

* Der Fragesatz wird immer durch how long? (wie lange?) eingeleitet.

Vor kurzem haben meine Frau und ich einen „Profi" aufgesucht, um ein wenig Ordnung in unser Leben zu bringen.

Arzt: So, you have been having problems lately, right? Sie hatten also in letzter Zeit Probleme, richtig?
Frau: Yes, he and I, we both have the same problem. Ja, wir haben beide dasselbe Problem, ich und er.
A: What is it? Um was geht's denn?
F: Him! Um ihn!
John: See? I have been tolerating these things for ten years! I have been waiting for a little respect since I met her, but nothing! Sehen Sie? Ich mache das seit zehn Jahren mit! Seit ich sie kenne, erwarte ich ein wenig Respekt, aber vergeblich!
A: What is the problem, madam? Was ist das Problem, gnädige Frau?
F: The problem is that he always puts me in his stupid tales for his students, what a bad impression! Das Problem ist, dass ich immer in den dummen Geschichten für seine Studenten vorkomme – was für ein schlechter Eindruck!
A: I have been seeing couples since 1977, but I have never seen a couple like you! Ich behandle seit 1977 Paare, aber ein Paar wie Sie habe ich noch nie erlebt (*Present Perfect*)!

LATELY and RECENTLY

Ein weiterer Fall, bei dem man auf das *Present Perfect Continuous* zurückgreift, um allgemeinere Handlungen auszudrücken, ist sein Einsatz in Verbindung mit *LATELY* oder *RECENTLY*, die beide ‚kürzlich', ‚vor Kurzem' oder ‚in letzter Zeit' bedeuten.

I haven't been feeling well lately. Ich habe mich in letzter Zeit nicht wohlgefühlt.
She hasn't been working lately. Sie hat in letzter Zeit nicht gearbeitet.
She hasn't been studying recently. Sie hat in letzter Zeit nicht studiert.
He hasn't been calling recently. Er hat in letzter Zeit nicht angerufen.

PRESENT **PERFECT CONTINUOUS**

tired	müde
all day	den ganzen Tag
builders	Maurer

VERBS	
to clean	putzen
to watch	beobachten
to want	wollen
to disturb	stören
to build	bauen

Du darfst jetzt ein paar Gespräche übersetzen:

ÜBUNG Nr. 54

1.

John: Meine Liebe, du bist müde. Wie kommt's? ....

Ehefrau: Weil ich den ganzen Tag geputzt habe. ....

John: Ich weiß, ich habe dich den ganzen Tag beobachtet. ....

Ehefrau: Du hast mich den ganzen Tag beobachtet? Warum hast du mir nicht gehol-

fen? ....

John: Weil ich dich nicht stören wollte! ....

2.

John: Seit wann bauen sie an diesem Haus? ....

Liam: Sie arbeiten schon seit zwei Jahren daran. ....

John: Hat es bis jetzt dauernd geregnet? ....

Liam: Nein, das Problem ist, dass nur zwei Maurer dort sind! ....

PAST **PERFECT** 1.4.3

Auch das *Present Perfect* hat eine Vergangenheitsform, das *Past Perfect*. Im Deutschen nennen wir sie Plusquamperfekt (ich hatte gegessen, getrunken, geschlafen ...): Diese Zeitform ist ganz einfach für dich, denn sie ist mit der deutschen identisch. Man nennt sie auch ‚Vorvergangenheit' oder ‚vollendete Vergangenheit'.

Es gelten dieselben Regeln wie beim *Present Perfect*. Da es sich aber um eine Vergangenheitsform handelt, steht das Hilfsverb *TO HAVE* im Imperfekt:

I had already seen the film. Ich hatte den Film bereits gesehen.
I was tired because I had worked a lot that week. Ich war müde, weil ich in dieser Woche viel gearbeitet hatte.
I left the restaurant because I had eaten enough. Ich verließ das Restaurant, weil ich genug gegessen hatte.

NOCH

Das deutsche Wort ‚noch' kann im Englischen auf folgende Weisen übersetzt werden: *AGAIN* bedeutet ‚noch einmal', *STILL* steht für ‚immer noch' und *(NOT) YET* für ‚noch (nicht)'. Damit du das besser verstehst, schauen wir uns diese Wörter nacheinander an.

AGAIN
AGAIN bedeutet ‚noch einmal/wieder' und gibt eine Wiederholung an.

I called her at 10. Then I called her again at 11. Then again at 12. Ich habe sie um 10 Uhr angerufen, dann noch einmal um 11 Uhr und dann wieder um 12 Uhr.
(Der Sprecher hat dreimal angerufen. Zwischen den einzelnen Handlungen gab es jeweils eine Unterbrechung.)

STILL
Still ist gleichbedeutend mit ‚immer noch' und bezieht sich auf ununterbrochene Handlungen.

Nehmen wir einmal an, du lässt deinen Freund um 20 Uhr im Pub zurück. Um 24 Uhr kommst du noch einmal dorthin (you come back again at 12 p. m.), und er ist immer noch dort. Er ist dort geblieben. Es findet also keine Wiederholung statt, es gab keine Unterbrechung – deshalb verwendet man STILL.

Are you still here? Bist du immer noch hier?
After 40 years, Beckenbauer was still playing! Nach 40 Jahren spielte Beckenbauer immer noch!

YET
Yet bedeutet ‚noch nicht'. Bevor ich dir jetzt erkläre, was das alles mit dem *Present Perfect* zu tun hat, achtest du bitte auf die Position von *YET*. Es steht fast immer am Ende des Satzes.

I have seen your new car. Ich habe dein neues Auto gesehen.
I have not seen your new car yet. Ich habe dein neues Auto noch nicht gesehen.

Has Mike arrived? Ist Mike eingetroffen?
Not yet. Noch nicht.

Have they paid you yet? Haben sie dich bezahlt?
No, not yet. Nein, sie haben mich noch nicht bezahlt.

I haven't cleaned the room yet! Ich habe das Zimmer noch nicht geputzt!

Ergänze die Sätze mit *AGAIN, STILL* oder *YET*!

ÜBUNG Nr. 55

1. I will read the book, but I haven't had time ____.
2. Do you want to go out with me ____?
3. He is ____ watching TV!
4. They are ____ winning! In 20 minutes, the game will be finished.
5. You broke your leg ___?!
6. I loved Paris. I want to go ____.
7. Do you ____ love me?
8. I don't know what I want to do ____.
9. Sorry! The book hasn't arrived ____.
10. Can you take me to work ____? I am on foot.
11. You ____ don't know who I am, do you?
12. I ____ love you.
13. You're in love? But you haven't seen her ____!
14. Oh my God! Birmingham City won the Championship ___!

DIE **MODALVERBEN** 1.4.2

Nicht alles im Leben ist sicher. Modalverben drücken eine Hypothese aus – die Möglichkeit, dass eine Sache oder Handlung eintritt oder nicht. Sie dienen als Maß für die Sicherheit. Normalerweise funktionieren sie wie Hilfsverben und bilden eine sehr kleine Verbgruppe.
Modalverben lauten in allen Personen gleich; das Verb, das folgt, steht im Infinitiv und wird immer ohne *TO* angeschlossen. (Merke dir am besten gleich, dass das ‚L' bei *COULD*, *WOULD* und *SHOULD* nicht ausgesprochen wird.)

1. CAN/COULD/BE ABLE TO
Präsens: CAN
Imperfekt: COULD
Futur: Will BE ABLE TO

Der AUSSAGESATZ wird wie immer gebildet:

Subjekt + Modalverb + Verb im Infinitiv (ohne *to*) + Objekt

I can go to the cinema. Ich kann ins Kino gehen.

Der VERNEINTE SATZ wird nicht mit dem Hilfsverb ‚*to do*' + *not* gebildet, sondern nur durch das Anhängen von *not*:

Subjekt + Modalverb + *not* + Verb im Infinitiv (ohne *to*) + Objekt

I cannot/can't go to the cinema. Ich kann nicht ins Kino gehen.

Der FRAGESATZ wird ebenfalls ohne ‚*to do*' gebildet, mit einer Inversion von Verb und Subjekt:

Modalverb + Subjekt + Verb im Infinitiv (ohne *to*) + Objekt

Can I go to the cinema? Kann ich ins Kino gehen?

Der VERNEINTE FRAGESATZ wird wie ein bejahter Fragesatz gebildet, und zwar mit demselben Modalverb in der verneinten Form:

Modalverb + *not* + Subjekt + Verb im Infinitiv (ohne *to*) + Objekt

Can't I go to the cinema? Kann ich nicht ins Kino gehen?

CAN ist absolut wichtig, wird aber oft falsch angewendet. Es hat drei Bedeutungen – bevor wir näher darauf eingehen, liste ich sie kurz auf.

I CAN   **A.** ich kann (ich habe die Erlaubnis bzw. die Befugnis, etwas zu tun)
I can open the window. (Ich habe die Erlaubnis des Lehrers.)

B. ich kann* (ich bin in der Lage, etwas zu tun)
I can open the window. (Das Fenster ist weit oben, aber ich bin groß genug.)

C. ich kann (ich besitze die Fähigkeit)
I can speak Chinese. (Ich habe es gelernt: ich kenne die Sprache.)

* Anstelle von *I CAN* im Sinne von ‚ich bin in der Lage' höre ich oft *I AM ABLE TO*. Wir Engländer verwenden diese Form nicht, denn sie bezieht sich eher auf eine physische bzw. mentale Unfähigkeit. Wir gebrauchen *WILL BE ABLE TO* nur im Futur – das solltest du dir merken!

Beachte auch: Im Gegensatz zum Deutschen folgt im Englischen nach *CAN* immer ein Verb: I can speak English. Ich kann Englisch.

A. die Erlaubnis haben

CAN Present
I can kiss my wife. (Ich habe die Erlaubnis dazu – nicht, dass man da etwa Schlange stehen müsste! Ha, ha, ha!)
My daughter can't drive my car.

Ehefrau: Can I watch Desparate Housewives on TV tonight?
John: Yes, if I can watch VfB Stuttgart vs Bayern München, tomorrow.
Ehefrau: Can I drink your last beer?
John: Are you crazy? NO!

COULD Past
When Lisa was my girlfriend, I could kiss her. (Als ich mit Lisa zusammen war, hatte ich die Erlaubnis, sie zu küssen)
When he worked in the bar, could he drink beer for free? (Hatte er die Erlaubnis, Bier umsonst zu trinken, als er in der Bar arbeitete? Ich schätze mal nein – warum hätte er sonst gekündigt?)

WILL BE ABLE TO Future
Wenn man Sätze im Futur bildet, muss man *WILL BE ABLE TO* als eine Einheit betrachten.

DIE MODALVERBEN

Um einen Satz zu verneinen, sagst du *I WILL NOT* (*won't* in der Kurzform).

I will be able to work in the hospital as a doctor after I graduate. Wenn ich meinen Universitätsabschluss habe, werde ich die Erlaubnis haben, als Arzt im Krankenhaus zu arbeiten.
Will she be able to drive her father's car when she passes her test? Wird ihr Vater ihr erlauben, sein Auto zu fahren, wenn sie die Prüfung bestanden hat?

B. etwas bewerkstelligen/in der Lage sein, etwas zu tun ...

CAN *Present*
I can arrive at seven. Ich kann um sieben Uhr eintreffen.
They can see into the future. Sie können in die Zukunft sehen.

Ehefrau: Can you sort out the broken water pump?
John: Can't you do it? I'm watching a film.
Ehefrau: I can't do it!
John: I haven't got the tools. I can't do it without tools. Call the plumber.
Ehefrau: Is the film good?
John: I don't know; I can't hear it!

COULD *Past*
She could help me with my homework. Sie konnte mir bei den Hausaufgaben helfen.
Could you run for twenty miles when you were young? Konntest du, als du jung warst, 20 Meilen laufen?
I couldn't work when I was in hospital. Ich konnte nicht (war nicht in der Lage zu) arbeiten, als ich im Krankenhaus war.

WILL BE ABLE TO *Future*
I will be able to walk better after the operation. Nach der Operation werde ich besser gehen können.
I will be able to pay you when I get my money. Ich werde dich bezahlen können, wenn ich mein Geld bekommen habe.

C. die Fähigkeit zu etwas besitzen

CAN *Present*
I can speak English, but only when I'm drunk. Ich kann Englisch, aber nur wenn ich betrunken bin.
I can swim and cook. Ich kann schwimmen und kochen.

Ehefrau: I can't drive because I have had too much whisky.
John: No, my dear, you can't drive, period*!
Ehefrau: Ok, but I can cook.
John: Without question.

* period bedeutet in diesem Kontext ‚Punkt, aus und fertig!'.

COULD *Past*
I could speak English when I was a child. Als Kind konnte ich Englisch sprechen.
Could you ride a bike when you were a child? Konntest du als Kind Fahrrad fahren?

WILL BE ABLE TO *Future*
My son will be able to swim. Mein Sohn wird schwimmen können.
After ten years in Paris I'll be able to speak French well. Nach zehn Jahren in Paris werde ich Französisch können.

Wir kommen nun zu einem sehr schönen Spiel: Du sollst raten, welches *CAN* (die Erlaubnis haben/die Fähigkeit besitzen/in der Lage sein) bei den folgenden Beispielen zum Einsatz gekommen ist. Hier ein Beispiel:
I passed my driving test, I can take you home now (Erlaubnis).

ÜBUNG Nr. 56

1. I can sleep in my bed.
2. I can read and write.
3. You can't enter without authorization.
4. Can you see the mountain from here?
5. We can't go to Japan without a passport.
6. She can run 10 kilometers in 20 minutes!
7. She can dance.
8. I can't assemble this new tent.
9. They can sing well.
10. How can you run so fast?

DIE MODALVERBEN

music	Musik
jealous	eifersüchtig
in	in
school	Schule
maybe	vielleicht

VERBS

to listen (to)	zuhören
to dance	tanzen
to envy	beneiden
to pay	zahlen
to know	wissen
to live	wohnen/leben

ÜBUNG Nr. 57

1. Ich kann dir nicht helfen, aber vielleicht kann es James. ....
....

2. Kannst du mit uns kommen? ....

3. Ich kann diese Musik nicht hören! ....

4. Kannst du tanzen? ....

5. Ich kann nicht mit dir reden; meine Frau ist eifersüchtig, obwohl sie dich
um deinen Mann beneidet. ....
....

6. Ich werde dich in 50 Jahren bezahlen können. ....

7. Als Kind konnte ich Chinesisch sprechen, weil wir in China lebten. ....
....
....

8. Sie wird dich in die Schule bringen können, wenn sie ein Auto hat. ....
....

9. Können wir morgen reden? ....

10. Ich kann, weil es meins ist! ....

2. COULD/COULD HAVE

Jetzt wird es etwas verwirrend, weil *COULD* – abgesehen davon, dass es die Vergangenheitsform von *CAN* ist – im Zusammenhang mit dem Konditional auch eine andere Rolle einnimmt.

Das **KONDITIONAL PRÄSENS** des Verbs KÖNNEN (CAN) lautet:

ich könnte	I COULD
du könntest	you COULD
er/sie/es könnte	he/she/it COULD
wir könnten	we COULD
ihr könntet	you COULD
sie könnten	they COULD

COULD bleibt in allen Personen unverändert. Es steht vor dem Verb im Infinitiv, das ohne *TO* angeschlossen wird (auf Modalverben folgt NIEMALS ein *TO* – erinnerst du dich noch?!).

I could go out this evening. Ich könnte heute Abend ausgehen.
You could ask. Du könntest fragen.
She could help you. Sie könnte dir helfen.

Das **KONDITIONAL PERFEKT** des Verbs KÖNNEN (CAN) wird mit dem Partizip Perfekt des Verbs gebildet:

Subjekt + *could* + *have* + Partizip Perfekt

ich hätte können	I COULD HAVE
du hättest können	you COULD HAVE
er/sie/es hätte können	he/she/it COULD HAVE
wir hätten können	we COULD HAVE
ihr hättet können	you COULD HAVE
sie hätten können	they COULD HAVE

I could have stayed at home this evening. Ich hätte heute Abend zu Hause bleiben können.
You could have told me. Du hättest es mir sagen können.
She could have helped you. Sie hätte dir helfen können.
We could have drunk a coffee. Wir hätten einen Kaffee trinken können.

DIE MODALVERBEN

Die Wortstellung im Satz bleibt unverändert:

AUSSAGESATZ
I could go to the cinema.

VERNEINTER SATZ
I could not/couldn't go to the cinema.

FRAGESATZ
Could you go to the cinema?

VERNEINTER FRAGESATZ
Couldn't you go to the cinema?

COULD als Möglichkeit
ES KANN SEIN
John could be in America. John könnte in Amerika sein.
John could have gone to America with you. John hätte mit dir nach Amerika gehen können.
John could go to America with you. John könnte mit dir nach Amerika gehen.
ES KANN NICHT SEIN
Mary couldn't be at home now. Mary kann jetzt gar nicht zu Hause sein.
Mary couldn't have been at home. Mary hätte gar nicht zu Hause sein können.
Mary couldn't possibly stay at home this evening. Mary kann heute Abend unmöglich zu Hause bleiben.

COULD als Konditional
ES KANN SEIN
If I had more time, I could travel around the world. Hätte ich mehr Zeit, könnte ich um die Welt reisen.
If I had had more time, I could have travelled around the world. Hätte ich mehr Zeit gehabt, dann hätte ich um die Welt reisen können.
If I have more time this winter, I could travel around the world. Wenn ich in diesem Winter mehr Zeit habe, könnte ich um die Welt reisen.
ES KANN NICHT SEIN
Even if I had more time, I couldn't travel around the world. Selbst wenn ich mehr Zeit hätte, könnte ich nicht um die Welt reisen.

Even if I had had more time, I couldn't have travelled around the world. Selbst wenn ich mehr Zeit gehabt hätte, hätte ich nicht um die Welt reisen können.
Even if I had more time this winter, I couldn't travel around the world. Selbst wenn ich in diesem Winter mehr Zeit hätte, könnte ich nicht um die Welt reisen.

COULD als Vorschlag
ES KANN SEIN
You could have visited London. Du hättest London besuchen können.
You could visit London. Du könntest London besuchen.
ES KANN NICHT SEIN
Es gibt keine verneinte Form!

COULD als höfliche Bitte
ES KANN SEIN
Could I have something to drink? Könnte ich etwas zu trinken haben?
ES KANN NICHT SEIN
Couldn't you help me with this homework? Könntest du mir nicht bei diesen Hausaufgaben helfen?

to meet	treffen
to feel	(sich) fühlen
to kiss	küssen
to leave	abreisen
to see	sehen; aufsuchen

ÜBUNG Nr. 58

1. Sie wird dort sein; du könntest sie treffen, um mit ihr zu reden! ....
2. Wenn du dich nicht gut fühlst, könntest du einen Arzt aufsuchen (to see). ......
    ....
3. Es tut mir leid, ich hätte bei dir sein können. ....
4. Gib Hannah einen Kuss; sie reist vielleicht morgen ab. ....
5. Könntest du mir ein Buch kaufen? Morgen bringe ich dir dann das Geld. ....
6. Wenn ich diesen Sommer Zeit finde, könnte ich nach London kommen. ....
7. Du hättest mich anrufen können. ....
8. Ich hätte mit dir essen können. ....
9. Wenn ich dich nicht gesehen hätte, hätte ich dir das Geld nicht geben können. (Glückwunsch!) ....
10. Wenn ich nicht gelernt hätte, hätte ich nicht auf die Universität gehen können.

3. WOULD/WOULD HAVE

WOULD (Vergangenheit von *to will*) ist das Verb, mit dem im Englischen das eigentliche Konditional übersetzt wird. Das darauf folgende Verb enthält dadurch seine konditionale Bedeutung:

ICH WÜRDE KOMMEN	heißt I would come
ICH WÜRDE GEHEN	heißt I would go
ICH WÜRDE REDEN	heißt I would talk
ICH WÜRDE SPIELEN	heißt I would play

WOULD hat wie *could* in allen Personen dieselbe Form. Das Verb wird ohne *TO* angeschlossen.

Der Satz wird immer auf dieselbe Weise gebildet:

AUSSAGESATZ

I would go to the cinema.

VERNEINTER SATZ

I would not/wouldn't go to the cinema.

FRAGESATZ

Would you go to the cinema?

VERNEINTER FRAGESATZ

Wouldn't you go to the cinema?

DAS KONDITIONAL PERFEKT des Verbs WOLLEN (WILL)

Genau wie bei *COULD* folgt nach den Verben *WOULD* und *TO HAVE* das Partizip Perfekt des Verbs. Der Satz wird so gebildet:

Subjekt + *would* + *have* + Partizip Perfekt

WOULD wird in der Vergangenheit meistens im *if-clause* gebraucht, insbesondere beim dritten Typ, den ich dir erklärt habe.

If I had listened to my mother, I would have become a doctor. Hätte ich auf meine Mutter gehört, wäre ich Arzt geworden.

If I went out with her, I would be happy. **Wenn ich mit ihr ausginge, wäre ich glücklich.**
Would you eat a cat? **Würdest du eine Katze essen?**
If she had seen all the beer, she would have drunk it! **Wenn sie das ganze Bier gesehen hätte, hätte sie es getrunken!**

Übersetze jetzt bitte die folgenden Sätze: Jeder Satz enthält sowohl *WOULD* als auch *COULD*.

ÜBUNG Nr. 59

1. Wenn ich könnte, würde ich mit dir weggehen. ....
2. Ich würde es tun, wenn ich könnte. ....
3. Würdest du es tun, wenn du könntest? ....
4. Wenn wir könnten, würden wir dir ein Auto kaufen. ....
5. Wenn er könnte, würde er Lucy heiraten. ....
6. Wenn ich Geld hätte, würde ich ein Haus kaufen. ....
7. Wenn wir könnten, würden wir nach London gehen. ....
8. Wenn ich kommen könnte, wäre ich glücklich. ....
9. Wenn ich gewusst hätte, dass du dort bist, hätte ich dir ein Bier kaufen können – und ich hätte es getan. ....
   ....
10. Wenn ich gewusst hätte, dass du zu Hause bist, wäre ich zu dir nach Hause gekommen. ....

4. SHOULD/SHOULD HAVE

SHOULD gebraucht man, um einen Vorschlag zu machen oder einen Rat zu erteilen. Es dient auch dazu, einen Zwang oder eine Verpflichtung zum Ausdruck zu bringen. Es ist ein Konditional und lautet in allen Personen gleich.

ich sollte	I SHOULD
du solltest	you SHOULD
er/sie/es sollte	he/she/it SHOULD
wir sollten	we SHOULD
ihr solltet	you SHOULD
sie sollten	they SHOULD

DAS KONDITIONAL PERFEKT

Genau wie bei *COULD* und bei *WOULD* folgt nach den Verben *SHOULD* und *TO HAVE* das Partizip Perfekt des Hauptverbs. Der Satz wird so gebildet:

Subjekt + *should* + *have* + Partizip Perfekt

Der Satz wird immer auf dieselbe Weise gebildet:

AUSSAGESATZ

I should go to the cinema.
You should eat better.

VERNEINTER SATZ

I should not/shouldn't go to the cinema.
They shouldn't run in the corridor.

FRAGESATZ

Should I go to the cinema?
Should they know where you are?

VERNEINTER FRAGESATZ

Shouldn't I go to the cinema?
Shouldn't you defend me with your mother?

Jetzt aber an die Arbeit ...

ÜBUNG Nr. 60

Gary: Denkst du, ich sollte die Frau wechseln?

Mike: Du solltest froh sein, keine andere Frau würde dich nehmen.

Gary: Du solltest das nicht sagen; du bist mein Freund!

Mike: Was sollte ich sagen? Es stimmt!

5. MIGHT/MIGHT HAVE

Hiermit wird eine Unsicherheit zum Ausdruck gebracht. *MIGHT* steht für ein ‚vielleicht' oder ‚möglicherweise', das wir verwenden, wenn wir uns bei einer Sache nicht sicher sind.

%

Wenn wir von einer Möglichkeit sprechen, geben wir die Wahrscheinlichkeit, mit der sie eintrifft, oft mit einem Prozentsatz an. Ich versuche das mal, um es dir verständlich zu machen ...

A.
Tom: Where is Joseph?
Sally: I don't know; he could be in his office. Ich weiß es nicht. Er könnte in seinem Büro sein.

In diesem Fall steht **could** für eine hohe Wahrscheinlichkeit, dass er in seinem Büro ist – sagen wir für **75 %** Wahrscheinlichkeit.

B.
Tom: Where is Joseph?
Sally: I don't know, he might be in his office. Ich weiß es nicht. Möglicherweise ist er in seinem Büro.

In diesem Fall weiß Sally nicht, wo Joseph ist. Sie macht aber einen Vorschlag – **50 %** Wahrscheinlichkeit.

Was die Satzstellung betrifft, gilt auch für *MIGHT* die Regel, die wir bereits von *COULD*, *WOULD* und *SHOULD* kennen: *MIGHT* erfordert in der Vergangenheit das Verb *TO HAVE*, gefolgt vom Partizip Perfekt.

MIGHT ist ein ganz wichtiges Wort und hat im Wesentlichen zwei Bedeutungen:

A. im Futur
I might buy a dog to protect my new house. Vielleicht kaufe ich einen Hund, der mein neues Haus beschützt.

They might play in the cup if they continue to play well. Vielleicht spielen sie im Cup mit, wenn sie weiterhin gut sind.

B. im Präsens
I might be ill. Ich bin vielleicht krank.
They might be angry. Es ist wahrscheinlich, dass sie wütend sind.

Die Wortstellung im VERNEINTEN SATZ:
It might not rain. Vielleicht regnet es nicht.
They might not come if you are not here. Es ist wahrscheinlich, dass sie nicht kommen, wenn du nicht da bist.

DAS KONDITIONAL PERFEKT

Wie in den vorherigen Fällen folgt auf *MIGHT* und das Hilfsverb *TO HAVE* ein Partizip Perfekt. Der Satz wird so gebildet:

Subjekt + *might* + *have* + Partizip Perfekt

I might have seen her. Vielleicht habe ich sie gesehen.
You might have left your keys at the gym. Vielleicht hast du deine Schlüssel in der Sporthalle gelassen.
If they had played better, they might have won. Wenn sie besser gespielt hätten, hätten sie vielleicht gewonnen.

Übersetze jetzt bitte diese Sätze. Ein kleiner Tipp: Jeder Satz enthält sowohl *SHOULD* als auch *MIGHT*.

ÜBUNG Nr. 61

1. Du solltest heute Abend zu Hause bleiben; es könnte vielleicht regnen. ....
    ....

2. Du hättest im Büro anrufen sollen; vielleicht haben sie dein Handy
    gefunden. ....
    ....

3. Vielleicht bleibe ich zu Hause und schaue mir den Film an; er soll gut sein. ......
    ....

4. Sollte ich ihr vergeben? Es wäre vielleicht besser. ....

5. Sie dürften keine Probleme machen; sie bereuen es sonst vielleicht. ....
    ....

6. MUST und HAVE TO

Sie stehen beide für ‚müssen', werden aber in unterschiedlichen Situationen und mit unterschiedlichen Bedeutungen gebraucht. Schauen wir sie uns nacheinander an.

MUST

wird verwendet, wenn der Sprecher einen Zwang oder eine Verpflichtung empfindet, etwas zu tun. Der Satz wird immer auf dieselbe Weise gebildet:

AUSSAGESATZ

I must go to the cinema.

VERNEINTER SATZ

I must not/mustn't go to the cinema.

Achtung: *MUSTN'T* bedeutet nicht ‚*nicht müssen*', sondern ‚*nicht dürfen*'.

FRAGESATZ

Must I go to the cinema?

HAVE TO

HAVE TO + INFINITIV wird verwendet, wenn es sich um eine von außen auferlegte Regel handelt, auf die der Sprecher keinen Einfluss hat. Die Wortstellung ist wieder einmal so:

AUSSAGESATZ

I have to go to the police station.

VERNEINTER SATZ

I don't have to go to the police station.

FRAGESATZ

Do you have to go to the police station?

Achtung: *HAVE TO* ist hier kein Hilfsverb! Fragesätze, verneinte Sätze und verneinte Fragesätze werden deshalb wie mit einem normalen regelmäßigen Verb – also mit *DO/DOES* – gebildet.

DIE MODALVERBEN

MUST wird in allen Personen gleich konjugiert, während für HAVE TO, of course, die Konjugation des Verbs TO HAVE gilt!

I MUST	I HAVE TO
you MUST	you HAVE TO
she/he/it MUST	she/he/it HAS TO
we MUST	we HAVE TO
you MUST	you HAVE TO
they MUST	they HAVE TO

HAVE TO

Präsens	Imperfekt	Futur	Verneinung
have to	had to	will have to	can't

MUST

(Achtung! MUST kannst du nur im Präsens verwenden. Für alle anderen Zeiten musst du die Ersatzform HAVE TO verwenden!)

Präsens	Imperfekt	Futur	Verneinung
must	had to	will have to	must not

Cheryl: Joe, if you want to leave early, you **HAVE TO** tell the boss.
Joe, wenn du früh gehen willst, MUSST du das dem Chef sagen.
(Nicht Cheryl sagt Joe, dass er den Chef informieren muss; der Chef verlangt das.)

Boss: If you want to leave early, you **MUST** tell me.
Wenn du früh gehen willst, musst du es mir sagen.
(In diesem Fall spricht der Chef, der die Forderung stellt, selbst.)

Übersetze jetzt. Konzentriere dich darauf, wer spricht, und wer wem eine Handlung auferlegt. Das ist ganz einfach, oder?

ÜBUNG Nr. 62

1. Ich muss die Kinder von der Schule abholen. ....
2. Ich muss weniger rauchen! ....
3. Ich muss den Führerschein machen, wenn ich hier fahren will. ....
4. Du musst Steuern zahlen. ....
5. Du musst mir mehr helfen! ....

A SECRET

Es gibt einen sehr nützlichen Merksatz, mit dessen Hilfe du would, could und should besser verstehst. Lerne ihn auswendig:
Jenny: Are you coming with me?
Darren: I WOULD if I COULD and I SHOULD, but I CAN'T.
Ich WÜRDE, wenn ich KÖNNTE, und ich SOLLTE, aber ich KANN nicht.

In der Vergangenheit ist der Satz noch schlimmer. Schau dir das nur an:
I WOULD HAVE, if I COULD HAVE, and I SHOULD HAVE, but I COULDN'T.
Ich HÄTTE es GETAN, wenn ich GEKONNT HÄTTE, und ich HÄTTE es TUN SOL-LEN, aber ich KONNTE nicht.

Keine Sorge – auch wir Engländer müssen zweimal darüber nachdenken, wenn wir das sagen!

Wir schließen dieses KAPITEL mit einer kleinen und unterhaltsamen Geschichte ab. Darin findest du sämtliche Modalverben wieder:

ÜBUNG Nr. 63

Wenn ich es schaffe, Frank im Krankenhaus zu besuchen, gehe ich heute. Ich wäre gestern gegangen, aber ich habe gearbeitet. Ich könnte Tommy bitten, mit mir zu kommen. Ich würde alleine gehen, aber ich habe kein Auto. Ich muss heute gehen, und ich sollte ein Geschenk mitbringen. Etwas, das Frank gefällt. Blumen? Einen Apfel? Eine Blondine? Ich sollte seine Mutter um Rat fragen. Der Arzt sagte, dass er zwei Wochen im Krankenhaus bleiben muss. Ich könnte nicht in einem Kran-kenhaus sein; ich würde verrückt werden. Vielleicht bin ich schon verrückt. Wäre es nicht besser, morgen zu gehen? Ich würde jetzt nicht gerne dorthin gehen; er könnte vielleicht schlafen. Wenn ich nur nicht umsonst hingehe. Sollte ich bleiben oder sollte ich gehen? Wäre Frank beleidigt, wenn ich nicht ginge? Ich würde nicht wollen, dass er beleidigt ist. Ja, ich muss gehen! Letztendlich (*at the end of the day*) war ich es, der ihn die Treppe hinuntergestoßen hat. Wenn ich aber gewusst hätte, dass er sich das Bein bricht, hätte ich es nicht getan. Ich gehe nicht!

STEP 5

1.5.1   *Anglo Saxon family*
         To get
         To set
         To let
         To keep

1.5.2   **Phrasal verbs**

1.5.3   **Passive form**

ANGLO SAXON FAMILY

Aus meiner Erfahrung als Englischlehrer in Italien weiß ich, dass Englisch dort aus unterschiedlichen Gründen oft nicht gut unterrichtet wird. In Deutschland ist das vielleicht ähnlich, nämlich dann, wenn der Lehrer versucht, Regeln und Gedanken auf Englisch zu erklären. Dabei vergeudet er eigentlich Zeit, und seine Schüler sind schnell frustriert. Die wichtigsten Verben werden aus einem ganz einfachen Grund nicht richtig gelehrt: Weil ein Lernender sie nicht vollständig nachvollziehen kann, wenn er nicht versteht, wie sie funktionieren.

Wusstest du, dass *to get*, *to set*, *to let*, *to keep*, *to put* die wichtigsten Verben im Englischen sind? Das sind wahre Tausendsassas. Ohne diese phraseologischen Verben, die zur *ANGLO SAXON FAMILY* gehören, läuft nichts. Dank einiger kleiner Tricks, die ich dir zeigen werde, wirst du sie sicherlich besser verstehen.

Wenn du einmal einem Engländer oder einem Amerikaner zuhörst, fällt auf, dass er sehr häufig das Verb *to get* gebraucht. Und wenn du ihn besser verstehen willst und zum Wörterbuch greifst, findest du dort 27 Seiten voller Beispiele für das Verb *to get* und ... du legst es sofort wieder weg. Du hältst es für unmöglich, sämtliche Bedeutungen des Verbs und deren Anwendung zu lernen? Das ist es NICHT! Du musst sie nämlich gar nicht alle lernen. Du musst lediglich verstehen, wie das Verb to get „tickt".

1. TO GET

Hat dir schon mal jemand erklärt, dass das Verb *to get* ganz allgemein den Wechsel eines Zustands bezeichnet? Diese Veränderung kann bei dir selbst, bei einer anderen Person oder bei einer Sache eintreten.

Ich stehe auf. I get **up**.
Das heißt ‚sich von unten nach oben bewegen'.

Ich betrinke mich. I get **drunk**.
Das heißt ‚vom nüchternen in den betrunkenen Zustand wechseln'.

Ich werde alt. I am getting **old**.
Das heißt ‚jung sein und älter werden'.

Es wird dunkel. It's getting **dark**.
Das heißt ‚vom Hellen in die Dunkelheit wechseln'.

Mark: Can I borrow your car? Kann ich mir dein Auto ausleihen?
Tom: Ok, but don't get it **dirty**. Okay, aber mach es nicht schmutzig.

Das heißt ‚sauber sein und schmutzig werden'.

Get the dog **off** the bed. Schaff' den Hund aus dem Bett.
Das heißt ‚der Hund soll sich nicht mehr im Bett, sondern außerhalb davon aufhalten'.

I will get the file **done**. Ich werde die Akte erledigen.
Das heißt ‚Übergang vom Erledigen einer Sache zum „Erledigt Sein"'.

Get the people **here**. Bring die Leute her.
Das heißt ‚die Leute von dort nach hier bringen'.

I got the bottle **open**. Ich habe es geschafft, die Flasche zu öffnen.
Das heißt ‚die Flasche vom geschlossenen in den geöffneten Zustand bringen'.

Andrea: I'll take Granny to the park...
Marc: Ok, don't get her **tired**.
Andrea: Ich nehme Oma mit in den Park ...
Marc: Okay, mach sie nicht müde.
Das heißt ‚Wechsel vom munteren zum müden Zustand'.

Das Leben besteht aus ständigem Wechsel – du findest also nahezu immer eine Möglichkeit, *to get* anzuwenden.
To get verdient ein eigenes Kapitel, es ist nämlich einer der besten Freunde, die du im Englischen haben kannst!
To get ist ein unregelmäßiges Verb (*to get - got - got*) mit vielen Bedeutungen:

JEMANDEN ERREICHEN/AN EINEN ORT GELANGEN

Da es sich hier um eine Bewegung handelt, ist die Präposition *to* unverzichtbar. (Sehr selten verwendet man das Verb *to arrive at*. Es ist formeller als das Verb *TO GET to*).

He got to me at 12. Er hat mich um 12 Uhr erreicht.
There will be no buses and his car is broken, so he can't get to work. Es werden keine Busse fahren, und sein Auto ist kaputt; er kann also nicht zur Arbeit kommen.

She called you, faxed you and e-mailed you, but she couldn't get to you. Sie hat dich angerufen, Faxe und E-Mails geschickt, aber sie hat dich nicht erreicht.

We got to the stadium late. Wir sind spät im Stadion angekommen.

SICH ETWAS EINFANGEN
oder auch ETWAS UNFREIWILLIG BEKOMMEN

He is in hospital because he got hit by a bottle at the stadium. (*hit by* bedeutet ‚getroffen werden von'. *By* führt zum Urheber der Aktion) Er ist im Krankenhaus, weil er im Stadion von einer Flasche getroffen wurde.

He got a cold working in the cold. Er hat sich eine Erkältung eingefangen, als er in der Kälte arbeitete.

He's getting sued by his ex-wife for 3,000 Euro. Seine Ex-Frau hat ihn auf 3.000 Euro verklagt.

I got bitten by a dog. Ich wurde von einem Hund gebissen.

ERHALTEN/BEKOMMEN/ERZIELEN

You'll get a nice gift if you paint well. Du wirst ein hübsches Geschenk bekommen, wenn du ein schönes Bild malst.

He'll get a promotion for that project. Für dieses Projekt wird er eine Beförderung erhalten.

If you're lucky, you'll get 5,000 Euro for that car. Wenn du Glück hast, wirst du für dieses Auto 5.000 Euro bekommen.

I get results. Ich erziele Ergebnisse.

VERSTEHEN

Der Unterschied zwischen den Verben *to understand* und *TO GET* besteht darin, dass das erste formeller und auf die Sprache bezogen ist. (Wenn ich sage *I don't understand Russian*, bedeutet das, dass ich die Sprache nicht verstehe.)

To get ist informeller und bezieht sich auf das Verstehen eines Gedanken, einer Idee; auf Ziele, die man erreichen möchte und die Motivation, die einen dazu treibt.

I can't get what she wants from me. Ich verstehe nicht, was sie von mir will.

I want you to wash the car, feed the cat, then fix the oven, did you get that? Ich will, das du das Auto wäschst, die Katze fütterst und dann den Ofen reparierst, hast du das verstanden?
(Armer Mann!)

The plans are crazy... I don't get what he wants. Die Pläne sind verrückt ... ich verstehe nicht, was er will. (Ich habe verstanden, was er sagt, aber nicht, was er will!)

You don't get it! Du verstehst das nicht!

Schauen wir mal, ob du das verstanden hast, *let's see how much you've understood!*

The swimmer
The swimmer got into the water.
He wanted to get across the pool in less than a minute.
While he was getting across, he got cramps in his legs.
The swimmer was getting nervous and agitated because he was gradually getting slower.
When he got to the other side, he got out of the water.
'I don't get it!' he said. 'I never got cramps in my legs before!'
He got dry, dressed, then got out of the building.
That night, his temperature got up to 40 degrees! He had got a cold in the pool.
'My head is getting light' he said.

TO GET, TAKE and BRING

Die Deutschen haben manchmal Schwierigkeiten, die Begriffe ‚bringen' und ‚nehmen' zu übersetzen! Das ist unter anderem darauf zurückzuführen, dass *TO TAKE* sowohl ‚nehmen' und ‚holen' als auch ‚bringen' heißt – je nach Situation.

to get - got - got
to bring - brought - brought
to take - took - taken

NEHMEN/HOLEN (*TO TAKE/TO GET*)

Befindet sich der Gegenstand, um den es geht, an dem Ort, an dem du gerade bist, so sagst du *TO TAKE*; andernfalls *TO GET*.

Hans: Can I borrow your pen? Kann ich mir deinen Stift leihen?

(Der Stift liegt auf dem Tisch vor ihm.)
Tom: Yes, take it! Ja, nimm ihn!

(Der Stift befindet sich in einem anderen Büro.)
Tom: Yes, get it from my office. Ja, hole ihn aus meinem Büro!

MITNEHMEN/MITBRINGEN (*TO TAKE/TO BRING*)

Wird der betreffende Gegenstand in die Nähe des Sprechers oder des Zuhörers gebracht, so verwendest du *TO BRING*. Wird er vom Sprecher oder vom Zuhörer entfernt, verwendest du *TO TAKE*.

Warst du jemals in einem take-away? Es heißt so, weil man die Speisen ‚mitnehmen' kann.

Martha: I have to go to the dentist, today. Can you take the dog to the park for a walk? Ich muss heute zum Zahnarzt. Kannst du mit dem Hund im Park Gassi gehen?
(Der Hund wird in den Park gebracht, weg von Martha.)

Martha: Can you bring the dog? Kannst du den Hund mitbringen?
(Martha bittet darum, den Hund mit zu ihr zu bringen)

Ich sehe schon ... du kannst es nicht mehr abwarten. Na dann, los mit Übersetzen!

ÜBUNG Nr. 64

1.
Karl: Heute Abend gebe ich ein Fest. Kommst du? (geplante Handlung)
Lucy: Ja, aber zuerst muss ich meinen Sohn von der Schule holen (der Sohn
       ist nicht anwesend), ihn zu seiner Großmutter bringen und dann eine
       Flasche Wein holen (es ist kein Wein da), die ich zum Fest mitbringen kann.
2.
Karl: Heute Abend gebe ich ein Fest. Kommst du? (geplante Handlung)
Tracy: Nein, tut mir leid. Ich muss im Supermarkt Shampoo kaufen, mir die
       Haare waschen und dann meinen Mann ins Theater fahren.

2. **TO SET**

ist ein unregelmäßiges Verb (*to set - set - set*) und bedeutet:

(EIN)STELLEN, EINRICHTEN, FESTLEGEN, BEFESTIGEN

I must set the alarm for 6 a.m. Ich muss den Wecker auf 6 Uhr stellen.

They set my leg when I broke it. Sie haben mein Bein eingerichtet, als es gebrochen war.

They will set the date for the event tomorrow. Morgen werden sie den Termin für die Veranstaltung festlegen.

Their house is set on a hill. Ihr Haus liegt auf einem Hügel.

3. **TO LET**

ist ein unregelmäßiges Verb (*to let - let - let*) und bedeutet:

ETWAS ZULASSEN, ERLAUBEN

Let me in! Lass mich rein!

Will you let me kiss you? Darf ich dich küssen?

We let him take control of our house! Wir haben es zugelassen, dass er die Kontrolle über unser Haus übernimmt!

Let kann auch in der BEFEHLSFORM gebraucht werden (also ohne vorhergehendes Subjekt). Es steht dann im Sinne eines Vorschlags, einer Aufforderung. Let's bildet den Imperativ in der ersten Person Plural (Gehen wir!/Lass uns tanzen!).

Let's dance! Tanzen wir!/Lass uns tanzen!
Let's go! Gehen wir!/Lass uns gehen!
Let's eat! Essen wir!/Lass uns essen!
Let it be! Lass es gut sein!

Wie bitte? Was sagst du? Du möchtest noch ein wenig übersetzen? Na dann ...

ÜBUNG Nr. 65

1. Schauen wir, was heute Abend im Kino läuft! ....
2. Lass uns Fußball spielen! ....
3. Fragen wir Susan, wohin sie heute Abend gehen! ....
4. Lass uns ein wenig schlafen! ....
5. Lass uns ein bisschen Musik hören! ....

4. TO KEEP
ist ein unregelmäßiges Verb (*to keep - kept - kept*) und hat drei Bedeutungen:

AUFBEWAHREN

I keep my keys in my pocket. Ich bewahre die Schlüssel in meiner Tasche auf.

She kept his photograph for many years. Sie bewahrte sein Foto viele Jahre auf.

I won't keep your books anymore. Ich bewahre eure Bücher nicht mehr auf.

SICH KÜMMERN UM/SORGEN FÜR

She kept the house when I worked. Sie führte den Haushalt, als ich arbeitete.

I will keep the swimming pool clean. Ich werde das Schwimmbad sauber halten.

She kept him warm all night. Sie hat ihn die ganze Nacht warmgehalten.

ETWAS WEITERHIN TUN

In diesem Fall folgt das Gerundium (*-ING*) auf *KEEP*.

We kept going home late. Wir gingen weiterhin spät nach Hause.

I will keep trying to find it. Ich werde weiterhin danach suchen.

I won't keep asking you if you answer! Ich werde dich nicht weiter fragen, wenn du mir antwortest!

PHRASAL **VERBS** 1.5.2

Was ist ein *phrasal verb?* Das ist ein Verb, auf das eine Präposition folgt!
Ganz einfach, oder?! Bei einem *phrasal verb* ist die Präposition Bestandteil des Verbs,
denn sie verleiht ihm eine neue, eigene Bedeutung.

Es gibt Hunderte von *phrasal verbs*, aber – keine Angst – ich werde dir nur die
Allerwichtigsten vorstellen.
Noch zwei letzte Punkte, bevor wir starten:

Folgt dem *phrasal verb* ein weiteres Verb, so muss dieses im **Gerundium** (-ING) stehen.
I am used to see**ing** him there. Ich bin es gewohnt, ihn dort zu sehen.

Manchmal steht das Objekt **zwischen dem Verb und der Präposition**.
The shop will **close down** if this recession continues.
We will **close** the shop **down** if this recession continues.

A
TO ACCOUNT FOR
etwas rechtfertigen, verantworten, erklären

You went to Rome for three days and you spent 2,000 euros?! How can you account
for that? Du warst drei Tage lang in Rom und hast 2.000 Euro ausgegeben?! Wie
kannst du das verantworten?
at work:
The file is missing and I can't account for it! Die Akte fehlt, und ich habe keine Erklärung
dafür!

TO AIM AT/FOR
auf etw. abzielen, ein Ziel haben

She is aiming at los**ing*** five kilos before the holiday. Sie hat sich zum Ziel gesetzt, vor
dem Urlaub fünf Kilo abzunehmen.
at work:
The project is aim**ing** for increased productivity within the next three years. Das Projekt
zielt auf eine höhere Produktivität innerhalb der nächsten drei Jahre ab.

* Wenn ein weiteres Verb folgt, so muss dieses im Gerundium (-*ING*) stehen.

TO ANSWER FOR/TO
für etwas gerade stehen, Verantwortung tragen, verantwortlich sein

Ich möchte hier zwei Dinge gegenüberstellen, um den Unterschied deutlich zu machen:

To answer TO verwendet man um anzugeben, wer die Verantwortung für jemanden hat, der Chef also. Oftmals sagen die Deutschen: *,He is my responsible.'*, **THIS IS NOT ENGLISH!** Richtig müsste es heißen: *,I answer to Mr. Müller'* (er ist dein Chef).

To answer FOR verwendet man zum Beispiel, wenn man einen Fehler begangen hat und dafür die Verantwortung übernehmen und bezahlen muss.
In English, you must answer for your errors!

He's got lots to answer for. Er hat viel auf dem Kerbholz.
at work:
The boss will ask you to answer for the days you were at home. Der Chef wird dich auffordern, für die Tage, die du zu Hause geblieben bist, die Verantwortung zu übernehmen.

B
TO BACK DOWN
nachgeben, einen Rückzieher machen

He wants 5,000 Euros for his car, but I offered him 3,000 Euros; he will have to back down if he wants to sell it. Er möchte 5.000 Euro für sein Auto, aber ich habe ihm 3.000 Euro angeboten. Er wird nachgeben müssen, wenn er es verkaufen will.
at work:
He said he would support me, but he backed down when things got difficult. Er sagte, er würde mich unterstützen, aber als es schwierig wurde, hat er einen Rückzieher gemacht.

TO BEEF UP
aufmöbeln, verstärken

Dieses *phrasal verb* leitet sich her von *beef*, dem englischen Wort für ,Rindfleisch'. Es kommt aus der Landwirtschaft, wo bestimmte Nahrungsmittel an die Kühe verfüttert wurden, um diese zu mästen.

You should beef up your CV; it is too short. Du müsstest deinen Lebenslauf aufmöbeln; er ist zu kurz.
at work:
We need to beef up our advertising campaign; sales are low. Wir müssen unsere Werbekampagne ausbauen. Die Umsätze sind schwach.

PHRASAL VERBS

TO BUILD UP
aufbauen, ausbauen, entwickeln

We didn't get on last year, but then we built up a good relationship. Wir waren uns im letzten Jahr nicht einig, aber dann haben wir eine gute Beziehung aufgebaut.
at work:
He built up his company from one shop to a chain of 500. Er hat seine Firma von einem Laden zu einer Kette mit 500 Geschäften ausgebaut.

C
TO CLOSE DOWN
(endgültig) schließen

Run and buy a new coat! They are selling them at half price because they are closing down! Geh dir schnell einen neuen Mantel kaufen! Sie verkaufen sie zum halben Preis, weil sie schließen!
at work:
Our old supplier closed down, so we had to find a new one. Unser alter Lieferant hat die Firma aufgegeben. Wir mussten deshalb einen neuen finden.

TO CROP UP
auftauchen, dazwischenkommen

Mit diesem Verb bezeichnet man Ereignisse, die plötzlich eintreten, und die definitiv wichtiger sind als das, was du gerade tust oder tun willst – etwas Unvorhergesehenes also. Normalerweise verwendet man den Ausdruck *something has cropped up* um zu sagen, dass etwas Persönliches geschehen ist, worüber man keine Details bekannt geben will, beziehungsweise für das man keine Zeit hat, es zu erklären. Das Schöne daran ist, dass kein Engländer dich jemals nach Einzelheiten fragen wird, die du ihm vielleicht gar nicht mitteilen möchtest! Dieses Verb wird so gut wie immer im *Present Perfect* verwendet, weil es eine Handlung bezeichnet, die Folge eines Ereignisses in der unmittelbaren Vergangenheit ist.

He couldn't come to the party; I think something cropped up at home. Er konnte nicht zu der Party kommen; ich glaube, ihm ist zu Hause etwas dazwischengekommen.
at work:
We won't meet the deadline; things keep cropping up. Wir werden den Termin nicht einhalten können. Es tauchen ständig neue Probleme auf.

TO CUT BACK
reduzieren, kürzen

Dieses *phrasal verb* ist aufgrund der Präpositionen, die es begleiten, interessant: *on* gibt an, was reduziert wird, *by* gibt die Höhe der Reduzierung an – normalerweise in Prozent, aber unter Umständen auch in Zahlen ausgedrückt.

They cut back on funds for students by 15 million euros per year. Sie haben die Mittel für Studenten um 15 Millionen Euro jährlich gekürzt.
at work:
If we cut back on the advertising budget, how can we create more awareness for our products? Wie sollen wir ein größeres Bewusstsein für unsere Produkte schaffen, wenn wir unser Werbebudget kürzen?

crisis	Krise
less	niedriger
profit	Gewinn

Übersetze jetzt bitte die folgende kleine Geschichte. Darin kommen sämtliche *phrasal verbs* vor, die du bisher kennengelernt hast!

ÜBUNG Nr. 66

Anne: Die Krise ist dafür verantwortlich, dass der Umsatz in diesem Jahr um eine Million niedriger ist.

Chef: Aber unser Ziel waren 50 Millionen mehr! Deshalb müssen wir das Personal um 30 % reduzieren.

Anne: Ja, aber wir müssen auch unser Werbebudget erhöhen, wenn wir eine bessere Beziehung zu unseren Kunden aufbauen wollen.

Chef: Wir können nicht mehr ausgeben – sollten wir das tun, müssen wir endgültig schließen, und ich gebe dieses Mal nicht nach!

Anne: Oh nein, es sind unerwartete Probleme aufgetreten, und ich muss die Verantwortung übernehmen. Ich muss schnell gehen!

PHRASAL VERBS

F
TO FALL OUT
sich zerstreiten, sich mit jdm. überwerfen

Jetzt möchte ich drei *phrasal verbs* gleichzeitig einführen, weil sie – meiner Meinung nach – dann einfacher zu verstehen sind:

to get on (sich einig sein, sich mit jdm. verstehen)
to fall out (sich nicht mehr einig sein)
to make up (Frieden schließen, sich versöhnen)

Stellen wir uns eine Fahrt mit einem Tandem vor: zu Beginn sind die beiden Fahrer damit beschäftigt, *to get on* (sich einig sein, aber auch bergauf fahren), dann beginnen sie *to fall out* (sich zerstreiten, aber auch stürzen). Am Ende gelingt es ihnen *to make up* (sich wieder versöhnen, aber auch wieder aufs Fahrrad aufsteigen).

I didn't go to my mother's house this Christmas because we fell out. Dieses Jahr bin ich an Weihnachten nicht zu meiner Mutter gegangen, weil wir uns überworfen haben.

TO FIND OUT
herausfinden, erfahren

I found out that my wife was not going to yoga on Friday evenings. Ich habe herausgefunden, dass meine Frau freitagabends nicht zum Yoga ging.
at work:
We found out that our competitors were stealing our ideas. Wir haben erfahren, dass unsere Konkurrenz unsere Ideen gestohlen hat.

TO FIT IN
Zeit finden, etwas einplanen, einen Termin einschieben

TO FIT bedeutet ‚passen' (bezogen auf die Größe).
My father is very big and so he can't fit into my small car.
FIT IN bezieht sich auf die Zeit; es bedeutet, einen privaten oder geschäftlichen Termin einzuschieben, sich Zeit für etwas zu nehmen.

Can we fit in some time to rest?! Können wir etwas Zeit zum Ausruhen einplanen?!
at work:
Hello, Doctor Smith, can you fit me in, tomorrow? Hallo, Doktor Smith, können Sie mich morgen einschieben?

TO FOCUS ON
konzentrieren, sich konzentrieren

I will focus on my son's education when he starts school. Ich werde mich auf die Ausbildung meines Sohnes konzentrieren wenn er in die Schule kommt.
at work:
In my presentation I will focus on our need to improve customer service. Bei meiner Präsentation werde ich mich auf die Notwendigkeit konzentrieren, unseren Kundendienst zu verbessern.

G
TO GET ACROSS
verständlich machen

When you do a presentation, it is important to get your message across to the audience. Bei einer Präsentation ist es wichtig, den Zuhörern die Botschaft verständlich rüberzubringen.

Denk daran, dass du nach *get across* die Präposition *to* benötigst, um die Person zu bezeichnen, die deinen Ausführungen folgen soll.

TO GET AWAY
entwischen, flüchten, wegkommen

I have to get away from the office by five. Ich muss heute spätestens um fünf Uhr weg.
The prisoner got away by car. Der Gefangene flüchtete mit dem Auto.

TO GET ON
sich einig sein, übereinstimmen

I get on with my Boss. Ich verstehe mich gut mit meinem Chef.
Do you get on with your father? Bist du dir mit deinem Vater einig?

K
TO KEEP AROUND
griffbereit haben, in Reichweite haben

Das Verb kann von der Präposition getrennt stehen.

I smoke, so I always keep my lighter around. Ich rauche, deshalb habe ich mein Feuerzeug immer griffbereit.
He was very sick, so he always kept his medicines around. Er war sehr krank, deshalb hatte er seine Arznei immer in Reichweite.

PHRASAL VERBS

L

TO LET DOWN
enttäuschen, im Stich lassen

Das Verb kann von der Präposition getrennt stehen.

I promised to take her dancing, but I let her down. Ich hatte ihr versprochen, mit ihr tanzen zu gehen, aber ich habe sie enttäuscht.
Please help me get away from here; don't let me down! Hilf mir bitte, von hier wegzukommen; lass mich nicht im Stich!

TO LET OFF
jemanden laufen lassen, jemandem verzeihen

Das Verb kann von der Präposition getrennt stehen.

The judge let him off, because he was from Birmingham. Der Richter ließ ihn laufen, weil er aus Birmingham kam.
I'll let you off if you clean my room. Ich werde dir verzeihen, wenn du mein Zimmer putzt.

TO LOOK AFTER
sich um jemanden oder etwas kümmern

Who will look after my children if I go out this evening? Wer kümmert sich um meine Kinder, wenn ich heute Abend ausgehe?
at work:
We got successful because we looked after our clients' interests. Wir waren erfolgreich, weil wir uns um die Interessen unserer Kunden gekümmert haben.

TO LOOK INTO
überprüfen, sich informieren, recherchieren

Auf dieses *phrasal verb* folgt so gut wie immer *it*, weil man so gut wie immer weiß, wovon man redet.

Janet: Is there a bus that goes to the Reichstag from here? Gibt es einen Bus von hier zum Reichstag?
Kevin: I don't know; I'll look into it. Ich weiß es nicht, ich werde mich informieren.
at work:
We looked into the possibility of expanding our business in America. Wir haben die Möglichkeit überprüft, unser Geschäft in Amerika zu expandieren.

M
TO MAKE UP FOR
wiedergutmachen, ausgleichen

I let her down, so to make up for it I will take her to the cinema. Ich habe sie enttäuscht; um das wieder gut machen, gehe ich mit ihr ins Kino.
at work:
If we work extra-hard this year, we can make up for the low sales results of last year. Wenn wir in diesem Jahr besonders hart arbeiten, können wir das schlechte Vorjahresergebnis ausgleichen.

P
TO POINT OUT
darlegen, auf etwas hinweisen

I let her borrow my car, then her mother pointed out that she hasn't got a licence! Ich habe ihr mein Auto ausgeliehen, dann hat mich ihre Mutter darauf hingewiesen, dass sie keinen Führerschein hat!
at work:
In his presentation he pointed out the most important area to focus on. Bei seiner Präsentation hat er den wichtigsten Bereich dargelegt, auf den man sich konzentrieren muss.

TO PUT BACK/OFF and TO BRING FORWARD
(auf später) verschieben und (zeitlich) vorziehen

Diese beiden Verben möchte ich gemeinsam behandeln, da sie eng zusammenhängen:

to put back (to) bedeutet, etwas auf einen späteren Zeitpunkt zu vertagen;
to bring forward (to) bedeutet, einen Termin oder ein Ereignis vorzuziehen.

We put back our wedding to August, when the weather is better. Wir haben unsere Hochzeit auf August verschoben, wenn das Wetter besser ist.
They brought the trial forward. Sie haben den Prozess vorgezogen.
at work:
They put the meeting back to Tuesday because Hans can't make it today. Sie haben die Sitzung auf Dienstag vertagt, weil Hans heute nicht kommen kann.
Can we bring the meeting forward to 3 o'clock? I have to leave early; something has cropped up. Können wir die Sitzung auf 3 Uhr vorziehen? Ich muss früh gehen, mir ist etwas dazwischengekommen.

PHRASAL VERBS

R
TO RUN OUT OF
ausgehen, aufbrauchen

Im Englischen kann man nicht sagen *I finished the petrol*, denn das würde bedeuten, dass du es aufgebraucht – also getrunken – hast!

The pen has run out of ink.
Es stimmt zwar, dass keine Tinte mehr da ist, aber es ist der Stift, dem diese fehlt und der daher zum SUBJEKT des Satzes wird. In diesem Fall benötigt man wieder das *Present Perfect*, denn wenn eine Sache aufgebraucht ist, dann wird sie für die Gegenwart wichtig, oder?
So funktioniert dieses *phrasal verb*:

Behältnis	*phrasal verb*	Inhalt
The pen	has run out of	ink.
The car	has run out of	petrol.
My company	has run out of	money.

Person	*phrasal verb*/Präsens	Inhalt
I	have run out of	patience.
She	has run out of	time.
They	have run out of	ideas.

Person	*phrasal verb*/Imperfekt	Inhalt
I	ran out of	things to say.
We	ran out of	food.
Everybody	ran out of	energy.

Person	*phrasal verb*/Futur	Inhalt
I	will run out of	energy.
You	will run out of	paper.
The world	will run out of	oil.

S
TO SET ASIDE
beiseitelegen, außer Acht lassen

I set aside some money for the holidays. Ich habe etwas Geld für den Urlaub beiseitegelegt.

You should set aside your work problems when you are at home with me. Du solltest deine beruflichen Probleme außen vor lassen, wenn du bei mir zu Hause bist.

TO SET UP
aufbauen, errichten, organisieren

We are setting up the tents. Wir schlagen gerade die Zelte auf.
at work:
I'll set up a meeting with our new colleagues. Ich werde ein Treffen mit unseren neuen Kollegen organisieren.

TO SORT OUT
Dieses phrasal verb ist wirklich absolut wichtig. Es hat drei Bedeutungen:

1. in Ordnung bringen

She doesn't know what to do; she has a lot of problems at work and at home. She needs to sort out her life. Sie weiß nicht, was sie tun soll; sie hat bei der Arbeit und zu Hause viele Probleme. Sie muss ihr Leben in Ordnung bringen.
at work:
We have some problems with our internet connection. I hope we can sort it out soon. Wir haben Probleme mit unserer Internetverbindung. Ich hoffe, wir können das bald in Ordnung bringen.

2. organisieren

His birthday is on Sunday. Let's sort out a party! Am Sonntag hat er Geburtstag. Lass uns eine Party organisieren!
at work:
Can we sort out a meeting for the end of the month? Können wir für das Monatsende eine Besprechung organisieren?

3. sich befassen mit, sich kümmern um

When we write songs together, I sort out the words and he sorts out the music. Wenn wir zusammen Lieder schreiben, kümmere ich mich um den Text, und er kümmert sich um die Musik.
at work:
She sorts out the employees' salaries. Sie befasst sich mit den Löhnen der Angestellten.

PHRASAL VERBS

bad day	schlechter Tag
birthday	Geburtstag
angry	wütend
by the time	bis
already	bereits
lawyer	Anwalt

Hier findest du eine kleine Geschichte zum Übersetzen. Dazu benötigst du einige der *phrasal verbs*, die du oben kennen gelernt hast!

ÜBUNG Nr. 67

Andy: Es ist ein schlechter Tag.

Jake: Warum?

Andy: Ich bin nicht zur Geburtstagsparty meiner Frau gegangen, und ich muss das wieder in Ordnung bringen, weil sie wütend ist.

Jake: Warum bis du nicht hingegangen?

Andy: Weil mein Auto kein Benzin mehr hatte und die Party bereits vorbei war, bis ich ankam.

Jake: Konnte sie nicht warten?

Andy: Nein, ich rief sie an und sagte: ‚Kannst du die Party um zwei Stunden verschieben? Ich komme gleich!'

Jake: Hast du sie darauf hingewiesen, dass das Auto stehen geblieben war?

Andy: Ja, aber sie hat nur gesagt: ‚Nein, ich werde unsere Scheidung vorverlegen!'. Ich wollte es mit Blumen wiedergutmachen, aber da war nichts zu machen (nothing doing).

Jake: Dann musst du dir jetzt einen Anwalt organisieren.

Andy: Ich kann nicht, ich habe kein Geld mehr!

T
TO TAKE OVER
sich einer Sache bemächtigen, etwas übernehmen

Bevor wir zu Beispielen für dieses *phrasal verb* kommen, möchte ich, dass du dir ein Lenkrad im Auto vorstellst. Du bist der Fahrgast, und dem Fahrer geht es schlecht. Du übernimmst also das Lenkrad ... *you take over the car.*

The aliens are taking over the planet!!! Die Aliens übernehmen den Planeten!!!
at work:
I might not finish this project in time; something has cropped up. Can you take over, please? Vielleicht kann ich dieses Projekt nicht rechtzeitig zu Ende bringen; mir ist etwas dazwischengekommen. Kannst du bitte übernehmen?

TO TURN DOWN
einen Vorschlag zurückweisen, einen Vorschlag ablehnen

To turn down bedeutet auch ‚leiser stellen' (zum Beispiel das Radio); auf diese Bedeutung möchte ich hier jedoch nicht näher eingehen.

Das Verb kann von der Präposition getrennt stehen

I asked her to come with me to New York, but she turned me down. Ich bat sie, mit mir nach New York zu kommen, aber sie hat meinen Vorschlag abgelehnt.
at work:
There is a strike because the company turned down the workers' conditions. Es gibt Streik, weil die Firma die Bedingungen der Arbeiter abgelehnt hat.

W
TO WORK ON
bearbeiten, an etwas arbeiten

He could be a great footballer; he must work on his style. Er könnte ein großer Fußballspieler sein; er muss an seinem Stil arbeiten.
at work:
We are working on a new project. Wir arbeiten an einem neuen Projekt.

VERSPÄTUNG

Die englische „Verspätung ist für einen Deutschen eher schwer zu verstehen: sie sorgt für manche Verwirrung. Mir ist es mehr als einmal passiert, dass ein Student zu spät zum Unterricht kam und sagte: *,Sorry for the delay!'*. Tatsächlich gab es aber überhaupt kein *delay*!

Ich versuche mal, die „Verspätungskette" näher zu erklären:

hold up ist ein Substantiv, das den Grund der Verspätung, sozusagen den Beginn der Kette, bezeichnet.
Stellen wir uns einmal vor, ich sitze mit meinem Freund Dave in einem Zug, und der Zug sollte eigentlich um 9 Uhr abfahren. Ich schaue auf meine Uhr und sehe, dass es bereits 9.20 Uhr ist. Der Schaffner kommt vorbei, und ich frage ihn: *,What's the hold up?'* (Was ist der Grund?). Er antwortet, dass ein Baum auf die Gleise gestürzt ist. Der Baum auf den Gleisen ist also der *hold up*, der Grund für die Verspätung.

delay ist ebenfalls ein Substantiv. Mit ihm wird die Gesamtdauer der Verspätung ausgedrückt.
Sie entfernen den Baum, und der Zug fährt um 9.30 Uhr weiter. Das heißt, die Verspätung, *the delay*, betrug 30 Minuten.
ABER achte auf den Unterschied zwischen *delay* und *late*.

late ist sowohl ein Substantiv als auch ein Adverb. Es bezieht sich auf eine Verspätung hinsichtlich einer Verpflichtung.
Ich sitze also mit meinem Freund Dave im Zug und habe eine Verabredung in München, zu der ich *late* (zu spät) komme, weil der Zug eigentlich um 10 Uhr hätte ankommen sollen; stattdessen kommt er aber erst um 10.30 Uhr an. In diesem Sinne ist auch der Zug *late*, nur Dave ist es nicht, da er keine Verabredung hat. Also sind ich und der Zug *late* – Dave ist es nicht – weil er keine Verabredung hat bzw. keinen Fahrplan einhalten muss.
Hold up: tree on the track
Delay: 30 minutes
Late: 30 minutes late (for me and the train!)
Kurzum – als mein Student mit 15-minütiger Verspätung eintraf, war ER verspätet; ich hatte mit den anderen Studenten den Unterricht bereits pünktlich begonnen. Es bestand also keinerlei *delay*. Er hätte einfach sagen müssen: *,Sorry, I'm late!'*.

PASSIVE **FORM** 1.5.3

Noch eine Anmerkung zu diesem Thema: Spricht man von einer Verspätung, so verwendet man häufig das Passiv, wie du in den folgenden Beispielen siehst.

hold up
The train was held up by a tree on the track. Der Zug hat sich aufgrund eines Baums auf den Gleisen verspätet.

delay
The train was delayed for 30 minutes. Der Zug hat sich um 30 Minuten verspätet.

late
The train arrived at Central Station 30 minutes late. Der Zug traf mit 30-minütiger Verspätung am Hauptbahnhof ein.

Und noch ein weiteres Beispiel...
Du wolltest ein Paket nach London schicken. Es hätte am Montag eintreffen sollen, aber die Post hatte gestreikt, und das Paket blieb 3 Tage im Postamt liegen.
What is the hold up? The hold up is the strike (der Streik).
The delay? The package (das Paket) is delayed for 3 days.
Will the package be late? Yes, it will arrive 3 days late!

Hold up: the strike
Delay: the package is delayed for 3 days
Late: the package will arrive 3 days late

Also schreiben wir eine E-Mail, um in London Bescheid zu geben.

Dear Chris,
The package we sent is being held up by a postal strike.
Das Paket, das wir geschickt haben, verspätet sich aufgrund eines Poststreiks.
The package will be delayed for 3 days, so it will arrive 3 days late.
Das Paket wird sich 3 Tage verspäten, also 3 Tage später ankommen.
Sorry for the inconvenience! Entschuldige bitte die Unannehmlichkeiten!
John

INSTANT**ENGLISH**

ENGLISH
IN USE

AT WORK

GOING ABROAD

AT WORK

2.1.1   **Receiving someone**

2.1.2   **Small talk**
        Ice breakers
        How to say goodbye

2.1.3   **Communicate at work**

2.1.4   **E-mail**
        Das „Sandwichprinzip" (positiver Anfang – schlechte Nachricht –
        starker Schluss)
        Signing off
        Examples

2.1.5   **On the telephone**
        A message on an answering machine
        The game rules

2.1.6   **Conference calls**
        Introduction
        How it is done

2.1.7   **Presentations**
        A funny start

Ich habe mich seit einigen Jahren auf das Thema Kommunikation am Arbeitsplatz spezialisiert. Dabei habe ich mit wichtigen multinationalen Firmen in Italien zusammengearbeitet.

Meine Erfahrung als Schauspieler ist mir bei der Erstellung von hochwertigen *presentations* zugute gekommen. Bei zahlreichen internationalen *conference calls* habe ich viele italienische Führungskräfte dabei unterstützt, in dieser stressigen und schwierigen Situation zurechtzukommen.

Meine Ratschläge im folgenden Abschnitt sollen dir bei deiner alltäglichen Kommunikation im Arbeitsleben – auch im Deutschen – hilfreich sein.

RECEIVING **SOMEONE**　　2.1.1

Wenn du einen Kollegen aus dem Ausland empfängst, ist es wichtig, eine ungezwungene und freundschaftliche Atmosphäre zu schaffen.

Glaube nicht, du müsstest ernst und professionell sein: Das ist vielleicht ganz am Anfang eurer Zusammenarbeit okay. Denk daran, dass der Kollege, dessen Gastgeber du bist, in dieser Situation genauso gestresst ist wie du. Er wird also froh sein und sich wohler fühlen, wenn du lächelst und fröhlich bist.

Schauen wir uns eine typische Szene an: Ein *visitor* kommt (ich meine jetzt keine Eidechse, die die Gänge entlang huscht, sondern einen Gast – solltest du eine Eidechse sehen, hast du zu viel gearbeitet!).

Gib ihm die Hand und begrüße ihn:
'Hello, Mr Grant, I'm Stefan and I'm very pleased to meet you.'
Hallo, Herr Grant, ich bin Stefan und freue mich sehr, Sie kennenzulernen.

oder, wenn du ihn bereits früher kennengelernt oder getroffen hast:
'Hello, Mr Grant, I'm very pleased to see you again.'
Hallo, Herr Grant, schön, Sie wiederzusehen.

Sage bitte nicht *,follow me'* (folgen Sie mir).
Dieser Ausdruck ist okay, wenn du Polizist bist und einen Verbrecher verhaftest. Am Arbeitsplatz sagst du besser:

'If you'd like to come this way, I'll show you to my office/Mr Müller's office...'
Gehen wir bitte hier entlang, ich zeige Ihnen mein Büro/Herrn Müllers Büro...

PLEASE?

Wenn ihr den Aufzug nehmt, dann SAGE NICHT *please* anstelle von ,bitte', um den Besucher vor dir den Aufzug betreten zu lassen – was im Übrigen angebracht ist. Man sagt stattdessen after you! Wenn du *please* sagst, denkt dein Gast, dass du ihm eine Frage stellen möchtest und fragt dich *,please what?'*... Bis er kapiert, warum du ,bitte' sagst, haben sich die Aufzugtüren bereits geöffnet, wieder geschlossen und der Aufzug ist abgefahren ...

SMALL **TALK** 2.1.2

Oder auch: ein Schwätzchen halten ...

Versuche, während du mit deinem Gast unterwegs bist, die Situation durch ein wenig *small talk* zu entspannen. Hier findest du ein paar Beispiele:

'So, how was your flight?' Wie war denn Ihr Flug?

'Have you been to Cologne before?' Waren sie schon einmal in Köln?

'I love London/Berlin/Kabul; I would like to spend more time there.'
Ich liebe London/Berlin/Kabul, ich wäre gerne länger dort.

'Mr Müller won't be long now.' Herr Müller wird gleich kommen.

'Mr Müller will be with you in a moment.' Herr Müller wird gleich bei Ihnen sein.

'Can I get you anything?' Kann ich Ihnen etwas anbieten?

YOU

Denk dran: Im Englischen gibt es keine Höflichkeitsform. Man sagt immer *you*, auch wenn man sich im Deutschen siezt.

1. **ICE BREAKERS**

Das sind Sätze, die als „Eisbrecher" fungieren und mit einer Prise Humor versehen sind. Sie entschärfen die Situation. Du wirkst sympathisch und selbstsicher, wenn du sie einfließen lässt!

'Don't worry, Mr Müller speaks better English than I (do)!'
Keine Sorge, Herr Müller spricht besser Englisch als ich!

'You should visit the Dom; it took more than 600 years to build. Like my new garage!'
Sie sollten den Dom besichtigen; es wurde mehr als 600 Jahre daran gebaut. Wie bei meiner neuen Garage!

'I would advise you to take a taxi in Berlin; there is a terrible one-way system. Some people have been trapped in it for weeks. Our HR manager is still in there, somewhere.' Ich würde Ihnen raten, in Berlin ein Taxi zu nehmen; wir haben ein schreckliches Einbahnstraßensystem. Es gab schon Leute, die wochenlang nicht mehr herausgefunden haben. Unser HR Manager steckt noch immer irgendwo dort draußen fest.

Wenn du etwas zu trinken anbietest:

'Sorry, we have only tea, coffee or water; someone finished the whisky after Bayern München won the cup.' Es tut mir leid, aber wir haben nur Tee, Kaffee oder Wasser; irgendjemand hat den Whisky ausgetrunken, nachdem Bayern München den Pokal gewonnen hat.

'Something to drink, maybe?' Vielleicht etwas zu trinken?

'We have tea, coffee... or water.' Wir haben Tee, Kaffee ... oder Wasser.

'Certainly. A glass of water. Still or sparkling?' Gerne – ein Glas Wasser. Mit oder ohne Kohlensäure?

'Certainly. A cup of tea/coffee. Sugar? Milk?' Gerne – eine Tasse Tee/Kaffee. Zucker? Milch?

2. HOW TO SAY GOODBYE

So kannst du dich von deinem Gast verabschieden, wenn die Stunde des Abschieds gekommen ist:

'It was a pleasure meeting you (oder seeing you again, wenn es nicht das erste Mal ist) and I hope you enjoy your stay in our city.' Es war mir ein Vergnügen, Sie [wieder] zu treffen, und ich hoffe, dass Sie einen angenehmen Aufenthalt in unserer Stadt haben.

'Have a nice week, Mr Grant.' Ich wünsche Ihnen eine angenehme Woche, Herr Grant.

'Would you like me to call you a taxi?' Soll ich Ihnen ein Taxi rufen?

'Let me take you back to the entrance, this way...' Ich begleite Sie noch zum Ausgang, bitte hier entlang ...

BYE

NICHT *bye bye* – denn das sagt man zu kleinen Kindern – und auch nicht *goodbye*, denn das klingt wie das Ende einer bedeutenden Romanze (leben Sie wohl, Herr Grant).

COMMUNICATE
AT **WORK**

Der Geheimtipp: Mach dir eine checklist!

Es gibt einen neuen Ansatz für die Kommunikation am Arbeitsplatz, und das ist der einzig richtige Ansatz! Die gute Nachricht für dich dabei: man bildet keine langen, komplizierten Sätze voller Fachausdrücke mehr. In der modernen Korrespondenz verwendet man vielmehr ein einfaches, direktes und freundschaftliches Englisch.
Die Deutschen leiden unter einer leichten Paranoia im Hinblick darauf, was sich gehört und was nicht. Glaube mir, es ist keineswegs unhöflich, sich kurz und bündig auszudrücken. Ganz im Gegenteil – in unserer immer schnelllebigeren und hektischen Welt wird das sehr geschätzt.

Bevor du eine E-Mail oder eine Präsentation verfasst oder ein Telefongespräch führst, solltest du dir immer ein Konzept erstellen mit den wichtigsten Punkten, die du mitzuteilen hast, – eine checklist. So kannst du dir zu 100 % sicher sein, dass du an alle Punkte denkst, die du besprechen solltest. Hier habe ich dir ein paar Ratschläge in Stichworten zusammengestellt, die dir sicherlich von Nutzen sein werden:

FASSE DICH KURZ
* verzichte auf überflüssige Wörter und Phrasen;
* streiche den Teil, der sich auf frühere Korrespondenz bezieht;
* trenne unterschiedliche Informationen: wenn du 3 verschiedene Sachverhalte mitzuteilen hast, dann führe sie nacheinander auf.

DRÜCKE DICH KLAR UND EINFACH AUS
* benutze einfache Worte, schreibe kurze Zeilen und kurze Absätze;
* halte das Thema so einfach wie möglich;
* benutze klare Worte und konkrete Sätze.

FORMULIERE KONKRET UND ZEIGE ENTGEGENKOMMEN
* beantworte Fragen sofort;
* beantworte zuerst die Frage, und liefere dann die Erklärung;
* bediene dich eines freundschaftlichen, umgangssprachlichen Stils.

SEI EHRLICH UND ÜBERZEUGEND
* antworte schnell;
* versuche, verständnisvoll und entgegenkommend zu sein;
* schreibe so, als würde der Empfänger dir gegenübersitzen.

E-MAIL

Eine E-Mail ist kein Brief. Lange, umständliche Sätze sind nicht mehr nötig.

Im modernen Geschäftsleben verzichtet man auf manche veralteten und überflüssigen Floskeln:

I regret to inform you (besser *I am sorry, but…*)
Please do not hesitate to contact me (besser *Feel free to ask me any questions*)
Please advise (besser *Please let me know*).

Diese Floskeln sind unnatürlich, und warum solltest du etwas schreiben, was du niemals sagst?
Wenn ich dich fragen würde: ‚Ist Rita im Büro?', würdest du mir dann etwa antworten: ‚*Regarding your enquiry dated November 21 as to whether or not Rita is present in her office, I regret to inform you that…*' ??! DAS WÜRDEST DU NIEMALS TUN! Man würde dich für verrückt halten. Also schreib das bitte auch nicht! Du würdest sagen: ‚*I have checked Rita's office and she isn't in there*' – also schreib das auch!

E-Mails sind ein Medium der schnellen Information – sorge also dafür, dass sie kurz und bündig sind.

Dear Barney,

I will send the file tonight.
Cheers (wenn du mit ihm sehr vertraut bist)
Speak to you soon (wenn du mit ihm weniger vertraut bist)

Fred Flintstone

Bediene dich eines lockeren Stils; so wirst du glaubwürdiger, und der Empfänger merkt, dass er es tatsächlich mit einer Person aus Fleisch und Blut zu tun hat! Manche Leute sagen mir „So komme ich mir aber unhöflich vor". Es ist nicht unhöflich, einfach und freundschaftlich zu kommunizieren, NEIN, das wird bei deinen Kollegen gut ankommen – trau dich!

Hi, Tom,
There are a few things I'm not sure about, could you help me?

ACHTE DARAUF, LEERRÄUME ZU BELASSEN!

Who is sorting out the invoice for delivery 804?
When will we know how much we need for next month?
Who must I contact for approval?
Thanks a lot,
Rita

Der Leser wird deine Klarheit zu schätzen wissen und deine Nachrichten in Zukunft gerne lesen. Damit du dich so klar wie möglich auszudrückst, verwende bitte nicht die PASSIVFORM:

SO NICHT: It was agreed by the committee... (Passiv)
BESSER: The committee agreed... (Aktiv)

SO NICHT: At the last meeting, a report was made by the Secretary... (Passiv)
BESSER: At the last meeting, the Secretary reported... (Aktiv)

SO NICHT: This form should be signed and should be returned to me. (Passiv)
BESSER: You should sign the form and return it to me. (Aktiv)

1. DAS SANDWICHPRINZIP
(positiver Anfang-schlechte Nachricht-starker Schluss)

Wenn du eine schlechte Nachricht mitzuteilen hast oder dich entschuldigen musst, bediene dich immer des Prinzips „Sandwich" (© john peter sloan). Der Anfang einer E-Mail ist wie der Anfang eines Liedes – er gibt die *mood* vor ...

Beginnt eine E-Mail negativ, dann ist es schwierig, das wiedergutzumachen. Nehmen wir ein Beispiel:

ORANGE COMPANY SRL

Herr Dipinto, ein Sizilianer, schickt 17 Tonnen Orangen an seinen besten Kunden, Herrn Jones. Während die Fähre den Ärmelkanal passiert, zieht ein Unwetter auf, das Kühlaggregat des LKWs fällt aus, und sämtliche Orangen verderben. Herr Dipinto hat keine andere Möglichkeit, Herrn Jones darüber in Kenntnis zu setzen, als per E-Mail.

Die Geschichte hat sich tatsächlich so ereignet, und diese katastrophale E-Mail wurde versandt:

Dear Mr Jones,
I'm really sorry, but your load of oranges can't be delivered (und schon fällt Herr Jones aus allen Wolken und ist verzweifelt).
There was an accident during the journey across the sea and all of the oranges went bad (Herr Jones ist jetzt einer Ohnmacht nahe ...).
We have prepared a new load and I hope nothing happens this time.

E-MAIL

Dear Mr Jones,
I have just finished loading your new delivery. (Handlung-Lösung)
We had an unexpected problem (Gehe auf die Details des Problems nicht näher ein;
Herrn Jones interessiert das nicht, er möchte nur wissen, wie du das Problem gelöst
hast!), but I will do all I can to make sure this never happens again! (Handlung-Lösung)
Please, accept this new load as our gift for any inconvenience caused. (Entschädigung)
Feel free to call me for any details (so kann er dich anrufen und fragen, was geschehen
ist, falls es ihn interessiert).
I look forward to a great future partnership! (schreibe hier nicht hope – das ist zu
schwach. Es ist für dich ganz selbstverständlich, dass alles gut gehen wird)
Sincerely,

Mr Dipinto

MR and MS

Die Frauen der Welt fanden es nicht in Ordnung, dass die Männer sich hinter
einem allgemeinen *Mr* verstecken (womit man sowohl verheiratete als auch unverheiratete Männer anredet), während sie selbst ihren Familienstand preisga-
ben (mit *Miss* redete man unverheiratete Frauen an, mit *Mrs* die verheirateten).
Heutzutage verwendet man seltener *Mrs* und *Miss*, sondern häufig nur noch *Ms*
(aber nur im Schriftverkehr! Spricht man höflich und formell mit einer Frau, so
redet man sie mit *madam* an); diese Anrede ist neutral.

Wendest du dich an einen Mann, dann sprich ihn immer mit *Mr* an.
Wendest du dich an eine Frau, dann sprich sie immer mit *Ms* an.
Schreibst du an eine Gruppe von Personen, verwende *Dear Sir or Madam* oder
Dear Sirs.
Wenn du nicht weißt, wer deine E-Mail lesen wird, dann schreibst du *To whom it
may concern*, was wörtlich übersetzt soviel bedeutet wie ‚Wen es betreffen mag'.

2. SIGNING OFF

Wenn du die E-Mail geschrieben hast, kommt es sicher manchmal vor, dass du lange über einen Schlusssatz nachdenkst. Wie komme ich zum Ende? Wie lautet der korrekte Abschiedsgruß? Welche Grußformel passt? Schaffen wir ein wenig Klarheit ...

Sincerely
Wenn du einen Fehler gemacht hast oder dir etwas leid tut, nimmst du am besten *sincerely:* Die Botschaft lautet dann, dass du die Sache ernst nimmst.

Regards
Wenn sie alleine steht, ist diese Grußformel nichtssagend. Ich benutze sie immer dann, wenn ich stinksauer bin – sie ist das absolute Minimum, wenn du noch höflich bleiben willst.
(Ausnahme: wenn du jemandem sehr oft schreibst, ist *regards* okay, damit du nicht jedes Mal variieren musst!)

Best regards
ist ein formelles ‚tschüss'.

Kind regards
ist ein schöner Ausdruck. Verwende ihn vor allem dann, wenn du etwas möchtest!

Warm regards
Wenn du deinen Gesprächspartner gut kennst, drückt diese Grußformel die größtmögliche Zuneigung aus und bleibt dennoch formell.

Cheers
Hierfür gibt es keine genaue Entsprechung im Deutschen. Man benutzt diesen Ausdruck auch, wenn man mit jemandem anstößt, im Sinne von ‚zum Wohl'.

Take care
entspricht dem Deutschen ‚mach's gut'.

Speak to you soon
ist gleichbedeutend mit ‚bis bald'.

3. EXAMPLES

Im Folgenden findest du einige Beispiele für E-Mails, wie man sie in verschiedenen Situationen verschicken könnte.

SITUATION: EINE AKTE WIRD VERSPÄTET VERSENDET

FORMELL

INFORMELL

Dear Mr Collins,

The file you requested is attached; sorry it's late.
There is a lot going on at the moment.
Kind regards,

Thomas Müller
Accounts Manager
S & S London

Hi Peter,

I'm really sorry for being late, but the file you wanted is attached!
It's crazy around here at the moment.
I hope you're well,

Thomas

SITUATION: EINE ANTWORT WIRD ANGEMAHNT

FORMELL

INFORMELL

Dear Mr Regan,

Would you please confirm that you received my question about the Saturn project and if your answer is positive or not.
Sorry for pressing you, but there is some urgency.
Thank you for your understanding.

Karl Manner
IT dept
Delware Electronics

Oliver,

I hate to bug you (dich zu nerven/dir auf die Nerven zu gehen), but I really need an answer, my friend.

HUMOROUS ALTERNATIVE:
I think your answer to my question got lost (ist verloren gegangen) in cyber space. Can you send it again, please?
Waiting patiently,

Karl

SITUATION: BITTE UM EINEN TERMIN

FORMELL

Dear Mr Lieber,

I'd like to know if I could make an appointment with you to discuss some issues concerning the Saturn project.
I have some ideas and I think you'll find them interesting.
Please let me know when it would be convenient.
Kind regards,

Sarah Thompson
Head Publisher
Taylor & Taylor Ltd

INFORMELL

Hi Ricky,

I was wondering (ich habe mich gefragt) *if we could meet and talk about the Saturn stuff* (Saturn-Sache).
I have a few ideas you might be interested in.
Let me know when it would be convenient.

Sarah

E-MAIL

SITUATION: DIREKTE FRAGE

FORMELL

Dear Ms Chambers,

*Thank you for the new list of regulations.
I'd just like to ask you for a little more
clarity concerning point 3.
It isn't clear to us what we need to do
here. Thanks in advance for your time
and help.*

*Jennifer Palin
Security Manager
Kraft Foods*

INFORMELL

Hi Diane,

*We are a little confused about these new
regulations.
Would you explain point 3 in more detail,
please? We don't really get it (etwas
verstehen).
Thanks for your patience!*

Jennifer

SITUATION: EIN TERMIN WIRD ABGESAGT

FORMELL

Dear Mr Rosenthal,

*I have just (gerade) learned that I won't
be able to attend the meeting on Friday.
I hope this doesn't inconvenience you
and I hope to exchange ideas with you at
a later date.
Sincerely,*

*Tanya Buhnik
Marketing Manager
Salty Biscuits srl*

INFORMELL

Hey Jim,

*I'm really sorry, but I can't make the
meeting. Something has cropped up in
the office that I really have to sort out.
Hope to see you at the next one!*

Tanya

SITUATION: EINE GESCHÄFTSREISE WIRD ORGANISIERT

FORMELL

Dear Mr Regis,

I can confirm that I am arriving in London at 3 p.m. on Monday.
Please let me know if there will be someone at the airport to receive me.
I can also confirm that I'll be staying at the Victoria Hotel in Abbey Road for my three days in London.
I look forward to seeing you there,

Bill Summers
Customer Service
Currys Ltd

INFORMELL

Hi Colin,

I am landing in London at 3 p.m., so if anybody is kind enough (so freundlich) to come and meet me at the airport that would be great. If not, I'll take a taxi. I'm staying in the Victoria Hotel, it was the nearest we could sort out at short notice (kurzfristig), hope it has a mini-bar!

Bill

SITUATION: EINE VERSANDANZEIGE

FORMELL

Dear Ms Hollins,

I can confirm that the delivery of goods (Ware) will arrive on Monday morning at your warehouse. We request that someone is there to receive it. Best regards,

Joseph Lamer
Logistics Manager
Hollyoaks srl

INFORMELL

Tara,

Your load (Ladung) will be delivered (ausgeliefert) on Monday morning. Please have someone at the warehouse (Lager) ready for the truck (LKW)!
Thanks dear,

Joe

E-MAIL

SITUATION: SUCHE NACH EINEM JOB

FORMELL
(DU WEISST, DASS EINE STELLE ZU BESETZEN IST)

Object: FAO (For the Attention Of) Human Resources

To whom it may concern, (wenn du kei-
nen direkten Ansprechpartner kennst;
besser ist es auf jeden Fall, wenn du
einen Namen herausfindest!)

I am writing to you about the vacant
(freie) position in your accounts dept.
I am very interested in this position and
ask you kindly to have a look at my CV,
which is attached to this message.
Thank you very much for your time,

Linda Schmid

FORMELL
(DU BIST AN DER FIRMA INTERESSIERT, WEISST ABER NICHT, OB ES EINE FREIE STELLE GIBT)

Object: FAO Human Resources

To whom it may concern,

I am writing to you to express my interest
in joining your company.
I feel your company is perfectly suited
(geeignet) to my studies/professi-
onal experience and I kindly ask you
to view my CV, attached, for future
consideration.
Thank you for your time and help,

Linda Schmid

SITUATION: MULTIPLE QUESTIONS

FORMELL

Dear Ms Harris,

A few questions, if I may,
- What is the delivery deadline
(Lieferfrist) for these orders?
- Can we send the goods part by part, or
do you need them all together?
- Should we send them all to the same
address, or are there different addresses
for different orders?
Thank you for clarifying,

Tim Roth - United Fruits

INFORMELL

Hi Myriam,

A few questions, please:
- What is the delivery deadline
for these orders?
- Can we send the goods bit by bit (nach
und nach), or do you need them all
together?
- Should we send them all to the same
address, or are there different addresses
for different orders?
Thanks mate,

Tim

ON THE **TELEPHONE** 2.1.5

Es folgt ein typisches geschäftliches Telefongespräch, das einige sehr wichtige englische Ausdrücke enthält:

London: 'Hello, Simms' Fruit Farm.'
Anna: 'Good morning, this is Anna from Kraft, Bremen.'
L: 'Good morning, how can I help you, Anna?' (theoretisch müssten sie dir so anworten!)
Anna: 'I'd like to speak to the person in charge of (zuständig für) accounts, please.'
L: 'Certainly, hold on (warten) a minute, I'll just put you through.'

(*to put* + Subjekt + *through*: (am Telefon) verbinden, durchstellen)

LÄSTIGE MUSIK

Oft musst du zwangsweise eine lästige Wartemusik ertragen!

L: 'Sorry to keep you waiting. I'm afraid, Mr Jones isn't in his office* at the moment, but if you leave your number, I will ask him to call you back.'
Anna: 'That would be great, thanks... it's Anna Müller from Kraft (Germany) and the number is 0049 for Germany then 4214456.'
L: 'Ok, I'll make sure he gets that as soon as possible.'
Anna: 'Thanks a lot, bye.'
L: 'Bye.'

*IN (MY) OFFICE

Wenn du jemandem mitteilen möchtest, dass eine Person im Moment im Büro ist beziehungsweise nicht dort ist, so sagst du NICHT *he is in office* – der Präsident der Vereinigten Staaten ist *in office* (im Amt) ... Richtig ist es zu sagen *in my/his/her office*.

1. A MESSAGE ON AN ANSWERING MACHINE
(eine Nachricht auf dem AB hinterlassen)
Im Folgenden findest du die wichtigsten Schritte beim Hinterlassen einer Nachricht auf einem Anrufbeantworter.

EINFÜHRUNG
Hello, this is Ken. *OR* Hello, My name is Ken Beare (formeller).

UHRZEIT UND GRUND DES ANRUFS
It's ten in the morning. I'm phoning/calling/ringing to see if.../to let you know (um Ihnen mitzuteilen) that... to tell you that...

EINEN WUNSCH ÄUSSERN
Would you call/ring/phone me back? *OR* Would you mind (würde es Ihnen etwas ausmachen)...?

DIE EIGENE TELEFONNUMMER HINTERLASSEN
My number is... *OR* You can get me at... *OR* Call me at... *OR* You can reach me at...

DIE MITTEILUNG BEENDEN
Thanks a lot, bye. *OR* I'll talk to you later, bye.

Das folgende Beispiel zeigt, welche Dynamik sich entwickeln kann, wenn man eine Nachricht auf einem Anrufbeantworter hinterlässt.

Ring … Ring … Ring … (das Telefon)

Toms Anrufbeantworter: Hello, this is Tom. I'm afraid, I'm not in at the moment. Please leave a message after the beep.....

Beep … (das Telefon)

Hello, Tom, this is Ken. It's about noon and I'm calling to see if you would like to go to the Birmingham game on Friday. We are sure to win, again. Would you call me back? You can reach me at 367-8925 until five this afternoon. I'll talk to you later, bye.

SLOWLY

Eine der Klagen, die ich am häufigsten höre, lautet: „Die reden so schnell, da komme ich nicht mit!". Du brauchst keine Angst zu haben. Engländer sind sich der Geschwindigkeit, mit der sie reden, oftmals nicht bewusst; wenn du sie darauf aufmerksam machst, nehmen sie es dir nicht übel. Es ist VIEL SCHLIMMER, wenn du so tust, als würdest du sie verstehen, oder wenn du versuchst, es zu erraten – das kann sogar gefährlich werden.
Wenn du dir nicht sicher bist, ob du etwas richtig verstanden hast, UNTERBRICH deinen Gesprächspartner! Und merke dir diesen Rat: bitte ihn sofort, langsamer zu sprechen.

'Sorry, could you speak slowly, please, I am still learning.'

Dein Gesprächspartner wird deine Bemühungen, seine Sprache zu erlernen, zu schätzen wissen und dir gerne dabei helfen, sie zu verstehen.

2. THE GAME RULES

Ich verrate dir jetzt ein paar Geheimnisse, die du dir gut merken solltest, wenn du telefonierst – vor allem, wenn dies geschäftlich geschieht.

WIEDERHOLEN

Wenn du dir den Namen einer Person oder eine wichtige Information notierst, ist es äußerst wichtig, dass du sämtliche Details wiederholst, die dein Gesprächspartner dir liefert. Das Wiederholen wichtiger Details oder einzelner Zahlen bzw. – im Falle von *spelling* – von Buchstaben ist eine sehr wirksame Methode. Der Gesprächspartner wird automatisch dazu gebracht, langsamer zu reden, denn er denkt, dass du alles mitschreibst. Nebenbei machst du so auch noch einen guten Eindruck – jemand, der mitschreibt, gibt zu verstehen, dass ihm die Informationen, die er erhält, wichtig sind.

TU NICHT SO, ALS HÄTTEST DU ALLES VERSTANDEN

Sag niemals, du hättest etwas verstanden, wenn du es nicht verstanden hast! Bitte deinen Gesprächspartner, das Gesagte so lange zu wiederholen, bis es dir wirklich klar ist. Vergiss nicht: Der Andere möchte, dass du ihn verstehst – es liegt also in seinem Interesse, dass du alles richtig verstanden hast. Wenn du jemanden mehr als zweimal darum bittest, etwas zu erklären oder zu wiederholen, dann wird er langsamer reden.

CONFERENCE **CALLS** 2.1.6

Wenn du Schwierigkeiten mit solchen *conference calls* oder gar Angst davor hast, denk daran, dass du damit nicht alleine bist – das kann ich dir versichern.
Stell dir vor, du bist mit anderen Menschen an unterschiedlichen Orten verbunden und einer von ihnen sagt: '*Please, I would like to ask everybody to speak in a slow, clear and simple way, because it is important to me to understand'.

Diese Person wäre für dich der Held, oder? Du würdest ihr zu Weihnachten Pralinen und Blumen schicken, stimmt's?! Warum wirst du also nicht gleich selbst dieser Mythos?!
Denke ja nicht: „Ich möchte nicht unterbrechen, ich will ja nicht nerven!" – das tust du nicht! Dein Gesprächspartner wird vielmehr sowohl bei *one-to-one* Gesprächen als auch bei *conference calls* früher oder später merken, dass du dem Gespräch nicht zu 100 % folgen kannst. Engländer sind ja schließlich nicht dumm!

DENKE ÜBER DIE FOLGENDEN GRUNDREGELN NACH – DANN WIRST DU RUHI-GER SEIN UND DICH WOHLER FÜHLEN:

* *Conference calls* sind kein sehr gängiges Kommunikationsinstrument. Ihr Wert ist jedoch nicht zu unterschätzen, denn sie sind kostengünstig, schnell und einfach zu organisieren.

* Sorge dafür, dass die *conference call* nicht langweilig wird. Versende eine Tagesordnung per Post, Fax oder E-Mail, aber auch Flyer, Bilder und Grafiken, falls vorhanden. Das sind nützliche Hilfsmittel, die den Gegenstand der Diskussion illustrieren und erklären. Das ist dann hilfreich, wenn ein Großteil der Teilnehmer der *conference call* in dem Raum ist, in dem auch besagtes Material vorliegt. Auf diese Weise sind dir eine hohe Aufmerksamkeit und großes Interesse sicher.

* Eine Gruppe von drei bis sechs Personen ist optimal für eine *conference call*, im Rahmen derer ein Beschluss gefasst oder ein Problem gelöst werden soll. Größere Gruppen sind schwieriger zu führen; mit einer guten Vorbereitung kann es dennoch gelingen.

* Auch eine Mitschnitt der *conference call* für die Personen, die nicht live daran teil-nehmen können, kann sinnvoll sein.

1. INTRODUCTION

Viele Menschen bekommen es mit der Angst zu tun, wenn eine *conference call* ansteht, und sie sehen diesem Gespräch mit der gleichen Begeisterung entgegen wie einem Zahnarztbesuch. Das liegt daran, dass sie bisher mittelmäßige oder gar schreckliche Erfahrungen damit gemacht haben.

Das überrascht mich überhaupt nicht, denn es gibt derart viele mittelmäßige oder gar schreckliche *conference calls*, dass man einen ganzen Tag lang darüber reden könnte!!! Das ist sehr schade, weil dieses Kommunikationsinstrument seltener eingesetzt wird als E-Mails, obwohl es die direkte und unmittelbare Zusammenarbeit eines Teams viel besser fördert.

Der Zweck meiner Ratschläge zu *conference calls* ist es, dir die negativen und positiven Aspekte zu vermitteln – und das, was zu vermeiden ist. Vor allem aber möchte ich dir Anregungen geben, die deine *conference call* einladend, effizient und erfolgreich werden lassen, damit du die Zeit, die dir zur Verfügung steht, gut nutzen kannst.

2. HOW IT IS DONE

Hier findest du einige Hinweise darüber, wie du dich in einer *conference call* korrekt verhältst und welche Fehler du vermeiden solltest. Oder besser: was zu tun und was zu lassen ist!

SORGE FÜR EIN RUHIGES UMFELD

Bei *conference calls* kann es ziemlich laut zugehen, und manchmal sorgen Hintergrundgeräusche für gehörige Ablenkung. Schließe die Tür und telefoniere in einer ruhigen Ecke (verstecke dich hinter deiner Jacke, wenn nötig!), oder sorge dafür, dass du Lärm fernhältst. Vermeide es, mit Papier zu rascheln, schmatzend zu essen oder Kaffee zu schlürfen, zu schnarchen, am Computer zu tippen, Kaugummi zu kauen oder sonstige Geräusche zu produzieren (!!!). Schalte, wenn möglich, den Ton ab, der ein Gespräch in der Warteschleife signalisiert – damit solche kleinen Störfaktoren dein Gespräch nicht unterbrechen.

SETZE EINEN MODERATOR FÜR DEINE *CONFERENCE CALL* EIN

Sitzungen benötigen immer einen Sitzungsleiter – Telefonkonferenzen machen da keine Ausnahme: Eine Person muss das Gespräch leiten. In der Regel muss die Person, die zum Redner bestimmt wird, diejenige sein, die die Kontrolle behält und Chaos verhindert.

NUTZE DEINE STIMME UND NICHT DEINE AUGEN
Du befindest dich in einer *conference call*! Wenn du dich mit jemandem persönlich triffst, ist es einfach, dieser Person in die Augen zu schauen, um deren Stimmung zu erfassen und so gut wie möglich darauf einzugehen. Dies geschieht dann aufgrund der Indizien, die dir die Gegenwart der Person liefert. Bei einer *conference call* steht dir diese Möglichkeit nicht zur Verfügung; dir bleibt lediglich die Stimme – also frage deinen Gesprächspartner immer wieder nach seiner Meinung. Sprich langsam und akzentuiert, mit einfachen Worten und lauter Stimme. Gib den Rhythmus des Gesprächs vor – die anderen werden dir folgen.

WARTE, BIS DU AN DER REIHE BIST
Vergiss nie, was deine Mutter oder deine Lehrerin dir beigebracht haben: Auch wenn du unbedingt etwas sagen möchtest – warte immer, bis du dran bist. Widerstehe der Versuchung, einfach loszureden. Dafür gibt es zwei Gründe: Erstens ist es schlicht und einfach eine Frage der Höflichkeit und der Rücksichtnahme auf einen guten Gesprächsverlauf – und auch auf die Kollegen. Zweitens kann bei manchen Telefonapparaten, Lautsprechern oder Mikrofonen immer nur eine Person sprechen. Fällst du einem Gesprächspartner ins Wort, riskierst du damit, ohne es zu wollen, einen Teil seiner Ausführungen abzuschneiden.

HALTE DIE TAGESORDNUNG EIN
Folge der Tagesordnung, die vorab erstellt werden muss. Bei allen *conference calls* wird zuvor eine solche erstellt, die auch eingehalten werden muss, um sicherzugehen, dass sämtliche Programmpunkte abgearbeitet werden. Vergiss nicht, vor der Sitzung die Tagesordnung per Fax oder E-Mail an sämtliche Teilnehmer der *conference call* zu verschicken. Eine Last-Minute-Tagesordnung ist immer noch besser als gar keine.

PRESENTATIONS

Das Spektakel beginnt.

Als Schauspieler ist mir bewusst, welch wichtige Hilfe mein schauspielerisches Können dem Regisseur bei der Vorbereitung seiner *presentations* ist. Wie bei einem Theaterstück musst du dich allen schön und klar mitteilen und sie gut unterhalten ... Du findest hier zehn Anregungen, die deine Präsentation erfolgreich machen:

1. Setze das ANSCHAUUNGSMATERIAL, das dir zur Verfügung steht – zum Beispiel Plakate, Grafiken und Dias – nicht im Überfluss ein. Welche Bilder du auch immer zur Verfügung hast, sie müssen einfach und ohne viele Worte sein. Das Publikum ist nicht gekommen, um irgendwelche Bildunterschriften zu lesen ... es ist da, um deiner Präsentation zu folgen.

2. Schau dein PUBLIKUM an. Falls du dich fragst, wohin du während deiner Präsentation schauen sollst – die Antwort befindet sich vor deiner Nase. Konzentriere dich nicht auf eine Person im Publikum. Versuche lieber, Blickkontakt mit zahlreichen Menschen im Raum aufzunehmen. So vermeidest du, den Rest des Publikums zu isolieren und somit die Aufmerksamkeit eines Teils deiner Zuhörerschaft zu verlieren.

3. Zeige deine PERSÖNLICHKEIT. Es ist ganz egal, ob du vor einer Firmenversammlung oder vor Senioren präsentierst: wichtig ist es, dass du bei deiner Präsentation Charakter zeigst.

4. Bringe sie zum LACHEN. Auch wenn es deine Aufgabe ist, deinen Zuhörern etwas Wichtiges zu vermitteln, musst du sie unterhalten. So sicherst du dir ihre Aufmerksamkeit, und sie werden die Inhalte, die du in deiner Präsentation vorbringst, leichter aufnehmen und sich an sie erinnern.

5. Sprich MIT deinem Publikum – und nicht ZU ihm. INTERAGIERE mit den Zuhörern und bringe ein Gespräch in Gang. Am leichtesten gelingt dir das, wenn du Fragen stellst, aber auch, wenn du deine Zuhörer dazu aufforderst, Fragen zu stellen.

6. Sei ehrlich. Sage immer, was du zu sagen hast – und nicht, was deine Zuhörer gerne hören möchten. Sag ihnen die WAHRHEIT: Dann werden sie mehr Respekt vor dir haben und dir vertrauen.

7. Übertreibe nicht, wenn du dich VORBEREITEST. Selbstverständlich musst du gut vorbereitet sein und wissen, was du sagen wirst; sorge aber auch dafür, dass deine Präsentation natürlich und nicht auswendig gelernt klingt.

8. Bewege dich. Unterstreiche das, was du sagst, mit ein paar kleinen GESTEN. Folge einem gewissen RHYTHMUS (aber übertreibe nicht), wenn du redest. Denk daran, dass keiner gerne einer starren Statue zuschaut: die Zuhörer lassen sich von einem „bewegten *speaker*" leichter mitreißen.

9. Achte auf die REAKTIONEN deines Publikums. Oftmals kannst du typische Äußerungen wie „Uhm!", „Ah!" wahrnehmen – oder sonstige Äußerungen, die zwar überflüssig sind, die das Publikum aber dennoch von sich gibt. Manchmal sind diese Äußerungen auch ziemlich störend – lass dich dadurch nicht entmutigen und mache weiter.

10. Sei einzigartig. Wenn du nicht etwas EINZIGARTIGES tust, das dich von allen anderen Vortragenden unterscheidet, wird sich dein Publikum nicht an dich erinnern. Mache auf jeden Fall etwas Einzigartiges, was in Erinnerung bleibt.

1. A FUNNY START

LÄCHLE, wenn du deine Präsentation beginnst … Wenn du lächelst, bist du sympathisch. Scheue dich nicht, mit einem kleinen Scherz zu starten, damit dein Publikum locker wird. Ich habe viele *presentations* erlebt – darunter auch welche der wichtigsten und erfolgreichsten Führungskräfte: Diejenigen, die mir am meisten im Gedächtnis geblieben sind, sind die, die ihre Zuhörer erst einmal zum Lachen gebracht haben. Bei meinen Kabarettauftritten habe ich gelernt, dass die Leute Ironie und Selbstironie sehr zu schätzen wissen.

Was dein Englisch betrifft, so drücke dich immer so einfach und umgangssprachlich wie möglich aus (dein Publikum wird dir sehr dankbar sein!).

Hier findest du ein paar Beispiele, wie du mit einem Scherz das Eis zum Schmelzen bringst. Sie stammen alle aus meiner Feder – du hast mein volles Einverständnis, sie anzuwenden.

*   Hello everyone, my presentation today is clear and well organized. Unlike my English! (Hallo zusammen, meine Präsentation heute ist klar und gut organisiert … im Gegensatz zu meinem Englisch!)

*   If you have any questions, please ask at the end, I don't guarantee I can answer them, but ask anyway. (Wenn Sie irgendwelche Fragen haben, stellen Sie diese bitte am Ende. Ich garantiere nicht dafür, dass ich sie beantworten kann, aber fragen Sie trotzdem.)

UND WENN DU MUTIG BIST, DANN IST DAS HIER DER KNÜLLER:

*   Somebody advised me to take a theatre course to improve my presentation skills so I did. The problem is it specialized in musicals… I don't think it helped much with my presentation, but I can sing you a song at the end. (Jemand hat mir dazu geraten, einen Theaterkurs zu belegen, um meine Präsentationen zu verbessern und das habe ich auch getan. Das Problem ist, dass es ein Musicalkurs war… Ich glaube, er hat mir für meine Präsentation nicht viel gebracht, aber ich kann Ihnen am Ende ein Lied vorsingen.)

GOING ABROAD

2.2.1   **Bookings**
Flights
Trains
Hotels
Restaurants

2.2.2   **Places and Directions**

2.2.3   **Travel**

2.2.4   **Eating out**

Wenn du ins Ausland gehst – sei es beruflich, des Urlaubs wegen oder einfach, um dein Englisch anzuwenden, wirst du die folgenden Tipps gebrauchen können.

BOOKINGS

2.2.1

Frisch gewagt ist halb gewonnen ...

Wenn du eine Reise ins Ausland vorhast, ist es sehr wichtig, dass deine Planung Hand und Fuß hat. Du musst die Grundlagen kennen, die für die Planung deiner Reise unerlässlich sind: zum Beispiel, wie du eine Unterkunft findest, Essen bestellst, es schaffst, dich nicht schlafend in einem Bus wiederzufinden. Du möchtest auch nicht einen Tisch im Raucherbereich eines Restaurants reservieren, obwohl du Rauch eigentlich nicht ausstehen kannst, oder eine romantische Reise machen und dann in einer Jugendherberge landen – in einem Schlafsaal mit 20 Stockbetten, du und deine bessere Hälfte ...

1. FLIGHTS

Wie du einen Flug buchst, zeigt das folgende fiktive Gespräch mit dem Angestellten einer Fluggesellschaft. Lies dir den Dialog aufmerksam durch!

Y = *you*
TA = *travel agency* (Reisebüro)

Y: Hello, I'd like to know if there are any flights to London this Tuesday.
Hallo, ich wüsste gerne, ob es diesen Dienstag Flüge nach London gibt.

TA: Yes, there is one at 10 a.m. and one at 3 p.m.
Ja, es gibt einen um 10 Uhr vormittags und einen um 15 Uhr.

Y: And how much are they?
Wie viel kosten sie?

TA: They both cost the same: 200 Euros one way or 300 Euros return (*or* round trip).
Sie kosten beide gleich viel: 200 Euro einfach oder 300 Euro hin und zurück.

Y: Okay, I'd like to book two seats on the 10 a.m. flight, please.
Okay, ich möchte bitte zwei Plätze für den Flug um 10.00 Uhr buchen.

TA: Sorry, but there are no seats available on that flight.
Es tut mir leid, aber es gibt keine freien Plätze für diesen Flug.

Y: So why did you mention it?! Ok, two tickets on the later flight.
Warum haben sie ihn dann erwähnt? Okay, zwei Tickets für den späteren Flug.

TA: Hey, relax!
Hey, beruhigen sie sich!

Y: YOU relax!
Beruhigen SIE sich!

TA: Thank you for choosing Hooligan Airlines.
Danke, dass Sie sich für Hooligan Airlines entschieden haben.

 **BY**

Um auszudrücken, mit welchem Transportmittel man eine Reise antritt, benötigt man immer die Präposition *BY* + das Fahrzeug.
By car, by ship, by train... (im Auto, mit dem Schiff, mit der Bahn).

2. TRAINS

Das folgende Gespräch zeigt, wie du eine Reise mit dem Zug buchen kannst: Stell dir vor, du brauchst eine Fahrkarte nach London:

Y = *you*
C = *clerk* (Angestellter)

Y: What time does the next train to London leave?
Um wie viel Uhr geht der nächste Zug nach London?

C: At 4 p.m., from platform 8.
Um 16 Uhr von Gleis 8.

Y: Is it a direct train to London?
Ist das ein direkter Zug nach London?

C: No, you have to change trains at Birmingham.
Nein, Sie müssen in Birmingham umsteigen.

Y: I see. One ticket to London, please.
Alles klar. Eine Fahrkarte nach London bitte.

C: One way or return, Sir?
Einfach oder hin und zurück?

Y: One way, please.
Einfach bitte.

C: 64 pounds, please.
64 Pfund bitte.

Y: Here you are.
Bitteschön.

3. HOTELS

Wenn du ein Hotelzimmer buchen möchtest, musst du dich wirklich gut darauf vor-
bereiten: Es kommt häufig vor, dass dich das Personal an der Rezeption durcheinan-
derbringt. Es gibt Leute, die nicht sehr freundlich sind oder die – anstatt dir zu helfen
– versuchen, dich übers Ohr zu hauen! Deshalb findest du im Folgenden zwei Beispiele,
die dir nützlich sein können.

Y = *you*
R = *receptionist*

Y: Hello, is this the King George Hotel?
Hallo, ist dort das King George Hotel?

R: Yes, Sir, how can I help you?
Ja, wie kann ich Ihnen helfen?

Y: I'd like to know if you have a double room available for one week from Friday the 13th
to Friday the 20th.
Ich wüsste gerne, ob Sie für eine Woche, von Freitag, dem 13. bis Freitag, dem 20., ein
freies Doppelzimmer haben.

R: Just a minute, let me check...
Einen Moment bitte, ich schaue nach ...

(PAUSE)

R: Yes, we do have a room available, Sir.
Ja, wir haben ein freies Zimmer.
Y: Great, and how much does it cost per night?
Super, und wie viel kostet es pro Nacht?

R: 200 pounds, Sir.
200 Pfund.

Y: Are you crazy?
Sind Sie verrückt?

R: You are German, aren't you?
Sie sind Deutscher, nicht wahr?

Y: Does the room have a shower or a bath tub/minibar/balcony?
Hat das Zimmer eine Dusche oder Badewanne/Minibar/Balkon?

R: It has a shower and a minibar, but no balcony.
Es hat eine Dusche und eine Minibar, aber keinen Balkon.

Jetzt kommt noch ein Beispiel für ein Telefongespräch, weil es manchmal besser ist, vor Reiseantritt ein Zimmer zu reservieren. So gehst du auf Nummer sicher, dass du keine böse Überraschung erlebst und vielleicht keinen Platz zum Schlafen findest!

R: Good afternoon, Sunny London Hotel. May I help you?
Guten Tag, Sunny London Hotel. Kann ich Ihnen helfen?

Y: Yes. I'd like to book a room, please.
Ja, ich würde gerne ein Zimmer reservieren.

R: Certainly. When for, madam?
Gerne. Für wann?

Y: From March the 23rd.
Vom 23. März.

R: How long will you be staying?
Wie lange werden Sie bleiben?

Y: Three nights.
Drei Nächte.

R: What kind of room would you like, madam?
Was für ein Zimmer möchten Sie gerne?

Y: Er... double with a bath tub, please.
Ähm ... ein Doppelzimmer mit Badewanne bitte.

BOOKINGS

R: Certainly, madam. I'll just check what we have available... Yes, we have a room on the 4th floor with a really splendid view.
Gerne. Ich schaue gerade nach, was frei ist ... Ja, wir haben ein Zimmer in der 4. Etage mit einer wirklich fantastischen Aussicht.

Y: Fine. How much does it cost per night?
Gut. Wie viel kostet es pro Nacht?

R: Would you like breakfast?
Möchten Sie gerne ein Frühstück haben?

Y: No, thanks.
Nein, danke.

R: It's 84 pounds per night, excluding VAT.
Es kostet 84 Pfund pro Nacht, ohne Mehrwertsteuer.

Y: That's fine.
Das ist in Ordnung.

R: Who's the booking for, please, madam?
Auf welchen Namen soll ich das Zimmer reservieren?

Y: HELBING, that's H-E-L-B-I-N-G.
HELBING, also H-E-L-B-I-N-G.

R: Okay, so, a double with bath tub for March the 23rd, 24th and 25th. Is that correct?
Okay, also ein Doppelzimmer mit Badewanne für den 23., 24. und 25. März. Richtig?

Y: Yes, it is. Thank you.
Ja, danke.

R: Let me give you your booking number. It's: 7576385. I'll repeat that: 7-5-7-6-3-8-5. Thank you for choosing Sunny London Hotel and have a nice day. Bye.
Ich gebe Ihnen Ihre Buchungsnummer: 7576385. Ich wiederhole: 7-5-7-6-3-8-5. Danke, dass Sie sich für das Sunny London Hotel entschieden haben. Ich wünsche Ihnen einen schönen Tag. Auf Wiederhören.

Y: Bye.
Auf Wiederhören.

4. RESTAURANTS

Und nachdem du dein Hotelzimmer reserviert und dir ein Dach über dem Kopf und ein bequemes Bett zum Ausruhen gesichert hast, kannst du in aller Ruhe daran denken, dir den Bauch vollzuschlagen ...

Y = *you*
MPP = *Mario's Pizza Palace*

Y: Hello? Is that Mario's Pizza Palace?
Hallo, ist dort Mario's Pizza Palace?

MPP: Yes, Sir, good evening.
Ja, guten Abend.

Y: Good evening. I'd like to book a table for one, please.
Guten Abend. Ich würde gerne einen Tisch für eine Person reservieren.

MPP: Certainly, Sir, for what time?
Gerne, um welche Uhrzeit?

Y: For 8 o'clock, please.
Um 20 Uhr bitte.

MPP: Ok, that's fine, and your name, please?
Okay, geht in Ordnung. Wie ist Ihr Name bitte?

Y: Popular, Mr Popular. That's P-O-P-U-L-A-R.
Popular, Herr P-O-P-U-L-A-R.

MPP: Ok, your table for one person will be ready at 8, Mr Popular.
Okay, Ihr Tisch für eine Person ist um 20 Uhr bereit, Herr Popular.

Y: Thank you. Bye.
Danke. Auf Wiederhören.

MPP: Bye, Sir.
Auf Wiederhören.

M.U.Q.

More Useful Questions

Excuse me, where is the...?
Entschuldigen Sie, wo ist ...?

How far is the "x" from here...?
Wie weit ist „x" von hier entfernt ...?

At what time does the "x" open/close?
Um wie viel Uhr öffnet/schließt „x"?

PLACES
AND DIRECTIONS

Wie du dein Ziel erreichst.

Wenn du im Ausland bist und dort an einen bestimmten Ort möchtest, kommt es mal vor, dass du nach dem Weg fragen und dich in die richtige Richtung weisen lassen musst. Das ist eine sehr gute Übung, mit der du deine Englischkenntnisse auf die Probe stellen kannst ...

T = *tourist*
P = *policeman*

T: Excuse me! Where is Buckingham Palace, please?/How do I get to Buckingham Palace, please?
Entschuldigung! Wo ist bitte der Buckingham Palace?/Wie komme ich bitte zum Buckingham Palace?

P: Go straight on, turn left at the traffic lights, straight on for about 50 metres, then turn right and you can't miss it.
Sie gehen geradeaus, biegen an der Ampel links ab, weiter ca. 50 Meter geradeaus, biegen dann rechts ab – und sie können ihn nicht verfehlen.

So sieht es aus, wenn du anstelle eines Polizisten oder eines Beamten einen Passanten fragen musst.

GT = *German tourist*
E = *Englishman*

GT: Excuse me, where can I find a post office?
Entschuldigen Sie, wo finde ich bitte eine Post?

E: It is far from here; you need to take a bus.
Das ist weit von hier; sie müssen einen Bus nehmen.

GT: Which bus and where can I take it?
Welchen Bus, und wo kann ich einsteigen?

E: The 33, the bus stop is at the end of the road.
Die Nummer 33, die Haltestelle ist am Ende der Straße.

GT: And how much is the ticket?
Und wie viel kostet die Fahrkarte?

PLACES AND DIRECTIONS

E: About 1 pound.
Circa 1 Pfund.

GT: And where can I buy the ticket?
Und wo kann ich die Fahrkarte kaufen?

E: You pay on the bus.
Sie zahlen im Bus.

GT: Why?
Warum?

E: STOP! No more questions! I am very late for work!
STOP! Keine Fragen mehr! Ich komme viel zu spät zur Arbeit!

GT: What is your job?
Was arbeiten Sie?

E: AAaaaggrhhhhrr!

Das Beispiel, das du gerade gelesen hast, gibt eine Situation wieder, in der du dich vielleicht einmal wiederfindest; was du jetzt liest, ist dir aber garantiert schon mindestens einmal passiert. Vielleicht hast du es dir nicht nur anhören müssen, sondern auch schon selbst gesagt ...

GT: Excuse me, where can I find a post office?
Entschuldigung, wo finde ich eine Post?

E: Sorry, I'm not from around here.
Tut mir leid, ich bin nicht von hier.

PLACES

Postamt, Post	post office
Museum	museum
Bank	bank
Polizeirevier	police station
Krankenhaus	hospital
Apotheke	chemist's
Laden, Geschäft	shop
Restaurant	restaurant
Schule	school
Kirche	church
Bad, Toilette	bathroom
Straße	street
Platz	square
Berg	mountain
Hügel	hill
Tal	valley
See	lake
Fluss	river
Schwimmbad	swimming pool
Turm	tower
Brücke	bridge

PLACES AND DIRECTIONS

WORDS		VERBS	
second	zweite/r/s	to take	nehmen
until	bis	to turn	abbiegen
traffic lights	Ampel	to go straight on	geradeaus
roundabout	Kreisverkehr		gehen/fahren
first	erste/r/s	to drive	fahren

DIALOG ZWISCHEN EINEM DEUTSCHEN TOURISTEN UND EINEM ENGLÄNDER

DE: Entschuldigen Sie! Wo bitte ist der Buckingham Palace?

E: Von hier aus?

(Diese Frage verblüfft mich jedes Mal aufs Neue, aber in London stellt man sie tatsächlich; unglaublich ... Hüte dich, darauf zu antworten: ‚Nein, von meinem Haus in Stuttgart aus!!!'.)

DE: Ja, von hier aus.

E: Okay, Sie müssen geradeaus gehen, dann nehmen sie die zweite Straße rechts, gehen geradeaus, bis Sie eine Ampel sehen; an der Ampel biegen Sie nach rechts ab und gehen dann geradeaus weiter, bis Sie an einen Kreisverkehr kommen. Von dort aus nehmen Sie die erste Straße links und fragen dann nochmals.

DE: Perfekt, danke!

Und sicher wirst du immer wieder auf einen netten älteren Herrn treffen, der dir antwortet:

It's where it has always been! Ah Ah Ah! Er ist dort, wo er schon immer gewesen ist! Ha Ha Ha!

Ich habe dich gewarnt.

Geheimnisse einer Reise

TAKE

Um anzugeben, wie lange eine Reise – egal ob sie kurz oder lang ist – dauert, brauchst du das Verb *TO TAKE*.

Man braucht eine Stunde nach London.
It takes one hour to get to London.
Der Flug hat zwei Stunden gedauert.
The flight took two hours.
Wir haben zwanzig Minuten gebraucht, bis wir ankamen.
We took twenty minutes to arrive.
Das Schiff hat zwei Wochen bis dorthin gebraucht.
The ship took two weeks to get here.

TRAVEL

WORDS

air	Luft
airport	Flughafen
check-in	Check-in
flight	Flug
landing	Landung
plane	Flugzeug
destination	Ziel
journey	Reise
passenger	Passagier
route	Route
captain	(Flug)kapitän
crew	Bordpersonal
trip	Kurzreise
luggage	Gepäck
land	Land
bike	Fahrrad
bus	Bus
car	Auto
motorbike	Motorrad
train	Zug
motorway	Autobahn
train station	Bahnhof
underground/tube	U-Bahn
road	Straße
traffic	Verkehr
traffic lights	Ampel
boat	Boot
coast	Küste
ferry	Fähre
port	Hafen
sea	Meer
ship	Schiff
on the road	unterwegs

VERBS

to board	an Bord gehen
to check in	einchecken
to fly	fliegen
to land	landen
to take off	abheben
to travel	reisen
to stop	(an)halten

PHRASAL VERBS

to get ready	sich fertig machen
to get on	einsteigen
to get off	aussteigen, verlassen

DIE GUT AUSSEHENDEN MÄNNER VON BIRMINGHAM (ALICES TAGEBUCH)

Um sechs Uhr morgens machten wir uns fertig und riefen ein Taxi.
Unterwegs war viel Verkehr und wir brauchten (it took us) zwanzig Minuten bis zum Bahnhof.
Wir holten unsere Fahrkarten, und 10 Minuten später kam der Zug.
Der Zug hielt an sieben Bahnhöfen, bevor er im Hauptbahnhof ankam.
Von dort nahmen wir den Bus zum Flughafen.
Wir brauchten drei Minuten, um mit unserem ganzen Gepäck in den Bus einzusteigen.
Nach fünfunddreißig Minuten stiegen wir vor dem Flughafen aus dem Bus.
Der Check-in dauerte fünfzehn Minuten.
Unser Flugzeug landete um 11 Uhr in London.
In London nahmen wir die U-Bahn, um zum Hotel zu kommen. An der Rezeption sagte ich:
„Guten Morgen, haben Sie bitte ein Doppelzimmer?"
„Gewiss. Wie lange bleiben Sie?"
„Nur heute Nacht, danke."
„Okay, wir haben ein Zimmer mit Dusche für hundert Pfund pro Nacht."
„Okay, das ist in Ordnung, danke."
Am nächsten Tag nahmen wir einen Zug nach Birmingham.
Birmingham liegt im Zentrum Englands und ist berühmt für seine Männer, die alle sehr gut aussehen und intelligent sind ... und für seine phantastische Fußballmannschaft.
Nach dem Paradies Birmingham nahmen wir einen Zug an die Küste. Nächstes Ziel: Irland.
An der Küste nahmen wir eine Fähre nach Irland. Das Meer war ruhig und schön.
Am Hafen verließen wir die Fähre und liefen den ganzen Tag herum.
An diesem Abend kehrten wir nach Deutschland zurück, und ich schlief im Flugzeug und träumte dabei von den sehr gut aussehenden Männern von Birmingham.

EATING **OUT** 2.2.4

Nicht nur Pizza!

Wir Engländer sind ja dreier Dinge wegen auf der ganzen Welt bekannt:
The Beatles,
die gut aussehenden Männer von Birmingham,
unsere schmackhafte Küche.

Es ist also wirklich wichtig, richtig zu bestellen ...
So könnte ein Gespräch lauten, wenn ihr ein Restaurant betretet.

Y = *you*
P = *your partner*
W = *waiter* (Ober)

Y: Good evening, a table for two, please.
Guten Abend, einen Tisch für zwei Personen, bitte.
(oder, wenn du bereits reserviert hast: Good evening. I reserved a table for two, under the name MAIER/Guten Abend, ich habe einen Tisch für zwei Personen auf den Namen MAIER reserviert.)

W: Of course, I'll show you to your table.
Selbstverständlich, ich bringe Sie zu Ihrem Tisch.

W: Can I get you something to drink, while you read the menu?
Kann ich Ihnen etwas zu trinken bringen, während Sie die Speisekarte studieren?

Y: Yes, thank you. I'll have a glass of white wine.
Ja, bitte. Ich nehme ein Glas Weißwein.

W: Sweet or dry?
Lieblich oder trocken?

Y: Dry, thank you.
Trocken bitte.

P: And I'll just have a glass of mineral water, please.
Und für mich bitte nur ein Glas Mineralwasser.

W: Sparkling or still?
Mit oder ohne Kohlensäure?

P: Still, thank you.
Ohne bitte.

So, und jetzt könnt ihr bestellen ...

STARTER (Vorspeise)
W: What will you have for your starter, Sir?
Was möchten Sie als Vorspeise?

Y: I'll have the prawn cocktail, please.
Ich nehme bitte den Krabbencocktail.

P: Just a salad for me, please.
Für mich nur einen Salat bitte.

MAIN COURSE (Hauptgang)

W: And for your main course?
Und als Hauptgang?

Y: What do you recommend?
Was empfehlen Sie?

W: I recommend a different restaurant!
Ich empfehle Ihnen ein anderes Restaurant!

Y: Ah Ah Ah! No, but seriously...
Ha Ha Ha! Nein, Spaß beiseite ...

W: The fish, it is very fresh, today.
Der Fisch ist heute sehr frisch.

Y: Then I will have the fish and chips!
Dann nehme ich Fisch und Pommes frites!

W: Very good, Sir!
Sehr gut!

P: I'll have a steak with vegetables, please.
Ich nehme ein Steak mit Gemüse bitte.

W: Certainly, and how would you like your steak cooked? Rare, medium or well done?
Selbstverständlich, und wie möchten Sie Ihr Steak? Blutig, medium oder durchgebraten?

P: Rare, please.
Blutig bitte.

EATING OUT

(Wir Engländer sagen auch bei Banalitäten häufig *please*. Wir benutzen dieses Wort bei jeder Bitte, um nicht unhöflich zu erscheinen.)

DESSERT (Dessert)

W: Dessert?
Ein Dessert?

Y: I'll have a slice of cheesecake.
Ich nehme ein Stück Käsekuchen.

P: And I'll have the apple pie with cream.
Und ich nehme den Apfelkuchen mit Sahne.

W: Enjoy your meal!
Guten Appetit!

ZUM SCHLUSS...

Y: Excuse me, could I have the bill, please?
Entschuldigung, könnte ich bitte die Rechnung haben?

W: Certainly, Sir. How would you like to pay?
Selbstverständlich. Wie möchten Sie bezahlen?

Y: Credit card? Cash?
Kreditkarte? Bar?

W: That's fine.
Das ist in Ordnung.

Y: Could I have a receipt?
Könnte ich eine Quittung haben?

W: Certainly, Sir.
Selbstverständlich.

FOOD AND DRINK

Essen	food
Brot	bread
Kaffee	coffee
Tee	tea
Saft	juice
Salz	salt
Pfeffer	pepper
Rindfleisch	beef
Schweinefleisch	pork
Fisch	fish
Huhn	chicken
Gemüse	vegetables
Kartoffeln	potatoes
Karotten	carrots
Erbsen	peas
Pommes Frites	chips
Salat	salad
Obst	fruit
Apfel	apple
Orange	orange
Birne	pear
Ananas	pineapple
Erdbeere	strawberry
Banane	banana
Grapefruit	grapefruit
Wassermelone	watermelon
Melone	melon
Desserts	desserts
Eis	ice cream
Apfelkuchen	apple pie
Schokoladenkuchen	chocolate cake
Käsekuchen	cheesecake
Trifle	trifle
Nachtisch	pudding

INSTANT ENGLISH

SITUATIONS AND WORDS

REAL LIFE

IDIOMS

REAL
LIFE

3.1.1   **Shopping**
Grocery
Clothes

3.1.2   **Jobs**

3.1.3   **Money**

3.1.4   **Weather**

3.1.5   **Places**

Inzwischen kennst du ja die Tricks, die du bestimmt brauchst, um dein Englisch am Arbeitsplatz zu nutzen, und du kommst auch zurecht, wenn du für kurze Zeit – als Tourist – ins Ausland reist. Aber wärst du auch in der Lage, in all den Situationen zu kommunizieren, mit denen du tagtäglich konfrontiert bist? Wüsstest du, wie du eine Zeitung oder ein paar Socken kaufst? Könntest du einkaufen oder über das Wetter reden? Schauen wir mal ...

SHOPPING 3.1.1

Der Lieblingssport aller Frauen
In der Steinzeit gingen die Männer auf die Jagd, und die Frauen gingen in Gruppen Obst und Gemüse sammeln – und viele schöne Kleinigkeiten, mit denen sie die Höhlen schmückten. Daran hat sich seither nicht viel geändert. Eine Frau darf eigentlich niemals ihren Mann mitnehmen. Für alle Fälle schauen wir uns dennoch einmal an, wie die Geschäfte heißen und was man dort kaufen kann!

'S

Für die Bäckerei, in der du Brot einkaufst, kannst du das Substantiv *bakery* verwenden – das ist der eigentliche Laden – oder du sagst, du gehst zum *baker's*, das heißt ‚zum Bäcker'. Das ist eine der zahlreichen Anwendungsmöglichkeiten des **angelsächsischen Genitivs**: Wenn er auf eine Berufsbezeichnung folgt, bezeichnet er den Laden oder den Ort, an dem diese berufliche Aktivität in der Regel stattfindet oder ausgeübt wird.

DIFFERENT SHOPS

chemist's/beim Apotheker
I buy my medicine at the chemist's. Ich kaufe meine Arznei beim Apotheker.

clothes shop/Bekleidungsgeschäft
My wife can walk around in the clothes shop for five hours and she doesn't get tired!
Meine Frau kann fünf Stunden lang in einem Bekleidungsgeschäft umherlaufen und wird nicht müde!

laundrette/Waschsalon
When the washing machine is broken, I have to wash my clothes in the local laundrette.
Wenn meine Waschmaschine kaputt ist ist, muss ich meine Kleidung im Waschsalon um die Ecke waschen.

newsagent's/beim Zeitschriftenhändler
I buy my newspapers and sweets at the local newsagent's. Ich kaufe meine Zeitungen und Süßigkeiten beim Zeitschriftenhändler vor Ort.

hairdresser's/beim Frisör
My Mum goes to the hairdresser's every Saturday afternoon, so she looks nice in the evening. Meine Mutter geht jeden Samstagnachmittag zum Frisör; so sieht sie abends hübsch aus.

SHOPPING

greengrocer's/Obst- und Gemüsehändler
I get my greens from the greengrocer's; they don't cost much, there. Ich kaufe mein Obst und Gemüse beim Obst- und Gemüsehändler; dort kostet es nicht viel.

post office/Post, Postamt
There are always many people waiting to send letters in the post office. Auf der Post warten immer viele Leute, die Briefe versenden wollen.

barber's/Herrenfrisör
I go to the barber's to talk about football and to have my hair cut. Ich gehe zum Frisör, um über Fußball zu reden und meine Haare schneiden zu lassen.

off license/Spirituosenladen
In the off license, you can buy beer all day! Im Spirituosenladen kann man den ganzen Tag Bier kaufen!

bookshop/Buchhandlung
I bought a book in the bookshop about how to have a nice garden with minimum effort. Ich habe im Buchladen ein Buch gekauft, das erklärt, wie man mit minimalem Aufwand zu einem schönen Garten kommt.

hardware store/Baumarkt
I need to go to the hardware store to buy a drill. Ich muss in den Baumarkt gehen, um einen Bohrer zu kaufen.

general store/Gemischtwarenladen
The general store has practically everything! Im Gemischtwarenladen gibt es praktisch alles!

shoe shop/Schuhgeschäft
I have nothing to say about the shoe shop; it is a terrible place! Zum Schuhgeschäft habe ich nichts zu sagen: Es ist ein schrecklicher Ort!

sports shop/Sportgeschäft
I buy my trainers here. Ich kaufe meine Turnschuhe hier.

butcher's/beim Metzger
Every Friday I buy some steaks from the butcher's. Jeden Freitag kaufe ich beim Metzger Steaks ein.

baker's/beim Bäcker
I love the smell of fresh bread in the baker's! Ich liebe den Duft von frischem Brot beim Bäcker.

SHOPPING CENTRE
(EINKAUFSZENTRUM)

cash point	Bankomat
money	Geld
bank account	Bankkonto
shop	Laden, Geschäft
customer	Kunde
cashier	Kassierer
shop assistant	Verkäufer
till	Kasse
wallet	Brieftasche
purse	Portmonnaie (für Frauen)
shelf/shelves	Regal/e
trolley	Einkaufswagen
car park	Parkplatz
lift	Aufzug
bag	Tüte
changing room	Umkleideraum
cheque/check	Scheck
cash	Bargeld
coin	Münze
credit card	Kreditkarte
clothes	Kleidung
tear	Träne
by the time	bis
full	voll

VERBS

to withdraw	(Geld) abheben
to pay	(be)zahlen
to push	drücken
to fill	füllen
to empty	leeren

1. GROCERY

Wir kaufen im Lebensmittelgeschäft ein …

ÜBERSETZE BITTE!

WORDS		VERBS	
supermarket	Supermarkt	to find	finden
since	seit	to laugh	lachen
shopping list	Einkaufsliste	to suffer	leiden
salad	Salat		
vegetables	Gemüse		
fruit	Obst		
apples	Äpfel		
bananas	Bananen		
the only thing	das Einzige		
food	Essen		
detergent	Putzmittel		
soap	Seife		
queue	(Kassen)-schlange		
torture	Folter		
beef	Rindfleisch		
sausages	Wurst		
fish	Fisch		
cake	Kuchen		

GROCERY SHOPPING

Seit sie nachmittags *Dr. House* zeigen, muss ich die Einkäufe erledigen.
Ich nahm die Einkaufsliste und ging in den Supermarkt.
Ich schaute sie an, während ich den Einkaufswagen nahm. „Okay, als Erstes Salat, dann Gemüse."
Ich konnte das Obst nicht finden, also fragte ich einen anderen Mann. Er lachte.
Als ich das Obst gefunden hatte, nahm ich zwei Äpfel und zwei Bananen.
Dann holte ich das Fleisch, das Rindfleisch, die Wurst und den Fisch.
Dann das Einzige, das mich interessierte: ein Kuchen.
Es stand kein Essen mehr auf der Liste.
Nun musste ich Putzmittel und Seife finden. Kein Problem.
Als der Einkaufswagen voll war, stand ich an der Kasse Schlange.
In Deutschland stehen die Leute nicht gerne in der Schlange. Sie leiden sehr. Es ist eine Folter für sie.
Für mich ist Einkaufen Folter. Ich bin glücklich, wenn ich in der Schlange stehe, weil es dann vorbei ist.

WEARING

Der deutsche Satz ‚Ich trage ein Hemd' wird im Englischen mit *I am wearing a shirt* übersetzt. In diesem Kontext wird das Verb *TO WEAR* in der *Progressive Form* verwendet, auch wenn in Wahrheit keine Handlung abläuft!

2. CLOTHES

Kommen wir zur Garderobe ...

DRESSING	
clothes	Kleidung
lingerie	Unterwäsche
bikini	Bikini
socks	Strümpfe
blouse	Bluse
hat	Hut
shirt	Hemd
coat	Mantel
cardigan	Strickjacke
tights	Strumpfhose
suit	Anzug, Kostüm
tie	Krawatte
jacket	Jacke
skirt	Rock
jeans	Jeans
jumper	Pullover
T-shirt	T-Shirt
underpants	Unterhose
knickers	Schlüpfer
trousers	Hose
bra	BH
dress	Kleid
wardrobe mistress	Garderobiere
except	außer
ready	fertig
enormous	enorm

VERBS	
to put on	anziehen
to take off	ausziehen
to wear	(Kleidung) tragen
to get dressed	sich anziehen
to get undressed	sich ausziehen
to try on	anprobieren
to decide	sich entschließen, entscheiden

EXAMPLES:

Jane is wearing a red hat. Jane trägt einen roten Hut.

He wore black trousers at the wedding. Er trug zur Hochzeit eine schwarze Hose.

I will wear my best shirt for the party. Ich werde mein bestes Hemd zum Fest anziehen.

John is putting on his shoes. John zieht gerade seine Schuhe an.

It was cold, so we put on our coats. Es war kalt, also zogen wir unsere Mäntel an.

They will put on their hats at the funeral. Sie werden zur Beerdigung ihre Hüte tragen.

Take off your tie! You're not in the office! Zieh deine Krawatte aus! Du bist nicht im Büro!

I will take off my shoes in the new house. Im neuen Haus werde ich meine Schuhe ausziehen.

I will be there in ten minutes. I am still getting dressed. Ich werde in zehn Minuten dort sein. Ich ziehe mich gerade noch an.

I got dressed in five minutes; she got dressed in thirty five minutes! Ich war in fünf Minuten angezogen; sie war in fünfunddreißig Minuten angezogen!

Will you get dressed to answer the door, please?! Ziehst du dich bitte an, damit du die Tür öffnen kannst?!

She tried on every pair of trousers in the shop! Sie hat sämtliche Hosen im Laden anprobiert!

I am trying on a new coat. Ich probiere gerade einen neuen Mantel an.

Will you try on this new shirt I bought for you? It might be too long. Probierst du dieses neue Hemd an, das ich für dich gekauft habe? Es ist vielleicht zu lang.

JOBS

Was möchtest du einmal werden?

Zuerst einmal möchte ich dir den Unterschied zwischen work und *job* erklären. *Job* bezieht sich auf deinen Aufgabenbereich – auf das, wofür du bezahlt wirst. Unter *work* versteht man dagegen die Arbeit, die du tust, das heißt, die Tätigkeit, der du bei der Ausübung deines *jobs* nachgehst.

EXAMPLES:

What do you do?
I am a policeman; that is my job.

What do you do in your job?
I work with other policemen to keep public order.

Bevor wir mit den einzelnen Jobs weitermachen, hier noch eine wichtige Sache:
Die englischen Berufsbezeichnungen beziehen sich in der Regel immer auf Männlein UND Weiblein, ein *doctor* kann also ein ‚Arzt' aber auch eine ‚Ärztin' sein. Der Vorname oder der Kontext geben dir genauere Auskunft, ob du es mit einer Frau oder einem Mann zu tun hast. Bei einigen Berufen aber gibt es für die einzelnen Geschlechter eigene Formen. So heißt der ‚Kellner' im Englischen *waiter* und die ‚Kellnerin' *waitress* - da hilft nur eins ... merken und abspeichern!

DIFFERENT JOBS

accountant – Buchhalter/in, Buchprüfer/in
An accountant sorts out my money and taxes. He works in an office. Ein Buchhalter kümmert sich um meine Finanzen und Steuern. Er arbeitet in einem Büro.

baker – Bäcker/in
A baker makes bread and we buy it in the morning. He works in a bakery. Ein Bäcker backt Brot, und wir kaufen es morgens. Er arbeitet in einer Bäckerei.

barman/barmaid – Barkeeper/in
A barman serves drinks in the pub. - He is my hero! - He works in a pub. Ein Barkeeper serviert Getränke im Pub – er ist mein Held! Er arbeitet in einem Pub.

builder – Maurer/in
A builder builds buildings and houses. He works on a building site. Ein Maurer baut Gebäude und Häuser. Er arbeitet auf einer Baustelle.

butcher – Metzger/in
A butcher prepares and sells meat. He works in a butcher's. Ein Metzger bereitet Fleisch zu und verkauft es. Er arbeitet in einer Metzgerei.

chef – Koch/Köchin
A chef prepares and cooks food. He works in a kitchen. Ein Koch bereitet Speisen zu und kocht diese. Er arbeitet in einer Küche.

cleaner – Raumpfleger/in
A cleaner cleans. He works in offices, bars and houses. Ein Raumpfleger macht sauber. Er arbeitet in Büros, Gaststätten und Häusern.

dentist – Zahnarzt/Zahnärztin
A dentist looks after people's teeth. He works in a dentist's. Ein Zahnarzt kümmert sich um die Zähne der Menschen. Er arbeitet in einer Zahnarztpraxis.

doctor – Arzt/Ärztin
A doctor looks after people's health. He works in a hospital or surgery. Ein Arzt kümmert sich um die Gesundheit der Menschen. Er arbeitet in einem Krankenhaus oder in einer Praxis.

fireman – Feuerwehrmann/Feuerwehrfrau
A fireman extinguishes fires. He works in a fire station and in buildings. Ein Feuerwehrmann löscht Brände. Er arbeitet in einer Feuerwache und in Gebäuden.

hairdresser – Frisör/in
A hairdresser cuts and styles people's hair. He works in a hairdresser's. Ein Frisör schneidet und frisiert die Haare der Menschen. Er arbeitet in einem Frisörsalon.

judge – Richter/in
A judge judges and sentences people. He works in a court. Ein Richter richtet über Personen und spricht Urteile. Er arbeitet an einem Gericht.

lawyer – (Rechts)Anwalt/Anwältin
A lawyer defends and prosecutes people. He works in a court and in his office. Ein Anwalt verteidigt und verfolgt Personen gerichtlich. Er arbeitet an einem Gericht oder in seiner Kanzlei.

nurse – Krankenschwester, Krankenpfleger/in
A nurse looks after patients. He works in a hospital. Ein Krankenpfleger kümmert sich um Patienten. Er arbeitet in einem Krankenhaus.

JOBS

policeman, policewoman – Polizist/in
A policeman keeps public order. He works in the police station and in the city. Ein Polizist hält die öffentliche Ordnung aufrecht. Er arbeitet in einer Polizeiwache und in der Stadt.

plumber – Flaschner/in
A plumber sorts out problems with the water system. He works in all types of buildings. Ein Flaschner behebt Probleme an der Wasserinstallation. Er arbeitet in Gebäuden aller Art.

postman, postwoman – Postbote/Postbotin
A postman delivers letters. He works on the streets. Ein Postbote trägt Briefe aus. Er ist auf der Straße unterwegs.

receptionist – Rezeptionist/in
A receptionist receives visitors. He works at the reception of a hotel, office building etc. Ein Rezeptionist empfängt Besucher. Er arbeitet an der Rezeption eines Hotels, Bürogebäudes etc.

shop assistant – Verkäufer/in
A shop assistant sells products and helps customers. He works in a shop. Ein Verkäufer verkauft Produkte und hilft den Kunden. Er arbeitet in einem Laden.

secretary – Sekretär/in
A secretary sorts out appointments, meetings and writes e-mails. He works in an office. Ein Sekretär organisiert Termine und Sitzungen und schreibt E-Mails. Er arbeitet in einem Büro.

vet – Tierarzt/Tierärztin
A vet looks after animals. He works in a veterinary surgery. Ein Tierarzt kümmert sich um Tiere. Er arbeitet in einer Tierarztpraxis.

waiter/waitress – Kellner/in
A waiter takes orders and brings food. He works in restaurants. Ein Kellner nimmt Bestellungen auf und serviert das Essen. Er arbeitet in einem Restaurant.

ÜBERSETZE BITTE!

WORDS		VERBS	
letters	Briefe	to daydream	vor sich
good smell	Duft		hinträumen
newspaper	Zeitung	to start	beginnen
court	Gericht	to pass	vorübergehen
stolen	gestohlen	to take on	aufnehmen
understandable	verständlich	to introduce	einführen/
thief	Dieb		vorstellen
interview	(Vorstellungs)-	to escape	fliehen/
	gespräch		entkommen
system	Anlage		
animal hospital	Tierklinik		
quote	Angebot/		
	Kosten-		
	voranschlag		
sum	Betrag		
immediately	sofort		
pain	Schmerz(en)		
compliment	Kompliment		
to pay a compliment	ein Kompliment		
	machen		
in trouble	in Schwierig-		
	keiten		
fire	Feuer		
hero	Held		
stairs	Treppe		
kind	freundlich		
coward	Feigling		
flames	Flammen		
loser	Verlierer		
tale	Erzählung		

A DAY OUT

Um sieben Uhr morgens kam der Postbote mit drei Briefen.
Sie waren alle für meine Frau.
Um halb acht ging ich beim Bäcker Brot holen. Ich liebe den Duft von Brot am Morgen.
Danach ging ich die Zeitung holen, aber als ich den Laden betrat, war die Verkäuferin nicht da.
Ich nahm eine Zeitung und ging hinaus, als ich einen Polizisten sah.
In diesem Moment begann ich, vor mich hinzuträumen.
Ich war im Gericht, mein Anwalt zeigte dem Richter die gestohlene Zeitung, und ich stand zwischen zwei Polizisten.
Dann sprach mein Buchhalter. ‚Vielleicht denken Sie, es sei dumm, eine Zeitung, die nur ein Pfund kostet, zu stehlen, aber es ist verständlich, ... weil er kein Geld mehr hat! Und warum hat er kein Geld? Weil er Arbeit braucht. Und warum hat er keine Arbeit?'.
‚Weil er ein Dieb ist!' rief der Richter.
Ich beschloss, die Zeitung zu bezahlen.
Um ein Uhr nachmittags hatte ich ein Vorstellungsgespräch für eine neue Stelle, ich ging also zum Frisör.
Ja! Es dauert zwei Stunden, meine Haare zu richten.
Auf dem Weg zum Frisör sah ich einige Maurer auf einer Baustelle, und ich fragte sie, was sie bauten.
‚Eine Tierklinik', sagte ein Maurer.
‚Und was machen Sie?', fragte ich.
‚Ich bin Flaschner', sagte er, ‚ich bringe die Wasserinstallation in Ordnung.'
Nach zwanzig Minuten bekam ich Zahnschmerzen, also ging ich zum Zahnarzt, um mir einen Kostenvoranschlag machen zu lassen. Er nannte mir den Betrag, und der Schmerz verging sofort.

Nach dem Frisör war es Zeit fürs Mittagessen, und ich ging auf ein schnelles Bier ins Pub und dann ins Restaurant.

Der Kellner brachte mir einen Teller Pasta und machte mir Komplimente über meine Haare.

Danach machte ich dem Koch Komplimente und ging zu meinem Vorstellungsgespräch.

Während ich das Gebäude betrat, in dem mein Vorstellungsgespräch stattfand, ging eine SMS ein. Es war mein Buchhalter.

‚Wenn sie dich nicht einstellen, steckst du in Schwierigkeiten!'

An der Rezeption gab ich meinen Namen an, und die Sekretärin des Chefs kam, um mich abzuholen.

Im Büro des Chefs stellte ich mich vor, und er machte mir Komplimente über meine Haare.

Ich sprach gerade mit dem Chef, als ich eine Frau „Feuer!" rufen hörte.

Der Chef rief die Feuerwehr und ich versuchte, ein Held zu sein und floh.

Während ich die Treppen hinunterrannte, stürzte ich.

Im Krankenhaus brachte mir die Krankenschwester eine Zeitung. Sie war sehr freundlich.

Unglaublich: Ich war auf der Titelseite!

‚Feigling bricht sich ein Bein, während er aus einem brennenden Gebäude flieht!'

Der Arzt sagte, ich müsse vier Tage dort bleiben.

Danach kam die Putzfrau.

‚Sie sind ein Loser!' sagte sie.

‚Es brannte!' antwortete ich.

‚Nicht weil sie geflohen sind!', sagte sie. ‚Weil sie es nicht geschafft haben, den Metzger in dieser blöden Erzählung unterzubringen!'

MONEY

Andere Länder, anderes Geld.

Hast du erst einmal den richtigen Laden gefunden, in dem du Obst, Gemüse, Hosen oder ein paar Schuhe kaufen kannst, dann brauchst du selbstverständlich auch Geld!

€
cents   Cent
euro   Euro

ENGLISCHES GELD
pence   Pence
pound   Pfund (100 Pence)

AMERIKANISCHES GELD
cents   Cent
dollar   Dollar (100 Cent)

ABOUT MONEY

account/Konto
I have nothing in my bank account. Ich habe nichts auf meinem Bankkonto.

bank/Bank
The bank opens at five. Die Bank öffnet um fünf.

banknote/Banknote, Geldschein
I keep my banknotes in my wallet. Ich habe meine Geldscheine in meiner Brieftasche.

cash/bar
I always pay in cash. Ich zahle immer bar.

change/Wechselgeld
I gave the shop assistant one pound for the chewing gum and she only gave me four pence change! Ich habe der Kassiererin ein Pfund für den Kaugummi gegeben, und sie hat mir nur vier Pence Wechselgeld gegeben!

cheque (UK) ODER check (US)/Scheck
I will write a cheque/check for the new car. Ich werde einen Scheck für das neue Auto ausstellen.

cheque book (UK) ODER check book (US)/Scheckheft
I need a new cheque/check book; is the bank open? Ich brauche ein neues Scheckheft: Ist die Bank geöffnet?

credit card/Kreditkarte
I need to cancel my credit card; I can't find it! Ich muss meine Kreditkarte sperren lassen, ich finde sie nicht!

cash point/Bankomat
Is there a cash point near the hotel? Gibt es in der Nähe des Hotels einen Bankomaten?

coin/Münze
Every English coin has the Queen's head on it. Auf jeder englischen Münze ist der Kopf der Königin abgebildet.

PIN number/PIN-Nummer
I can never remember my PIN number!
Ich kann mir meine PIN-Nummer nie merken!

Wie wird das Wetter?

Wenn du jetzt eine neue Tasche und neue Schuhe gekauft hast und vielleicht auch beim Frisör warst, musst du dich aber auch informieren, wie das Wetter wird. Nicht, dass du so mir nichts dir nichts von einem Wolkenbruch überrascht wirst …

Was ist noch schlechter berechenbar als eine Frau? Das Wetter in Großbritannien. Stimmt!

DAS WETTER

Im Englischen brauchst du immer ein *it*, wenn es um das Wetter geht.
it's raining, it's snowing, it's sunny;
it rained, it snowed, it was sunny;
it will rain, it will snow, it will be sunny.

ÜBERSETZE BITTE!

WORDS		DIE TEMPERATUR	
cloud	Wolke	chilly	kühl/frisch
cloudy	bewölkt	cold	kalt
damp	feucht	freezing	eiskalt/frostig
fog	Nebel	hot	heiß
foggy	neblig	warm	warm
rain	Regen	very warm	sehr warm
rainy	regnerisch		
snow	Schnee		
snowy	verschneit/		
	schneebedeckt		
storm	Sturm/Gewitter		
stormy	stürmisch		
sun	Sonne		
sunny	sonnig		
thunder	Donner		
wind	Wind		
windy	windig		

EIN WOCHENENDE IN GROSSBRITANNIEN

Das Wetter in Großbritannien ist wirklich verrückt!
Wir kamen in London an, und es war sehr bewölkt und kühl.
Den berühmten Londoner Nebel gab es nicht.
Nur dreißig Minuten später regnete es, und wir hatten keinen Regenschirm!
Es war aber kein Problem, weil fünf Minuten später die Sonne am Himmel stand.
Zwei Stunden später waren wir in Manchester, und es war verschneit.
Am Tag darauf fuhren wir nach Schottland, und dort war es sehr kalt.
Wir schliefen in den Bergen, und in jener Nacht gab es einen Schneesturm.
Am Tag darauf war es draußen wunderschön. Alle Bäume waren schneebedeckt,
und es war warm. Nach dem Mittagessen kam ein unglaublicher Wind auf, und wir
sahen, dass die Bäume wieder grün waren.
Wir haben alle vier Jahreszeiten in zwei Tagen erlebt (to see)!

PLACES   3.1.5

Wohin gehst du?

Du bist jetzt in der Lage, dich frei zu bewegen, neue Kleider, Schuhe und Essen zu kaufen, dich nach dem Wetter zu erkundigen, und du kannst auch durch die Stadt spazieren ... aber wohin denn?

ÜBERSETZE BITTE!

WORDS		noise	Lärm
car park	Parkplatz	milk	Milch
castle	Schloss	cheese	Käse
cathedral	Kathedrale	blackberry	Brombeere
church	Kirche	vast	riesig
park	Park	at least	mindestens
railway station	Bahnhof	difficult	schwierig
town hall	Rathaus	historic	historisch
city	Stadt	soul	Seele
capital	Hauptstadt	sometimes	manchmal
village	Dorf		
centre	Zentrum		
city centre	Stadtzentrum	VERBS	
suburbs	Stadtrand/Vororte	to live	leben/wohnen
beach	Strand	to wash	waschen
cliff	Klippe	to win	gewinnen
coast	Küste	to flow	fließen
countryside	Land	to pick	pflücken
forest	Wald		
hill	Hügel		
lake	See		
river	Fluss		
sea	Meer		
seaside	(Meeres)küste		
shore	Küste, Ufer		
stream	Bach		
woods	Wald		
near	nahe bei		
waves	Wellen		
so much	so viel		

NEAR MY HEART

In England lebe ich auf dem Land.
In der Nähe meines Hauses gibt es einen Bach, wo ich mich jeden Morgen wasche.
Wenn du dem Bach folgst, kommst zu einem Fluss. Der Fluss fließt durch einen Wald und erreicht das Meer.
Ich gehe gerne ans Meer. Ich liebe es, mit meiner Frau an der Küste entlang zu gehen.
Die Wellen machen so viel Lärm, dass ich ihre Stimme nicht höre.
Es ist wunderschön.
Wenn du vom Strand nach oben schaust, kannst du das alte Schloss auf dem Hügel sehen.
In der Nähe des Strandes liegt ein kleines Dorf.
Es gibt dort Wälder, in denen ich Brombeeren pflücke.
Als Kind liebte ich es, das Meer zu beobachten – so groß, so riesig.
In Mailand wohne ich am Stadtrand, aber ich arbeite im Stadtzentrum.
Vor meinem Büro befindet sich das Rathaus.
Von meinem Fenster aus kann ich nur Autos und Chaos sehen, aber wenigstens gibt es in der Nähe meines Hauses einen Park.
In Mailand ist es schwer, einen Parkplatz zu finden, also fahre ich mit der Straßenbahn zur Arbeit.
Mailand ist eine wichtige Stadt in Italien, aber die Hauptstadt ist Rom.
Rom ist eine historische Stadt, weil Liverpool dort den Champions Cup gewonnen hat.
Ich liebe Italien, aber ich sage zu meinen Freunden, die in Mailand leben, immer: ‚Geht ab und zu aufs Land. Ohne euren PC, ohne euer Handy, und lebt ein wenig mit eurer Seele. Nur ein Wochenende lang'.
Aber sie haben nie Zeit dafür.

IDIOMS

A
B
C
D
F-G
H
I
K-L
M
N
O
P
Q-R
S
T
U
W-Y

AMERICAN ENGLISH

Bevor wir zu den *idioms* kommen, möchte ich noch ein Gerücht aus der Welt schaffen.

Wenn ich unterrichte, werde ich häufig gefragt: „Aber ist das im Amerikanischen auch so?". Jetzt pass mal bitte gut auf:
AMERIKANISCH GIBT ES NICHT!
Ich weiß, dass es vielen Amerikanern gefällt, wenn die Leute denken, es gäbe Amerikanisch, aber das ist nicht der Fall. American English ist eine Variante der englischen Sprache: hier und da unterscheidet sich die Grammatik vom British English, manche Dinge werden anders bezeichnet: ‚Aufzug' zum Beispiel heißt im Englischen *lift*, in den Vereinigten Staaten sagt man dazu *elevator*. *Elevator* ist aber etwas, das ‚elevates' (also etwas emporhebt), und ist **nach wie vor Englisch!**

Jede Region in Großbritannien hat ihre eigene Umgangssprache – genau wie jede Region in Deutschland. In Amerika ist das nicht anders ...
Wir Engländer wachsen mit amerikanischen Zeichentrick- und Spielfilmen auf, und kein englisches Kind hat jemals Probleme gehabt, sie zu verstehen – weil sie nämlich in Englisch sind!
Mir selbst fällt es sogar schwerer, einen Liverpooler als einen New Yorker zu verstehen!

Diese falsche Vorstellung vom „Amerikanischen" wurde so forciert, dass es sogar ein Amerikanisch-Wörterbuch gibt, das selbstverständlich nichts Anderes als ein Englisch-Wörterbuch ist! Ich wiederhole: Einige Wörter unterscheiden sich (tatsächlich sind es nur wenige), und manche Wörter werden etwas anders ausgesprochen. Man spricht aber in den Vereinigten Staaten genau die Sprache, die du gerade lernst: Englisch!
Dazu gehören auch *idioms*!
Wir Engländer lieben unsere *idioms*, und wir setzen sie recht häufig ein. Es ist wichtig, dass du die gängigsten kennst – damit du sie selbst anwenden kannst, aber auch damit du die Engländer und deren Sprache verstehst. Auf den folgenden Seiten findest du die wichtigsten!

IDIOMS

A

ALL EARS

(ganz Ohr)
Entspricht dem deutschen: ganz Ohr sein

Wenn du *all ears* bist, heißt das, dass du sehr aufmerksam und auf das konzentriert bist, was dein Gegenüber sagt, weil du es für sehr wichtig hältst.

Bob: Your idea was stupid! Deine Idee war dumm!
Kevin: Well, if you have a better idea, I'm all ears! Nun, wenn du eine bessere Idee hast, bin ich ganz Ohr!

ALL HELL BROKE LOOSE

(die ganze Hölle ist ausgebrochen)
Entspricht dem deutschen: hier ist die Hölle los

Wenn man sagt *all hell broke loose*, bedeutet das, dass wirklich die Hölle los ist, dass etwas Schlimmes und Entsetzliches geschehen ist.

Tobias: What's wrong? Stimmt etwas nicht?
Oliver: My wife found lipstick on my shirt and all hell broke loose. Meine Frau hat Lippenstift auf meinem Hemd entdeckt, und dann war die Hölle los.

APPLE OF MY EYE

(Apfel meines Auges)
Entspricht dem deutschen: Augenstern, Liebling

Wenn du jemanden als *apple of my eye* bezeichnest, bedeutet das, dass du denjenigen über alles liebst!

Don't criticise Angela in front of the boss: she is the apple of his eye. Kritisiere Angela nicht vor dem Chef; sie ist sein Augenstern.

ASK FOR TROUBLE

(um Ärger bitten)
Entspricht dem deutschen: Streit suchen
Diesen Ausdruck benutzt man für Menschen, die immer wieder riskieren, in der Tinte zu sitzen, die Ärger magisch anziehen – oder eben Streit suchen.

If you go out with Lucy tonight, you're asking for trouble. She's married! Wenn du heute Abend mit Lucy ausgehst, dann suchst du Streit. Sie ist verheiratet!

A BAD EGG

(ein faules Ei)
Entspricht dem deutschen: ein Gauner sein

Nicht zu verwechseln mit dem deutschen Ausdruck „ein dickes Ei", der eine andere Bedeutung hat.

His accountant was a bad egg and he lost all his money. Sein Buchhalter war ein Gauner, und er hat sein gesamtes Geld verloren.

A PIECE OF CAKE

(ein Stück Kuchen)
Entspricht dem deutschen: ein Kinderspiel, ein Klacks

Wenn du diesen Ausdruck für etwas verwendest, heißt das, dass es wirklich sehr einfach ist – ein Stück Kuchen essen zum Beispiel!

James: I don't know how to break up with Suzy. Ich weiß nicht, wie ich mit Suzy Schluss machen soll.
Joe: Just say 'Goodbye!'; it's a piece of cake. Das ist doch ein Kinderspiel: Sag einfach: ‚Tschüss!'.

A CASH COW

(eine Geldkuh)
Entspricht dem deutschen: Milchkuh, Goldesel

Wenn du das über etwas oder jemanden sagst, dann bist du der Meinung, dass diese Sache bzw. Person ständig Geld abwirft – wie eine Kuh, die täglich Milch gibt. Dieser Ausdruck wird vor allem im Geschäftsleben und im Marketing verwendet. In Deutschland hat sich hier schon fast überall der englische Begriff etabliert.

Arabian countries export coal and plastic, but their cash cow remains their oil. Die arabischen Länder exportieren Kohle und Kunststoff, aber ihre Milchkuh/Cash Cow ist und bleibt ihr Öl.

IDIOMS

A FLASH IN THE PAN

(ein Blitz in der Pfanne)
Entspricht dem deutschen: eine Eintagsfliege sein

Man verwendet diesen Ausdruck für jemanden, der einen kurzen Augenblick des Ruhmes hatte und dann sofort wieder von der Bildfläche verschwunden ist.

That man had one good idea, but nothing after that. He was a flash in the pan. Dieser Mann hatte eine gute Idee, aber danach kam nichts mehr. Er war eine Eintagsfliege.

A PAIN IN THE NECK

(ein Schmerz im Nacken)
Entspricht dem deutschen: eine Nervensäge sein, nerven

Dieser Ausdruck bezieht sich auf eine Person oder eine Situation, die Anlass zu Ärger oder Langeweile gibt oder sehr beharrlich ist – also nervt.

Lenny: How is your boss with you now? Wie ist dein Chef jetzt zu dir?
David: He's a pain in the neck! He's always telling me to do this or do that... Er ist eine Nervensäge! Er sagt mir ständig, ich solle dies oder jenes tun ...

ÜBERSETZE BITTE!

WORDS		VERBS	
dangerous	gefährlich	to kill	töten/umbringen
drastic	drastisch	to suffocate	ersticken
ago	vor (zeitlich)	to know	kennen/wissen
shut up!	Halt' die Klappe!	to find out	erfahren/
thank goodness	Gott sei Dank!		entdecken

NICK, MAX AND TIM (THE LETHAL PLAN)

Nick und Max schmieden einen Komplott, um Tim um die Ecke zu bringen.

M: Wir müssen Tim umbringen, er ist eine Nervensäge.
N: Aber ist das nicht ein bisschen drastisch?
M: Er hat das absichtlich getan, er hat Streit gesucht.
N: Und wie bringen wir ihn um? Ich bin ganz Ohr!
M: Ganz einfach, ich ersticke ihn, während er schläft.
N: Aber das ist gefährlich, alle kennen ihn.
M: Sie kannten ihn, er war berühmt, aber das ist viele Jahre her. Er war eine Eintagsfliege.
N: Hä?
M: Nichts.
N: Wenn seine Mama das erfährt, dann ist die Hölle los ...
M: Also?
N: Seine Mama hat uns geholfen, sie ist unser Goldesel!
M: Diese Frau ist eine Gaunerin, bringen wir sie auch um!
N: Rühr' Tims Mama nicht an, sie ist mein Augenstern!
M: Halt' die Klappe!
N: Gott sei Dank sind (uns) die *idioms* jetzt ausgegangen... Sonst hättest du mich auch noch umgebracht!

IDIOMS

B

BACK TO SQUARE ONE

(zurück zum Quadrat eins)
Entspricht dem deutschen: wieder bei Null anfangen

Diese Redewendung hat ihren Ursprung in vielen Gesellschaftsspielen, bei denen man im ersten Quadrat oder Feld des Spielplans startet und gewinnt, wenn man das letzte Feld als Erster erreicht hat. Bei vielen dieser Spiele muss man zurück zum Start und von vorne beginnen, wenn man einen Fehler macht. Wie im echten Leben!

Our plan didn't work and so it's back to square one. Unser Plan hat nicht funktioniert, deshalb müssen wir wieder bei Null anfangen.

BELOW THE BELT

(unter dem Gürtel)
Entspricht dem deutschen: unter der Gürtellinie

Wir Männer haben eine Stelle „unter der Gürtellinie", die sehr empfindlich ist: Bei einem Schlag auf diese Stelle kommen uns viele, viele Tränen ...
Grausame Äußerungen, vor allem grundlose persönliche Beleidigungen, bezeichnen wir Engländer – genau wie die Deutschen – als einen Schlag unter die Gürtellinie. Dieser Ausdruck wird häufig verwendet und kann sich – ungeachtet meiner Vorbemerkung – sowohl auf Männer als auch auf Frauen beziehen.

Toby: I will never forgive Ali. Ich werde Ali niemals verzeihen.
Carl: Why not? Warum nicht?
Toby: He insulted me and that was Ok, but he also insulted my mother, which was totally below the belt. Er hat mich beleidigt, und das war okay. Aber er hat auch meine Mutter beleidigt, und das war absolut unter der Gürtellinie.

BETWEEN THE DEVIL AND THE DEEP BLUE SEA

(zwischen dem Teufel und dem tiefen blauen Meer)
Entspricht dem deutschen: sich in einer Zwickmühle befinden/hin- und hergerissen sein

Genau wie im Deutschen beschreibt dieser Ausdruck eine Situation, in der es schwierig ist, sich zu entscheiden, weil man zwischen zwei Möglichkeiten hin- und hergerissen ist.

Laura: So, are you taking the job in Glasgow or Baghdad? Nimmst du nun die Stelle in Glasgow oder die in Bagdad?
Tom: I don't know; it's between the devil and the deep blue sea. Ich weiß es nicht; ich bin hin- und hergerissen.

BEND THE TRUTH

(die Wahrheit verbiegen)
Entspricht dem deutschen: es mit der Wahrheit nicht so genau nehmen, nicht die ganze Wahrheit sagen

Diese Redewendung bezieht sich auf Situationen, in denen man die Wahrheit sagt – aber nur zum Teil (eine Halbwahrheit also).

Anna: Why did you tell John that you are a natural blonde? Warum hast du John gesagt, du wärest von Natur aus blond?
Antonia: Because I am a natural blonde. I just didn't tell him that my hairdresser helps me to keep my hair natural blonde! Weil ich von Natur aus blond bin. Ich habe ihm lediglich verschwiegen, dass mein Frisör mir hilft, mein natürliches Blond zu erhalten!
Anna: So, you bent the truth? Dann hast du es mit der Wahrheit also nicht so genau genommen?
Antonia: A little. Nicht ganz.

BENEFIT OF THE DOUBT

(Gunst des Zweifels)
Entspricht dem deutschen: im Zweifelsfall zu jds. Gunsten entscheiden

Man entscheidet im Zweifelsfall zu Gunsten einer Person, wenn man demjenigen die Möglichkeit einräumt zu beweisen, dass die Dinge nicht so sind, wie sie scheinen – wenn man ihm also die Möglichkeit gibt, seine Wahrheit darzulegen.

John: So, what did my wife say? Was hat meine Frau denn gesagt?
Olive: She thinks you are not going to the gym, but I think she will give you the benefit of the doubt. Sie denkt, dass du nicht zum Sport gehst, aber ich denke, sie wird im Zweifelsfall zu deinen Gunsten entscheiden.
John: If she finds out about us, we're dead! Wenn sie das über uns herausbekommt, sind wir tot!
Violin music Violinenmusik
The end. Ende.

IDIOMS

BEYOND ME

(jenseits von mir)
Entspricht dem deutschen: Das ist zu hoch für mich./Da komme ich nicht mit.

Dieser Ausdruck bedeutet eigentlich noch viel mehr als ‚das ist mir zu hoch'. Er besagt, dass man nicht die geringste Idee hat; dass die Sache, um die es geht, jenseits des eigenen Vorstellungsvermögens liegt.

Earl: How does a computer work? Wie funktioniert ein Computer?
Jonny: Don't ask me, it's beyond me! Frag mich nicht ... Das ist mir zu hoch!

BITE YOUR TONGUE

(beiß auf deine Zunge)
Entspricht dem deutschen: sich auf die Zunge beißen/sich eine Bemerkung verkneifen

Wenn man etwas unbedingt sagen möchte, aber beschließt, sich zurückzuhalten.

She will insult you, but, please, just bite your tongue! Sie wird dich beschimpfen, aber bitte beiß dir auf die Zunge!

ÜBERSETZE BITTE!

WORDS		VERBS	
bonnet	Motorhaube	to pay	(be)zahlen
imbecile	Dummkopf	to save	sparen
ugly	hässlich	to stop	aufhören

THE ACCIDENT

Drei Freunde fahren im Auto zu einem Fest. Simon sitzt am Steuer; die anderen wissen aber nicht, dass Simon gar nicht Auto fahren kann. Sie fahren über Land, als das Auto von der Straße abkommt und gegen einen Baum prallt.

Joe: Warum bist du gegen einen Baum gefahren?
Simon: Ich weiß es nicht.
Joe: Pfhhh!
Simon: Was hast du gesagt?
Terry: Da komme ich nicht mit ... warte! Ah ja, er verkneift sich eine Bemerkung.
(Terry schaut unter die Motorhaube.)
Terry: Wie viel hast du für dieses Auto bezahlt?
Simon: Fünfzig Euro.
Terry: Okay, im Zweifelsfall entscheide ich zu deinen Gunsten.
Simon: Jungs, vielleicht habe ich nicht ganz die Wahrheit gesagt.
Joe: Was?
Simon: Ich kann nicht Auto fahren.
Joe: Das haben wir gesehen! Du bist ein Dummkopf, nicht nur hässlich, sondern auch noch dumm!
Simon: Warte! Das ist unter der Gürtellinie! Ich wollte mit euch kommen, weil ich – wenn ich zu Hause geblieben wäre – den Hund hätte baden müssen. Ich befand mich also in einer Zwickmühle.
Terry: Ich verstehe (to get it).
Simon: Ich habe viel Geld gespart, um dieses Auto zu kaufen, und jetzt fange ich wieder bei Null an.
Joe: Du bist trotzdem ein Dummkopf.
Terry: Hör auf zu nerven, Joe!

C

CAN'T MAKE AN OMELETTE WITHOUT BREAKING A FEW EGGS

(du kannst kein Omelette machen, ohne ein paar Eier aufzuschlagen)
Entspricht dem deutschen: wo gehobelt wird, da fallen auch Späne

Das bedeutet, dass man manchmal auch unangenehme Dinge unternehmen muss, um zu einem guten Ergebnis zu kommen. Denke nur an die Philosophie Machiavellis, nach der „der Zweck die Mittel heiligt".

John: In order to have my book published, I had to almost completely rewrite it! Damit mein Buch verlegt wird, musste ich es fast komplett neu schreiben: I know, John, but your book is horrible! And you can't make an omelette without breaking a few eggs! Ich weiß, John, dein Buch ist nun mal schrecklich! Und wo gehobelt wird, da fallen auch Späne.

CLEAR THE AIR

(die Luft reinigen)
Entspricht dem deutschen: die Situation klären

Nach einem Streit herrscht dicke Luft. Wenn du die Dinge wieder in Ordnung bringen willst (*sort out*), ist es besser zu reden, sich auszusprechen und eben die Situation zu klären.

I shouted a lot, she shouted a lot, but at least we cleared the air. Ich habe viel geschrien, sie hat viel geschrien, aber zumindest haben wir die Situation jetzt geklärt.

COME WHAT MAY

(komme, was möge)
Entspricht dem deutschen: komme, was wolle

Obwohl dir bewusst ist, dass dein Tun mit vielen Risiken verbunden ist, tust du es dennoch – weil du denkst, es lohnt sich.

Tracy: I want to get a tattoo. Ich möchte mich tätowieren lassen.
Cheryl: But you're only 16; your father will kill you! Aber du bist erst 16; dein Vater bringt dich um!
Tracy: I don't care! I'm doing it, come what may. Das ist mir egal! Ich mache es – komme, was wolle.

COUGH UP

(heraushusten)
Entspricht dem deutschen: mit etwas herausrücken

Diese Redewendung ist eigentlich ekelhaft, aber wir verwenden sie nichtsdestotrotz!
To cough heißt ‚husten'. Mit *To cough up* bezeichnet man das Abhusten von Schleim:
Diesen Ausdruck benutzt man, wenn jemand sich schwer tut, zum Beispiel Geld oder
Informationen herauszugeben.

Thief finally coughed up that he had stolen the wallet. Der Dieb gab schließlich zu, dass
er das Portemonnaie gestohlen hatte.

TO MAKE +

Du erinnerst dich sicher noch, dass das Verb *to make* ganz allgemein ‚tun/ma-
chen' bedeutet, aber:
to make + Objektpronomen
heißt ‚jemanden zu etwas zwingen'

Im Englischen verwendet man SO GUT WIE NIE das Verb *to oblige*; stattdessen
drückt man mit *to make*, gefolgt vom Objektpronomen, genau dasselbe aus.

I will make you stay here. Ich werde dich dazu zwingen, hier zu bleiben.

IDIOMS

CREAM OF THE CROP

(die Creme der Ernte)
Entspricht dem deutschen: Crème de la Crème

Schlicht und einfach der Beste oder die Besten – das Beste, was es gibt.
Das englische Wort *the crop* (die Ernte) bezieht sich auf das Getreide, das die Landwirte jedes Jahr einholen.

Real Madrid bought the best players in the world, the cream of the crop, but Birmingham City is still a better team. Real Madrid hat die besten Spieler der Welt eingekauft, die Crème de la Crème, aber Birmingham City ist immer noch die bessere Mannschaft.

CRASH COURSE

(Crashkurs)
Entspricht dem deutschen: Crashkurs/Intensivkurs

Ein Crashkurs ist nötig, wenn man etwas in kürzester Zeit lernen möchte und deshalb einen schnelleren Weg einschlägt.

Yuri: I got a job with Microsoft. Ich habe einen Job bei Microsoft.
Dylan: Great, aren't you happy? Fantastisch, bist zu nicht zufrieden?
Yuri: Yes, but I bent the truth. I told them that I could program an operating system. Doch, aber ich habe Ihnen nicht ganz die Wahrheit gesagt. Ich habe erzählt, ich könne ein Betriebssystem programmieren.
Dylan: Are you crazy? Bist du verrückt?
Yuri: Don't worry. I'm taking a crash course in operating systems tonight! Keine Sorge. Heute Nacht mache ich einen Crashkurs über Betriebssysteme!

ÜBERSETZE BITTE!

WORDS		VERBS	
it is worth it	das ist es wert	to happen	geschehen/
mess	Unordnung/		passieren
	Durcheinander		
ridiculous	lächerlich		

FALLING IN LOVE

Zwei Teenager, Steve und Billy, unterhalten sich darüber, dass Billy in seine Literaturlehrerin verliebt ist.

Billy: Ich möchte ihr sagen, dass ich sie liebe, und dass ich sie mit nach Amerika nehmen möchte.
Steve: Bist du verrückt? Wenn das deine Mutter herausfindet, bringt sie dich um.
Billy: Und wer soll es ihr sagen?
Steve: Ich, wenn du nicht 100 Euro herausrückst!
Billy: Halt' die Klappe! Sie ist einfach die Beste, die Crème de la Crème.
Steve: Das wird ein Durcheinander geben.
Billy: Komme, was wolle; ich liebe sie, und wo gehobelt wird, da fallen auch Späne.
Steve: Du bist echt lächerlich, weißt du das?
Billy: Steve, hör zu …
Steve: Ich bin ganz Ohr!
Billy: Wir müssen die Situation klären, du und ich. Es tut mir leid, dass ich dich letztes Jahr im Stich gelassen habe.
Steve: Ich denke, du musst einen Crashkurs zum Thema Leben belegen, mein Freund!

IDIOMS

D

DELIVER THE GOODS

(die Ware liefern)
Entspricht dem deutschen: etwas in die Tat umsetzen

Dieser Ausdruck wird im Geschäftsleben gebraucht, aber nicht nur dort. *To deliver the goods* bedeutet auch, die Erwartungen zu erfüllen.

The boss wants us to increase sales by 50% this year, but with the global crisis it will be difficult to deliver the goods! Der Chef möchte, dass wir den Umsatz in diesem Jahr um 50 % steigern, aber in Anbetracht der weltweiten Krise wird es schwierig sein, das in die Tat umzusetzen!

Wir Engländer verwenden dieses *idiom* derart oft, dass wir häufig nur noch *to deliver* sagen:

My husband promised me a nice holiday for our anniversary. I hope he delivers. Mein Mann hat mir zu unserem Hochzeitstag einen schönen Urlaub versprochen. Ich hoffe, er setzt das auch in die Tat um.

DIE IS CAST (THE)

(der Würfel ist gefallen)
Entspricht dem deutschen: die Würfel sind gefallen, es gibt kein Zurück mehr

Ich mag diese Redensart sehr! Sie ist ein Paradebeispiel für die große Weisheit Julius Cäsars. Weitere Erklärungen erübrigen sich, glaube ich.

Bill: Why did you send Johanna to the London meeting? She doesn't understand English! Warum hast du Johanna zu der Sitzung nach London geschickt? Sie versteht kein Englisch!
Colin: Too late! The die is cast. Zu spät! Die Würfel sind gefallen.

DOG EAT DOG

(Hund frisst Hund)
Entspricht dem deutschen: Ellbogengesellschaft

Diese Redewendung verwendet man, wenn eine Person eine andere beiseite drängt, um sich selbst Vorteile zu verschaffen. Sie dient als Rechtfertigung für schlechtes

Benehmen zum eigenen Vorteil; es geht ums Überleben, um das Gesetz des Starken, der den Schwachen schluckt. Im Geschäftsleben ist dieses *idiom* natürlich sehr beliebt.

Ian: David, you sacked Toby? But he has a family! David, du hast Toby gefeuert? Aber er hat Familie!
Joe: I know and I'm sorry, but it's a dog eat dog world, Ian. Ich weiß, und es tut mir leid, aber wir leben in einer Ellbogengesellschaft, Ian.

DOGHOUSE (IN THE)

(in der Hundehütte)
Entspricht dem deutschen: in Ungnade (fallen)

Wenn sich jemand etwas Schlimmes geleistet und eine andere Person damit verärgert hat, sagt man im Englischen ,er ist in der Hundehütte'. Da ich mit einer Italienerin verheiratet bin, brauche ich diesen Ausdruck sehr häufig – vielleicht kennst du ja die italienischen Frauen? Machst du etwas Falsches, reden sie tagelang nicht mehr mit dir, und wenn du sie fragst, was denn los ist, antworten sie: ,Nichts!'. Ich habe bald kapiert, dass das eine Lüge ist: Inzwischen weiß ich, dass ich ein ernsthaftes Problem habe, wenn meine Frau sagt, es sei nichts!

Olive: Jessica, your little boy looks sad, is he ok? Jessica, dein kleiner Sohn sieht traurig aus. Ist alles okay mit ihm?
Jessica: He ate all my biscuits, so he's in the doghouse. Er hat alle meine Kekse gegessen, deshalb ist er bei mir in Ungnade gefallen.

DOWN TO EARTH

(auf die Erde hinunter)
Entspricht dem deutschen: bodenständig

So bezeichnet man eine Person, die realistisch, praktisch, ausgeglichen und direkt ist.

I like my boss. He doesn't make empty promises; he is very down to earth. Ich mag meinen Chef: Er macht keine leeren Versprechungen; er ist sehr bodenständig.

DRESSED TO KILL

(gekleidet, um zu töten)
Entspricht dem deutschen: todschick, aufgedonnert
Wenn eine Frau gerne möchte, dass die Leute sie mit offenem Mund anstarren, trägt sie in der Regel ihre besten Kleider, die schönsten und auffälligsten Accessoires und

IDIOMS

ihre neuesten Schuhe. Wenn eine Frau sich so kleidet, dass man sie anschaut und Notiz von ihr nimmt, dann sagt man im Englischen, ‚sie kleidet sich um, zu töten'.

In einem Lied von Roxy Music kommt ein Satz vor, den ich genial finde. Das Lied heißt Dance Away, und der Protagonist weint um eine Frau, die ihn verlassen hat. Irgendwann sieht er sie mit einem anderen Mann und singt 'You dressed to kill, and guess who is dying?' (Du hast dich angezogen, um zu töten, und rate mal, wer stirbt?). Wow!!!

DYING FOR SOMETHING (to be)

(für etwas sterben)
Entspricht dem deutschen: etwas nicht erwarten können/auf etwas brennen

Im Englischen sagt man ‚dass man für etwas stirbt', wenn man es nicht erwarten kann, dass diese Sache eintritt.

So, what did he say? I'm dying to know! Was hat er denn gesagt? Ich brenne darauf, es zu erfahren!

ÜBERSETZE BITTE!

WORDS		VERBS	
without	ohne	to happen	geschehen/
doubt	Zweifel		passieren
		to promise	versprechen
		to keep	(auf)halten

THE LYING GAME

Zwei 10-jährige Jungen, Freddy und Jonny, spielen miteinander, aber Freddy ist ein bisschen traurig.

Jonny: Was ist passiert?
Freddy: Ich bin in Ungnade gefallen.
Jonny: Warum?
Freddy: Weil ich meiner Mutter versprochen habe, mein Zimmer aufzuräumen, und es dann nicht getan habe.
Jonny: Lässt sie dich am Samstag nicht mit ins Kino gehen?!
Freddy: Ich weiß es nicht, die Würfel sind gefallen.
Jonny: Sag ihr, du hättest dein Zimmer nicht aufgeräumt, weil Paul dich angerufen und eine Stunde lang am Telefon aufgehalten hat.
Freddy: Aber dann fällt Paul bei seiner Mama in Ungnade.
Jonny: Na und? Wir leben in einer Ellbogengesellschaft. Komm schon! Du darfst den Film nicht verpassen. Ich brenne darauf, ihn zu sehen! Lilly wird auch dort sein, ich muss mich also todschick machen.
Freddy: Wow, Lilly? Dieses bodenständige Mädchen aus der Schule?
Jonny: Das ist zweifelsohne die schlechteste Geschichte, die John jemals geschrieben hat!
Freddy: Ich weiß, er sollte mal mit einem Profi sprechen.

IDIOMS

F-G

FACE THE MUSIC

(sich der Musik zuwenden)
Entspricht dem deutschen: die Konsequenzen tragen/die Suppe auslöffeln, die man sich eingebrockt hat

Begeht man einen Fehler, der schlimme Folgen hat, dann kommt irgendwann der Zeitpunkt, an dem man die Konsequenzen daraus tragen muss. ‚Die Musik', steht in diesem Fall für die Anschuldigungen, Kommentare, Probleme, die auf das, was man verbrochen hat, folgen ...

My wife found Lucy's telephone number in my jeans, so I'm in the doghouse. I'll have some more beer, then I'll go home and face the music. Meine Frau hat Lucys Telefonnummer in meiner Jeans gefunden, ich bin also in Ungnade gefallen. Ich trinke noch ein paar Bier, dann gehe ich nach Hause, um die Suppe auszulöffeln, die ich mir eingebrockt habe.

FIND YOUR FEET

(finde deine Füße)
Entspricht dem deutschen: Fuß fassen

Zu Beginn einer neuen Erfahrung steht immer der Lernprozess. Gerade am Anfang gibt es in der Regel die meisten Probleme. Wenn du eine neue Arbeit aufnimmst, einer neuen Aktivität nachgehst oder auch eine neue Sprache lernst, bewegst du dich immer wie auf Eis: Der Boden rutscht dir unter den Füßen weg, und wenn du es dann geschafft hast, Halt zu finden, hast du weniger Probleme beim Weitergehen.

He is still finding his feet with the new team, but he's a great player! Er ist noch dabei, in der neuen Mannschaft Fuß zu fassen, aber er ist ein großartiger Spieler!

FLOG A DEAD HORSE

(ein totes Pferd auspeitschen)
Entspricht dem deutschen: Kraft und Zeit verschwenden/vergebliche Mühe

Zunächst einmal verwendet man im Englischen, wenn man ein Pferd auspeitscht, das Verb *to whip*, und nicht *to flog*. Dessen Gebrauch ist hier eine Ausnahme. Dieses *idiom* bedeutet, viel Energie für nichts aufzuwenden, weil das, was man anstrebt, unmöglich ist – weil man nichts machen kann, es keine Hoffnung gibt: Es ist, wie ein totes Pferd auszupeitschen.

Erika: Joe said he doesn't love me anymore, but tonight I will wait for him with roses and wine. Joe hat gesagt, er liebe mich nicht mehr, aber heute Abend werde ich mit Rosen und Wein auf ihn warten.
Janet: You're flogging a dead horse, Erica, he doesn't want you! Das ist vergebliche Mühe, Erika. Er will dich nicht!

FULL OF HOT AIR

(voll heißer Luft)
Entspricht dem deutschen: leeres Geschwätz/heiße Luft

Dieser Ausdruck beschreibt eine Situation, in der nichts stimmt – oder eine Person, die 'voll heißer Luft' ist, die viel redet und nichts zustande bringt ... Wie sang Mina einst so schön: 'Parole, parole, parole ...' – Worte, Worte, nichts als Worte ...

You promised me a promotion, you promised me an increase in my salary, but nothing... it was all hot air! Sie haben mir eine Beförderung versprochen, eine Gehaltserhöhung, aber nichts ... nur heiße Luft!

Kylie: Samuel is taking me to Venice this summer! Samuel nimmt mich in diesen Sommer mit nach Venedig!
Yasmin: Samuel is full of hot air, Kylie. Please: be more down to earth. Samuel produziert viel heiße Luft, Kylie. Bitte bleib' realistisch.

GET THE MESSAGE

(die Botschaft verstehen)
Entspricht dem deutschen: Hast du das kapiert?

Das Verb to get wird – im Gegensatz zu to understand – gebraucht, um auszudrücken, dass man 'einen Gedanken versteht oder erfasst', auch wenn dieser Gedanke nicht ausdrücklich erklärt wird.
To get the message bedeutet, dass man eine Botschaft erfasst, auch wenn sie nicht explizit mitgeteilt wird – wenn man also zwischen den Zeilen lesen muss.

Anton: David, I heard that you are going out with my daughter. I hope you don't hurt her, because I don't want to hurt you... do you get the message? David, ich habe gehört, dass du mit meiner Tochter ausgehst. Ich hoffe, du tust ihr nicht weh – weil ich dir nicht weh tun möchte ... Hast du das kapiert?

David: Yes, I get the message. Ja, ich habe es kapiert.

GO BANANAS

(Banane werden)
Entspricht dem deutschen: durchknallen/ausflippen

Dieser Ausdruck bedeutet, dass man komplett den Kopf verliert – vor Wut oder vor Freude.

Oh my God! I have broken my mother's favourite vase... she'll go bananas!
Oh Gott! Ich habe die Lieblingsvase meiner Mutter zerbrochen ... sie wird ausflippen!

GO DOWN WELL

(gut hinuntergehen)
Entspricht dem deutschen: gut ankommen

Dieser Ausdruck bezieht sich auf eine Idee oder einen Vorschlag, der guten Anklang findet.

Mike: So, did you ask the boss if you can work less for more money? And did your idea go down well? Hast du denn deinen Chef gefragt, ob du für mehr Geld weniger arbeiten kannst? Und ist deine Idee gut angekommen?
Bob: No, it didn't go down well. He sacked me! Nein, sie ist nicht gut angekommen. Er hat mich gefeuert!

ÜBERSETZE BITTE!

WORDS		VERBS	
disaster	Katastrophe	to convince	überzeugen
	(hier: Mist)	to offer	anbieten
less	weniger		
rent	Miete		

TIME TO PAY

Jim und Ken wohnen zusammen. Sie unterhalten sich: Ken hat seinen Job verloren und kann die Miete nicht bezahlen.

Jim: Was ist passiert?
Ken: Um den Job zu bekommen, habe ich nicht ganz die Wahrheit gesagt. Es war auf jeden Fall alles schwierig, und ich habe nicht richtig Fuß gefasst. Dann habe ich Mist gebaut, und der Chef hat mich (zu sich) gerufen. Ich bin in sein Büro gegangen, um die Suppe auszulöffeln, die ich mir eingebrockt hatte. Ich habe versucht, ihn zu überzeugen, dass ich meinen Job noch gut lernen würde, aber das war vergebliche Mühe. Er hat gesagt, ich würde nur heiße Luft produzieren. Also habe ich ihm angeboten, für weniger Geld zu arbeiten, aber das kam nicht gut an.
Jim: Du bist unglaublich dumm!
Ken: Komm schon, Jim, flipp nicht aus!
Jim: Hör mir zu: Wenn du die Miete nicht zahlst, muss ich jemanden finden, der es kann, hast du das kapiert?
Ken: Ja, ich habe es kapiert.

IDIOMS

H

HAND IN GLOVE

(Hand im Handschuh)
Entspricht dem deutschen: unter einer Decke stecken

Mit diesem Ausdruck beschreibt man zwei Personen, die sich häufig sehen und daher eng miteinander verbunden – manchmal auch Komplizen – sind.

Be careful what you say, when Judy is here. She is hand in glove with the boss.
Sei vorsichtig mit dem, was du sagst, wenn Judy hier ist. Sie steckt mit dem Chef unter einer Decke.

HARD UP

(hart nach oben)
Entspricht dem deutschen: knapp bei Kasse sein

Verwendet man den Ausdruck *hard up*, um jemanden zu beschreiben, dann hat diese Person sehr wenig Geld. Auch bei einer Firma, die über wenig Mittel verfügt, spricht man von *hard up*: In Wahrheit haben Firmen immer Geld, behaupten aber trotzdem, sie seien knapp bei Kasse – so ist es eben!

I would like to come with you to Paris, but I'm hard up at the moment!
Ich würde gerne mit dir nach Paris kommen, aber ich bin zur Zeit knapp bei Kasse!

HEAD IN THE CLOUDS

(Kopf in den Wolken)
Entspricht dem deutschen: über den Wolken schweben/in höheren Sphären schweben

Jemand, der den Kopf in den Wolken hat, ist ein Träumer; er ist zerstreut und steht nicht mit beiden Füßen fest auf dem Boden.

She's a dreamer. When I talk to her, I feel she isn't there. She has her head in the clouds.
Sie ist eine Träumerin. Wenn ich mit ihr rede, habe ich den Eindruck, dass sie abwesend ist. Sie schwebt in höheren Sphären.
Get your head out of the clouds and listen! Komm auf den Boden zurück und hör mir zu!

IDIOMS

HEART IN THE RIGHT PLACE

(das Herz am richtigen Platz haben)
Entspricht dem deutschen: das Herz am rechten Fleck haben/es gut meinen

Diesen Ausdruck benutzt man für jemanden, der sich irrt, dessen Absichten aber gut und ehrlich sind; wenn jemand in der Überzeugung handelt, dass er das Richtige tut.

Olive: My little Tommy tried to cook dinner and he burned the whole kitchen! Mein kleiner Tommy hat versucht zu kochen und hat die ganze Küche abgebrannt!
Anna: Ah, poor little boy, at least his heart was in the right place. Ach, armer Kleiner, aber er hat es wenigstens gut gemeint.

HEART ON YOUR SLEEVE (TO WEAR YOUR)

(das Herz auf dem Ärmel tragen)
Entspricht dem deutschen: das Herz auf der Zunge tragen

Dieser Ausdruck bezeichnet Menschen, die ein offenes Herz haben, die eigenen Gefühle nicht verstecken, emotional und spontan sind.

He gets very emotional at weddings. He has always worn his heart on his sleeve. Bei Hochzeiten wird er immer sehr emotional. Er hat sein Herz schon immer auf der Zunge getragen.

HOT POTATO

(heiße Kartoffel)
Entspricht dem deutschen: heißes Eisen

Achtung: Dieses *idiom* ist nicht zu verwechseln mit dem deutschen Ausdruck „wie eine heiße Kartoffel, der eine andere Bedeutung hat.

Nobody talked about the reduction in staff at the meeting. I think it's still a hot potato for everybody. Bei der Sitzung hat keiner von Personalabbau geredet. Ich denke, das ist für jeden ein heißes Eisen.

IDIOMS

WORDS		VERBS	
actor	Schauspieler	to think	denken
famous	berühmt	to buy	kaufen
audition	Vorsprechen	to work	arbeiten
director	Regisseur	to explain	erklären
affair	Affäre		
way	Art		
favour	Gefallen		

CONVERSATION NEAR THE LAKE

Toby und sein Freund Gerry unterhalten sich in der Nähe eines Sees.

Toby: Gerry? Gerry?!!
Gerry: Huch? Was?
Toby: Entschuldige, aber du bist in höheren Sphären geschwebt. Woran hast du gedacht?
Gerry: Ich habe gerade darüber nachgedacht, wann ich ein berühmter Schauspieler sein werde. Ich habe heute vorgesprochen.
Toby: Wie ist es gelaufen?
Gerry: Ich weiß es nicht; einer der Schauspieler steckte mit dem Regisseur unter einer Decke, und er hatte einen wunderschönen Anzug an. Wenn ich nicht so knapp bei Kasse wäre, würde ich mir auch so einen kaufen.
Toby: Warum arbeitest du nicht mehr bei Mr. Jennings?
Gerry: Weil er mich nach der Affäre mit seiner Freundin nicht mehr sehen will.
Toby: Du hattest eine Affäre mit seiner Freundin?!
Gerry: Ja, aber ich habe es gut gemeint!
Toby: Was?
Gerry: Sie war nicht gut für ihn, auf gewisse Weise habe ich ihnen einen Gefallen getan.
Toby: Warum erklärst du ihm das nicht?
Gerry: Ich kann nicht, das ist ein heißes Eisen für ihn.
Toby: Trage dein Herz auf der Zunge, und du wirst sehen!

I

IF IT ISN'T BROKE DON'T FIX IT!

(repariere es nicht, wenn es nicht kaputt ist)
Entspricht dem deutschen: Lass' die Finger davon!

Achtung: bei diesem Ausdruck ist die Form des Verbs, *broke*, grammatikalisch falsch. Korrekt müsste es eigentlich *broken* heißen, aber dieses *idiom* lautet nun mal eben so!

Mir gefällt diese Redewendung sehr, und ich habe sie häufig benutzt, als ich mit amerikanischen Firmen gearbeitet habe. Oftmals sollen Dinge ohne ersichtlichen Grund verändert werden: Warum aber etwas verändern, das gut ist? Warum etwas reparieren, das nicht kaputt ist? *Never change a winning team!*

Writer (Schriftsteller): I am going to change the story. Ich werde die Geschichte umschreiben.
Fan: But the story is wonderful! Please, if it isn't broke, don't fix it! Aber die Geschichte ist wunderbar! Bitte lass' die Finger davon.

IGNORANCE IS BLISS

(Unwissenheit ist Glückseligkeit)
Entspricht dem deutschen: selig sind die geistig Armen

Wenn du über eine schlimme Sache nicht Bescheid weißt, bist du manchmal im Vorteil. Unwissenheit kann weniger schmerzhaft sein; man fühlt sich besser.

I didn't know the neighbour was a hooligan, until the police arrived. Ignorance is bliss! Ich wusste nicht, dass der Nachbar ein Hooligan ist, bis die Polizei kam. Selig sind die geistig Armen!

IN A NUTSHELL

(in einer Nussschale)
Entspricht dem deutschen: kurz gesagt, mit einem Wort

Dieser Ausdruck wird verwendet, wenn man eine kurze Zusammenfassung über etwas liefert, den „Kern der Sache" wiedergibt – also mit wenigen Informationen eine lange Rede zusammenfasst.

Boss (Chef): Did you send the e-mail? Haben Sie die E-Mail verschickt?
Linda: I wanted to, but I was out of the office. Ich wollte eigentlich, aber ich war nicht im Büro.

Boss (Chef): So, in a nutshell, no! Also mit einem Wort: nein!
Linda: Exactly. Genau.

IN THE LONG RUN

(im langen Lauf)
Entspricht dem deutschen: auf lange Sicht

Diesen Ausdruck verwendet man, wenn etwas im Moment schwierig ist, aber langfristig zu einem guten Ergebnis führen wird.

I am buying a house, which is killing me financially, but in the long run it is worth it. Ich kaufe ein Haus, was mich finanziell ruiniert, aber auf lange Sicht ist es das wert.

IN THE BAG

(in der Tasche)
Entspricht dem deutschen: unter Dach und Fach/gebongt

Dieses *idiom* ist einfach zu schön. Nehmen wir einmal an, du sollst eine Maus fangen. Die Maus ist dein Ziel. Wenn du sie gefangen hast, steckst du sie in deine Tasche. *It's in the bag!*

Simon: Did you ask Judy to go out with you? Hast du Judy gefragt, ob sie mit dir ausgeht?
Len: Yes. It's in the bag! Ja. Das ist gebongt.

ÜBERSETZE BITTE!

WORDS		VERBS	
share	Aktie	to sell	verkaufen
sure	sicher	to see	sehen
rich	reich	to leave alone	in Ruhe lassen
sand	Sand		
happy	glücklich/		
	zufrieden		

THE PRICE OF THE SAND

Drei Freunde – Nick, Max und Tim – unterhalten sich. Nick hat Aktien an einer neuen Firma gekauft, die Sand an arabische Staaten verkaufen möchte!

Max: Wie viele Aktien hast du gekauft?
Nick: 200! Ich werde reich.
Max: Bist du sicher?
Nick: Ganz sicher! Das ist gebongt!
Max: Aber warum hast du sie gekauft?
Nick: Kurz gesagt: Sie verkaufen Sand an die Araber für quasi nichts. Sie werden sicherlich viel verkaufen! Ich werde das Geld nicht sofort zu sehen bekommen, aber auf lange Sicht wirst du schon sehen!
(Nick geht tänzelnd davon)
Max: Die Araber haben doch schon viel Sand, Tim!
Tim: Ich weiß, aber er ist glücklich damit. Manchmal gilt: Selig sind die geistig Armen.
Max: Nein, ich muss Nick etwas sagen.
Tim: Hör zu! Er ist glücklich, lass die Finger davon!

IDIOMS

K-L

KILL TWO BIRDS WITH ONE STONE

(zwei Vögel mit einem Stein töten)
Entspricht dem deutschen: zwei Fliegen mit einer Klappe schlagen

Die netten Deutschen schlagen lediglich zwei Fliegen mit einer Klappe, während wir barbarischen Engländer gleich zwei Vögel mit einem Stein töten! Die Bedeutung ist jedoch dieselbe.

I am going to the supermarket near David's house because I need to speak to him. That way, I can kill two birds with one stone. Ich gehe in den Supermarkt in der Nähe von Davids Haus, weil ich mit ihm reden muss. So kann ich zwei Fliegen mit einer Klappe schlagen.

LAST RESORT

(letzter Ferienort)
Entspricht dem deutschen: der letzte Ausweg

Genau wie im Deutschen besagt dieses *idiom*, dass alle sonstigen Möglichkeiten ausgeschöpft sind. Es bleibt nur noch der letzte Ausweg!

William: Would you work as a Funeral director? Würdest du als Leichenbestatter arbeiten?
Jonathan: Only as a last resort. Nur als letzter Ausweg.

LEARN THE ROPES

(die Seile lernen)
Entspricht dem deutschen: sich einarbeiten

Auch dieses *idiom* gefällt mir sehr: Es stammt aus der Welt der Schiffe und nimmt darauf Bezug, dass ein neuer Matrose sämtliche Seile kennenlernen musste, die zum Steuern und Navigieren des Schiffes nötig waren. Man bezieht sich damit auf den Zeitraum, in dem jemand etwas Neues lernt – wenn er etwas von der Pike auf lernt.

My job was difficult at the beginning because I was learning the ropes. It is easy, now. Meine Arbeit war zu Beginn schwierig, weil ich mich einarbeiten musste. Jetzt ist sie einfach.

LET SLEEPING DOGS LIE

(lass schlafende Hunde liegen)
Entspricht dem deutschen: schlafende Hunde soll man nicht wecken

Genau wie im Deutschen ist das eine Aufforderung, gewisse heikle Themen zu meiden, den Frieden zu genießen und konfliktträchtige Angelegenheiten zu umgehen.

Robert: I will never forgive Bill for telling the Boss I am lazy. I must tell him what I think of him! Ich werde es Bill niemals verzeihen, dass er dem Chef gesagt hat, ich sei faul. Ich muss ihm sagen, was ich von ihm halte!
Jody: Oh, come on Robert, let sleeping dogs lie, please. Oh, sei still, Robert, schlafende Hunde soll man nicht wecken.

LIGHT AT THE END OF THE TUNNEL

(Licht am Ende des Tunnels)
Entspricht dem deutschen: Licht am Ende des Tunnels sehen

Auch in schwierigen und verzweifelten Situationen keimt am Ende oft noch Hoffnung auf: ein Sonnenstrahl am Ende des Tunnels, ein Ausweg aus einer verzweifelten Lage, eine Lösung.

Boss (Chef): The crisis is very bad; this time I can't see the light at the end of the tunnel. Die Krise ist wirklich schlimm; dieses Mal kann ich kein Licht am Ende des Tunnels sehen.

LIGHTS ARE ON, BUT NOBODY IS AT HOME (THE)

(die Lichter sind an, aber keiner ist zu Hause)
Entspricht dem deutschen: mit offenen Augen schlafen

Das ist mein absolutes Lieblings-Idiom! I love it! Und ich benutze es ganz oft.
Wenn du ein hell erleuchtetes Haus siehst, denkst du, es sei jemand da, richtig? Stellen wir uns also vor, dein Kopf ist ein Haus, und die Augen sind die Fenster. Diesen Ausdruck verwendet man, wenn jemand gedankenverloren oder sehr, sehr müde ist: Die Augen sind geöffnet, die Lichter sind an ... aber es ist keiner zuhause, das Gehirn ist abwesend.

Laura: Are you coming to the party, Sarah? Kommst du zu der Party, Sarah?
Sarah: Eh? Hä?
Laura: The party, tonight! Die Party heute Abend!

IDIOMS

Sarah: What? Was?
Laura: Oh dear, the lights are on, but nobody is at home! Oh je, du schläfst ja mit offenen Augen!

LICK SOMEONE'S BOOTS

(jemandem die Stiefel lecken)
Entspricht dem deutschen: jdm. die Füße küssen, jdm. in den Hintern kriechen

Dieses *idiom* umschreibt einen Kriecher ...

I worked in that company for twenty years and I never licked the manager's boots. That is why he respected me! Ich habe zwanzig Jahre lang in dieser Firma gearbeitet, und bin dem Chef niemals in den Hintern gekrochen. Deshalb hat er mich respektiert!

LOOK ON THE BRIGHT SIDE

(schau die helle Seite an)
Entspricht dem deutschen: sieh die positiven Seiten

Dieser Ausdruck fordert dazu auf, sich den hellen und positiven Seiten von Dingen, Personen oder Situationen zuzuwenden.

Lenny: I have lost all my hair! Ich habe all meine Haare verloren!
Charles: Well, look on the bright side... you will save money on shampoo! Nun ja, sieh es positiv ... du sparst das Geld für Shampoo!

ÜBERSETZE BITTE!

WORDS		VERBS	
wrong	falsch	to sack	feuern
confused	verwirrt/	to send	schicken
	durcheinander	to need	brauchen
hope	Hoffnung	to break	kaputt machen
car	Auto		

LOOKING FOR A JOB

Hans und Franz unterhalten sich darüber, dass Hans seinen Job verloren hat.

Franz: Warum haben sie dich gefeuert?
Hans: Ich habe den falschen Leuten die falschen Akten geschickt.
Franz: Warum?
Hans: Ich war durcheinander, ich war noch in der Einarbeitungsphase!
Franz: Hast du dem Chef nicht die Füße geküsst? Als letzter Ausweg?
Hans: Nein!
Franz: Okay, aber sieh es positiv: Du wirst mehr Zeit für die Play-Station haben.
Hans: Ich brauche Geld!
Franz: Vielleicht gibt es einen Job beim Bäcker.
Hans: Wirklich? Gott sei Dank – es gibt Licht am Ende des Tunnels!
Franz: Ja, aber Robert arbeitet auch dort.
Hans: Robert? Ich habe doch sein Auto kaputt gefahren. Er redet nicht mit mir.
Franz: Es wäre besser, keine schlafenden Hunde zu wecken.
Hans: Hä?
Franz: Roberts Auto, das du kaputt gefahren hast!
Hans: Wann?
Franz: Du schläfst ja mit offenen Augen!
Hans: Hä?
Franz: Hör zu, du könntest Mechaniker werden. Dann arbeitest du und könntest Roberts Auto reparieren – und zwei Fliegen mit einer Klappe schlagen!

M

MADE OF MONEY

(aus Geld gemacht)
Entspricht dem deutschen: Geld wie Heu haben/im Geld schwimmen

Diese Redewendung bezeichnet jemanden, der viel Geld hat.

Little boy (kleiner Junge): Mom, I want a new bike and a new pair of tennis shoes and a new toy car! Mama, ich will ein neues Fahrrad und ein Paar neue Tennisschuhe und ein neues Spielzeugauto!
Mother (Mutter): Steven, I'm not made of money! Steven, ich habe doch nicht Geld wie Heu!

AFFORD

Ich möchte dir nun etwas Wichtiges erklären: to be able to afford sth. (sich etwas leisten können).

Ein paar Beispiele:
I'm going to America for a holiday. I can afford it now.
Ich mache Urlaub in Amerika. Ich kann es mir jetzt leisten.

I love the jacket, but I can't afford it.
Ich liebe die Jacke, aber ich kann sie mir nicht leisten.

John: Why didn't you come to the pub with us last night? Warum bist du gestern Abend nicht mit uns ins Pub gekommen?
Jack: I couldn't afford it; I'm not working. Ich konnte es mir nicht leisten; ich habe keine Arbeit.

MAKE A KILLING

(einen Mord begehen)
Entspricht dem deutschen: ein Riesengeschäft machen

Dieser Ausdruck bedeutet, viel Geld zu scheffeln.

Gary had an idea. He sold hamburgers outside the discos at night. He made a killing!
Gary hatte eine Idee. Er hat abends vor Diskotheken Hamburger verkauft. Er hat ein Riesengeschäft gemacht!

MAKE A MOUNTAIN OUT OF A MOLE HILL

(aus einem Maulwurfshügel einen Berg machen)
Entspricht dem deutschen: aus einer Mücke einen Elefanten machen

Diesen Ausdruck verwendet man, wenn jemand überreagiert. Ein kleines Problem – vergleichbar mit dem kleinen Erdhügelchen, das ein Maulwurf produziert – wird wie ein Berg wahrgenommen.

Timothy: I didn't go to work today, because I was ill. My wife called my doctor and asked him to come immediately with an ambulance! I only had a cold! She always makes a mountain out of a mole hill! Ich bin heute nicht zur Arbeit gegangen, weil ich krank war. Meine Frau hat meinen Arzt angerufen und ihn gebeten, sofort mit einem Krankenwagen zu kommen! Ich hatte nur eine Erkältung! Sie macht immer aus einer Mücke einen Elefanten!

MAKE UP FOR LOST TIME

(verlorene Zeit wiedergutmachen)
Entspricht dem deutschen: verlorene Zeit wieder aufholen

Dieses idiom bezeichnet das Wiederaufholen von verlorener Zeit. Wenn man eine Stunde zu spät zur Arbeit erscheint, bleibt man vielleicht abends eine Stunde länger, um die verlorene Zeit wieder aufzuholen.

Andrew: I'm going to America next week with my daughter. We are staying there for three months. Ich gehe nächste Woche mit meiner Tochter nach Amerika. Wir bleiben drei Monate dort.
Bert: Three months? Just you and your daughter? Drei Monate? Nur du und deine Tochter?
Andrew: Yes, I was never around in recent years because of my job. I want to make up for lost time with her. Ja, ich war die letzten Jahre aufgrund meiner Arbeit nie zu Hause. Ich möchte die verlorene Zeit mit ihr wieder aufholen.

IDIOMS

MISS THE BOAT

(das Boot verpassen)
Entspricht dem deutschen: den Anschluss verpassen, der Zug ist abgefahren

Dieser Ausdruck bezieht sich auf eine verpasste Gelegenheit, die vielleicht nie wieder kommen wird.

Charles: Boss, I heard that there is a chance to work in the American branch of our company. I talked to my wife and she understands that it's a great opportunity for me. Chef, ich habe gehört, dass die Möglichkeit besteht, in der amerikanischen Niederlassung unserer Firma zu arbeiten. Ich habe mit meiner Frau gesprochen, und sie meint, dass das für mich eine großartige Chance ist.
Boss (Chef): Well, it isn't really your problem because the opportunity is for Mr Smith, not for you. Nun ja, das ist nicht wirklich dein Problem – es ist nämlich eine Chance für Herrn Smith und nicht für dich!
Charles: Oh no, so have I missed the boat? Oh nein, ist der Zug für mich bereits abgefahren?
Boss (Chef): No, Charles, there was no boat to miss for you! And, stop making a mountain out of a mole hill! Nein, Charles, es gab für dich keinen Zug, der abfahren konnte! Und hör auf, aus einer Mücke einen Elefanten zu machen!

MIXED FEELINGS

(gemischte Gefühle)
Entspricht dem deutschen: gemischte Gefühle

Wenn etwas sowohl eine positive also auch eine negative Seite hat, so führt das eben zu gemischten Gefühlen.

Mark: Sally is going to work in America. Well, on the one hand I am happy for her, but on the other hand I will miss her enormously. I have mixed feelings about it. Sally geht nach Amerika, um dort zu arbeiten. Na ja, einerseits freue ich mich für sie, aber andererseits werde ich sie wahnsinnig vermissen. Ich habe in dieser Hinsicht gemischte Gefühle.

MORE THAN MEETS THE EYE

(mehr als das Auge trifft)
Entspricht dem deutschen: es steckt mehr dahinter

Diesen Ausdruck benutzt man, wenn man in einer bestimmten Situation vermutet, dass in Wahrheit noch etwas dahinter steckt – mehr als das, was erzählt wird oder man sieht.

Alan: At work, nobody is talking to me. What did I do wrong? Bei der Arbeit spricht keiner mit mir. Was habe ich falsch gemacht?
William: Nothing, everything is fine. Nichts, alles ist okay.
Alan: No, William, everything is calm, but there is more than meets the eye. Nein William, alles ist ruhig, aber es steckt mehr dahinter.

IDIOMS

ÜBERSETZE BITTE!

WORDS		VERBS	
rich	reich	to invest	investieren
loser	Verlierer	to lose	verlieren
relationship	Beziehung	to change	(ver)ändern
sometimes	manchmal	to die	sterben
scooter	Motorroller		

FROM RAGS TO RICHES

Thomas verlässt sein Heimatdorf. Er hat lediglich die Kleider, die er auf dem Leib trägt und sehr wenig Geld. Nach einem Jahr kehrt er zurück, fährt Mercedes, trägt Armani und ist in Begleitung eines Supermodels. Er geht ins Pub, um dort etwas zu trinken – zum ersten Mal nach einem Jahr.

Bill: Schau dir Thomas an! Er hat Geld wie Heu.
Bob: Ich weiß, er hat ein Riesengeschäft an der Wall Street gemacht.
Bill: Ich kann mir keinen Motorroller leisten, und er kommt in einem Mercedes!
Thomas: Hallo Jungs! Ich habe euch gesagt, ihr sollt an der Wall Street investieren ... der Zug ist jetzt abgefahren.
Bill: Ich gehe nicht an die Wall Street! Ich muss die verlorene Zeit wiedergutmachen. Kommst du Bob?
Bob: Ich weiß nicht, ich habe gemischte Gefühle. Einerseits mag ich den Gedanken, reich zu werden, aber andererseits möchte ich nichts ändern.
Bill: Du bist ein Verlierer! Und du wirst mit all den anderen Verlierern hier sterben!
Bob: Mach bitte nicht aus einer Mücke einen Elefanten. Du gehst, ich bleibe mit deiner Freundin hier.
Bill: Warum? Welche Art von Beziehung hast du mit meiner Freundin? Da steckt doch etwas dahinter.
Bob: Rede nicht dumm daher ... wir sind nur Freunde, sehr enge Freunde, und manchmal küssen wir uns nachts am See.
Bill: Ah, okay.

N

NEST EGG

(Ei im Nest)
Entspricht dem deutschen: Notgroschen

Du hast ein wenig Geld beiseite geschafft, einen Notgroschen? Du hast eine Investition getätigt, die Geld für die Zukunft einbringt? Das ist dein Ei im Nest – eine Sicherheit für die Zukunft.

Samuel: I want to buy a new motorbike, but I can't afford it, now. Ich möchte ein neues Motorrad kaufen, aber ich kann es mir jetzt nicht leisten.
Tom: Sell your stamp collection! Verkauf doch deine Briefmarkensammlung!
Samuel: Are you crazy? That collection is my nest egg for when I get old. Bist du verrückt? Diese Sammlung ist mein Notgroschen fürs Alter.

NEXT TO NOTHING

(in der Nähe von nichts)
Entspricht dem deutschen: so gut wie nichts

Dieser Ausdruck bedeutet so viel wie ‚sehr wenig', ‚fast nichts'.

Hey, there are holidays to Cuba that cost next to nothing! Hey, da kann man Urlaub auf Kuba machen, der so gut wie nichts kostet!

NOT FOR ALL THE TEA IN CHINA

(nicht für den gesamten Tee Chinas)
Entspricht dem deutschen: nicht um alles in der Welt/nicht um alles Gold der Welt/ für kein Geld der Welt

So sagt man, wenn man etwas um keinen Preis tun würde.

Terry: Suzie, will you please go out with me for one evening? Please. Suzie, würdest du mal abends mit mir ausgehen? Bitte!
Suzie: Not for all the tea in China! Nicht um alles Gold der Welt!

NOTHING DOING

(nichts zu machen)
Entspricht dem deutschen: nichts zu machen

Dieser Ausdruck steht für die totale Ablehnung eines Angebots.

John: Please, darling, the World Cup is only every four years! And it's the final! Bitte Schatz, der Weltcup findet nur alle vier Jahre statt! Und es ist das Endspiel!
Ehefrau: Desparate Housewives is on now, nothing doing! Jetzt läuft gerade *Desperate Housewives* – da ist nichts zu machen!

ÜBERSETZE BITTE!

WORDS
only/just	nur
come on!	komm schon!
reason	Grund

ON HOLIDAY

Es ist fast Sommer, und die Ehefrau macht sich Gedanken über den Urlaub.

Ehefrau: Schau! Spanien für zwei Personen für nur 800 Euro, ein Fünf-Sterne-Hotel! Spanien kostet jetzt so gut wie nichts.
John: Wir können es nicht.
Ehefrau: Warum nicht? Wir haben 5.000 Euro auf der Bank!
John: Das ist unser Notgroschen!
Ehefrau: Komm schon!
John: Nein, nicht um alles in der Welt.
Ehefrau: Bitte ...
John: Nichts zu machen.
Ehefrau: Dann gehe ich alleine!
John: Perfekt.

IDIOMS

O

OUT OF ORDER

(aus der Ordnung)

Das englische *out of order* hat zwei Bedeutungen:

1. defekt/außer Betrieb
Wenn ein Aufzug nicht funktioniert, wirst du dort ein Schild mit der Aufschrift ‚*Out of order*‘ sehen.

2. jemand, der völlig im Unrecht ist
Das ist so, wie wenn du im Deutschen sagst ‚er/sie ist völlig im Unrecht‘, ‚er/sie geht zu weit‘ oder ‚er/sie ist völlig daneben‘. Wenn man jemanden zutiefst beleidigt oder Äußerungen von sich gibt, die peinlich oder gar demütigend sind, dann ist man *out of order*.

That man asked my wife to go to dinner with him in front of me! He was totally out of order! Who is he?! Dieser Mann hat meine Frau vor meinen Augen gefragt, ob sie mit ihm essen gehe. Er ist zu weit gegangen. Wer ist das?!

OUT OF THE QUESTION

(außer der Frage)
Entspricht dem deutschen: nicht in Frage kommen

Genau wie im Deutschen kommt eine Sache nicht in Frage, wenn es absolut unmöglich ist, sie in Erwägung zu ziehen, sie als ernsthafte Option zu betrachten.

Chef: I want you to work on Saturdays from now on. Ich möchte, dass Sie von nun an samstags arbeiten.
Sally: I'm sorry, but that is out of the question; that is my shopping day! Es tut mir leid, aber das kommt nicht in Frage; das ist mein Einkaufstag!

ON THE MAP

(auf der Landkarte)
Diesen Ausdruck könnte man mit ‚in aller Munde sein‘ wiedergeben. Es gibt keinen deutschen Ausdruck, der dieses *idiom* korrekt wiedergibt.
Die Informationen auf einer Landkarte sind in der Regel wichtig. Sie sind sichtbar und

bekannt. Wenn du oder dein Unternehmen auf der Landkarte zu finden seid, bedeutet das, ihr seid wichtig.

Jan: Hey, Sarah, everybody is talking about your banana and fish sandwiches. Hey, Sarah, alle reden über deine Sandwiches mit Bananen und Fisch.
Sarah: See, I am putting us on the map. Siehst du, ich sorge dafür, dass wir in aller Munde sind!
Jan: Yes, but they are saying that they are horrible! Ja, aber man sagt, sie seien furchtbar!

OUT OF THIS WORLD

(aus dieser Welt draußen)
Entspricht dem deutschen: spitze

Wenn man von einer Person oder einer Sache sagt, er oder sie sei spitze, handelt es sich um jemanden oder etwas sehr Schönes, auf den bzw. das man nicht gerne verzichten möchte.

You have to see the new Spielberg movie. It is out of this world! Du musst dir den neuen Spielberg-Film anschauen. Er ist spitze!

IDIOMS

ÜBERSETZE BITTE!

WORDS

everywhere   überall

THE FILM

Eine Filmgesellschaft möchte in einer kleinen Dorfkneipe einen Film drehen. Der junge Paul hat verstanden, welche Bedeutung dieses Ereignis für den Familienbetrieb hat – sein Vater aber nicht.

Paul: Papa, sie drehen einen Film hier; wir werden überall bekannt sein!
Papa: Nein, das kommt nicht in Frage.
Paul: Aber warum? Das ist eine tolle Chance! Du bist verrückt!
Papa: Du gehst wirklich zu weit, Paul.

P

PAID PEANUTS

(mit Erdnüssen bezahlt werden)
Entspricht dem deutschen: einen Hungerlohn bekommen

Wenn man mit Erdnüssen bezahlt wird, bedeutet das, dass die Bezahlung sehr schlecht ist.

Tony: I like my job, but they pay peanuts where I work, so it's difficult to pay for the house. I need an extra job. Ich mag meine Arbeit, aber dort, wo ich arbeite, zahlen sie mir einen Hungerlohn. Deshalb ist es schwer, das Haus abzuzahlen.. Ich brauche einen Nebenjob.

PLAY YOUR CARDS RIGHT

(die Karten richtig spielen)
Dieses *idiom* könnte man mit ‚geschickt vorgehen' übersetzen. Es gibt aber keinen deutschen Ausdruck, der es korrekt wiedergibt.

Das Leben ist ein Spiel. Am Arbeitsplatz, in der Liebe – fast überall. Du bist anderer Meinung? Mein Vater hat immer gesagt, Schach sei ein gutes Spiel, weil es aus demselben Holz geschnitzt ist wie das Leben. Man könne dabei Strategien lernen und die Absicht des Gegenübers erraten. Dasselbe gilt für ein Kartenspiel. Die Karten, die einem das Leben gibt, kann man sich nicht aussuchen. Es ist wichtig, diese gut zu spielen, und sich niemals in die Karten schauen zu lassen!

You have a great business idea. If you play your cards right, you could make a killing and then you will be made of money! Deine Geschäftsidee ist großartig. Wenn du geschickt vorgehst, könntest du ein Vermögen machen und Geld wie Heu haben.

(A) PENNY FOR YOUR THOUGHTS

(ein Penny für deine Gedanken)
Entspricht dem deutschen: ich wüsste zu gerne, was du gerade denkst

Wenn du mit jemandem zusammen bist, den du gerne magst, und siehst, dass derjenige nachdenklich ist, möchtest du vielleicht seine Gedanken teilen. Im Englischen sagt man in einem solchen Fall etwas sehr Schönes: *A penny for your thoughts*, das heißt, man wäre bereit, dafür zu bezahlen, dass diese Person ihre Gedanken mit einem teilt.

Für diesen Ausdruck führe ich keine Beispiele auf. Er spricht für sich.

IDIOMS

PIGS WILL FLY

(die Schweine werden fliegen)
Entspricht dem deutschen: ein absolutes Ding der Unmöglichkeit/am Sankt Nimmerleinstag/wenn Ostern und Pfingsten auf einen Tag fallen

Dieser Ausdruck besagt, dass eine Sache derart unwahrscheinlich ist, dass sie erst dann eintritt, wenn die Schweine zu fliegen beginnen!

John: I think Birmingham City is strong enough to win the Champions League next year. Ich glaube Birmingham City ist stark genug, um die Champions League in diesem Jahr zu gewinnen.
Paul: Yes, and pigs will fly! Ja, wenn Ostern und Pfingsten auf einen Tag fallen!

PLAN B

(Plan B)
Entspricht dem deutschen: Plan B

Dieser Ausdruck ist grandios! Er wird – wie alle *idioms*, die du bisher kennengelernt hast, häufig gebraucht. Wenn du einen Plan hast, ist es immer besser, noch einen zweiten Plan in der Tasche zu haben, richtig? Falls der ursprüngliche Plan nicht funktioniert, gibt es dann eben immer noch Plan B.

Ok, I will try to fix the broken toilet, but plan B is to call the plumber! Okay, ich werde versuchen, die defekte Toilette zu reparieren, aber Plan B lautet, den Flaschner zu holen!

PLAY WITH FIRE

(mit dem Feuer spielen)
Entspricht dem deutschen: mit dem Feuer spielen

Dieser Ausdruck beschreibt jemanden, der sich in eine gefährliche Situation bringt.

You shouldn't send romantic messages to Lucy via Facebook; you're really playing with fire. Her boyfriend is enormous and very jealous! Du solltest Lucy keine Liebesbotschaften per Facebook schicken; da spielst du ganz schön mit dem Feuer. Ihr Freund ist riesig und sehr eifersüchtig!

PULL SOMEONE'S LEG

(am Bein von jemandem ziehen)
Entspricht dem deutschen: jemanden auf den Arm nehmen

Dieses *idiom* benutzt man, wenn man sich einen Scherz mit jemandem erlaubt.

Carl: I told Sally that she has failed her exams, but she doesn't believe me! Ich habe Sally gesagt, dass sie durch die Prüfung gefallen ist, aber sie glaubt mir nicht!
Anna: Of course she doesn't believe you; you are always pulling her leg! I will tell her. Selbstverständlich glaubt sie dir nicht; du nimmst sie immer auf den Arm! Ich werde es ihr sagen.

IDIOMS

WORDS
factory	Fabrik
well	gut
pregnant	schwanger
to find (sb.) a job	jemandem einen Job besorgen

FRIENDS

Bruce ist seiner Arbeit überdrüssig, und Lenny erteilt dem Freund gute Ratschläge, wie er die Situation ändern kann.

Bruce: Ich habe meine Arbeit satt, ich möchte mir etwas Anderes suchen.
Lenny: Hör mal, wenn du es klug anstellst, kann ich dir einen Job in meiner Fabrik besorgen.
Bruce: Zahlen sie gut?
Lenny: Sie zahlen sehr gut.
(Bruce denkt im Stillen nach)
Lenny: Wenn ich nur wüsste, an was du gerade denkst!
Bruce: Nimmst du mich auf den Arm? Wenn du das tust, dann spielst du nämlich mit dem Feuer.
Lenny: Nein, Bruce, ich kann dir helfen.
Bruce: Danke.
Lenny: Eines Tages könntest du ein wichtiger Manager werden.
Bruce: Ja, am Sankt Nimmerleinstag!
Lenny: Hör zu, wenn sie dich in meiner Fabrik nicht nehmen, gibt es einen Plan B: Du kannst Babysitter werden – Lucy ist schwanger!

Q-R

QUICK FIX

(Schnellverschluss)
Entspricht dem deutschen: Notlösung/provisorische Lösung.

Es handelt sich um eine Lösung im Notfall, die improvisiert und nicht von Dauer ist.

There is no quick fix solution to this problem. We need time. Es gibt keine Notlösung für dieses Problem. Wir brauchen Zeit.

(AS) QUIET AS A MOUSE

(ruhig wie eine Maus)
Entspricht dem deutschen: mucksmäuschenstill

Mit diesem Ausdruck beschreibt man die totale Stille – wenn kein Laut zu hören ist.

Mary: Is your new baby letting you sleep? Lässt euer Neugeborenes euch schlafen?
Olive: Oh, yes, we are very lucky, she is as quiet as a mouse. Oh ja, wir haben Glück, sie ist mucksmäuschenstill.

RAINING CATS AND DOGS

(es regnet Katzen und Hunde)
Entspricht dem deutschen: es gießt wie aus Kübeln

Bei diesem *idiom* gibt es – glaube ich – nichts hinzuzufügen.

Can you believe it? We finally had our holiday in Spain and it rained cats and dogs for two weeks! Kannst du das glauben? Wir haben endlich Urlaub in Spanien gemacht, und es hat zwei Wochen lang wie aus Kübeln gegossen!

RED TAPE

(rotes Band)
Es gibt im Deutschen keinen Ausdruck, der dieses *idiom* exakt wiedergibt. Es bedeutet mehr oder weniger ‚Bürokratismus', ‚Amtsschimmel'.

Shelley: My husband had an accident in America and nobody helped him. Mein Mann hatte einen Unfall in Amerika, und keiner hat ihm geholfen.
Diana: Why not? Warum nicht?

IDIOMS

Shelley: Red tape. Die Bürokratie.
Diana: Red tape? Bürokratie?
Shelley: Yes, he didn't have insurance. Ja, wir hatten keine Versicherung.

ROCK THE BOAT

(das Boot schaukeln)
Entspricht dem deutschen: Staub aufwirbeln

Wenn jemand das ‚Boot schaukelt' verursacht er Probleme in einer Situation, die zuvor stabil war. Dieser Ausdruck ist nicht zu verwechseln mit dem deutschen Ausdruck ‚wir werden das Kind schon schaukeln'.

Glen: The boss doesn't pay enough. I want to tell him that I want more money! Der Chef zahlt nicht genug. Ich möchte ihm sagen, dass ich mehr Geld will!
Dave: Don't rock the boat, please! The situation is already bad, Glen. Wirble bitte keinen Staub auf! Die Situation ist schon schlimm genug, Glen.

RUN OUT OF STEAM

(der Dampf geht aus)
Entspricht dem deutschen: die Luft ist raus

Früher fuhren die Züge mit Dampf. Wenn der Zug keinen Dampf mehr hatte, wurde er langsamer, bis er schließlich zum Stehen kam.
Im Englischen sagt man, wenn jemand oder etwas nach einem Energieschub langsamer wird, dass ihm ‚der Dampf ausgegangen' ist. Er hat keine Energie mehr, die ursprüngliche Ladung – also die Begeisterung – ist verloren gegangen.

Manchester United started very well, but then ran out of steam in the second half of the season. Manchester United hat einen guten Start hingelegt, in der zweiten Hälfte der Saison war dann aber die Luft raus.

ÜBERSETZE BITTE!

WORDS		VERBS	
umbrella	Regenschirm	to rob	(aus)rauben
weapon	Waffe		
law	Gesetz		
alone	alleine		

GENTLEMAN THIEF

Zwei Ganoven, die es satthaben pleite zu sein, beschließen, eine Bank auszurauben.

Bones: Okay, bist du bereit, die Bank mit mir auszurauben?

Rocky: Jetzt? Es gießt draußen wie aus Kübeln!

Bones: Ich habe zwei Regenschirme.

Rocky: Ja, aber das ist eine Notlösung, Bones! Wohin stellen wir die Regenschirme, wenn wir hineingehen? Wir müssen mucksmäuschenstill sein!

Bones: Du musst immer Staub aufwirbeln, was?

Rocky: Immer?

Bones: Ja, auch als wir in einer Gruppe waren. Du hast immer Probleme an meinen Plänen gefunden. Deshalb hat sich die Gruppe aufgelöst.

Rocky: Nein, aus der Gruppe ist die Luft raus. Auf jeden Fall kannst du keine Regenschirme in die Bank mitnehmen.

Bones: Hä?

Rocky: Ein Regenschirm könnte wie eine Waffe eingesetzt werden, er kann also laut Gesetz nicht an öffentliche Orte mitgenommen werden ... du kennst ja die Bürokratie bei den Banken!

Bones: Ich gehe alleine.

IDIOMS

S

SALT OF THE EARTH

(das Salz der Erde)

Wenn du zu jemandem sagst, er sei das ‚Salz der Erde' bedeutet das, dass diese Person rechtschaffen ist, ein gutes Herz hat – also ein angenehmer Mensch ist. Für uns Engländer ist das ein riesiges Kompliment.

I really miss my father. He always gave me important advice and help. He was the salt of the earth. Mein Vater fehlt mir sehr. Er hat mir immer wichtige Ratschläge und Unterstützung gegeben. Er war ein Goldschatz.

SELL LIKE HOT CAKES

(sich wie heiße Kuchen verkaufen)
Entspricht dem deutschen: weggehen wie warme Semmeln

Mit diesem *idiom* bezeichnet man etwas, das sich gut verkauft.

Danny: Yesterday, I got married for the tenth time! Gestern habe ich zum zehnten Mal geheiratet!
Bob: If you wrote a book about your life, it would sell like hot cakes! Wenn du ein Buch über dein Leben schreiben würdest, würde es weggehen wie warme Semmeln!

SECOND NATURE

(zweite Natur)
Entspricht dem deutschen: in Fleisch und Blut übergehen.

Wenn etwas Teil deines Charakters ist, dann liegt es auch in deiner Natur – du bist wie du bist. Wenn du etwas tust, was deine ‚zweite Natur' ist, heißt das, es ist Teil deines Charakters – es ist dir in Fleisch und Blut übergegangen.

Teaching English is second nature to John. He has been teaching for many years. Englisch zu unterrichten, ist John in Fleisch und Blut übergegangen. Er unterrichtet seit vielen Jahren.

(N)EITHER

Bevor wir zum nächsten *idiom* kommen, legen wir eine Minilektion zum Thema *EITHER + or* und *NEITHER + nor* ein:

EITHER + or benutzt man, wenn man die Wahl zwischen zwei Dingen hat; *NEITHER + nor* bedeutet ,keines von beiden'.

Ein Mann betritt eine Kneipe, in der nur Kaffee und Milch ausgeschenkt werden.

Mann: A juice, please. Einen Saft bitte.
Barkeeper: We don't sell juices. You can have either coffee or milk. Wir verkaufen keine Säfte. Sie können entweder Kaffee oder Milch haben.
Mann: Neither coffee nor milk, I will go to a different bar. Weder Kaffee noch Milch, ich gehe in eine andere Kneipe.

SEE RED

(rotsehen)
Entspricht dem deutschen: rotsehen

Das bedeutet, dass man extrem wütend ist.

When I see people on the news who hurt children, I see red and have to turn off the TV. Wenn ich in den Fernsehnachrichten Menschen sehe, die Kindern Schmerzen zufügen, sehe ich rot und muss den Fernseher ausschalten.

IDIOMS

SEEING IS BELIEVING

(sehen ist glauben)
Entspricht dem deutschen: etwas erst dann glauben, wenn man es mit eigenen Augen gesehen hat

Diesen Ausdruck verwendet man, wenn man an etwas zweifelt und es nicht glaubt, bevor man es selbst gesehen hat.

I'm going to the pub later, because Tony says his new girlfriend is a supermodel. Is that possible? Well, seeing is believing! Ich gehe später noch ins Pub, weil Tom sagt, seine neue Freundin sei ein Supermodel. Ist das möglich? Das glaube ich erst, wenn ich es mit eigenen Augen gesehen habe!

SELL YOUR SOUL

(verkaufe deine Seele)
Entspricht dem deutschen: seine Seele (an den Teufel) verkaufen

Mit diesem Ausdruck bezeichnet man jemanden, der seine Ansichten zu einer Sache radikal und plötzlich geändert hat.

Benny: Hey, John... I saw your brother today with a Scotland football shirt on. Did he sell his soul to the devil? Hey, John ... Ich habe heute deinen Bruder mit einem schottischen Fußballshirt gesehen. Hat er seine Seele an den Teufel verkauft?
John: Yes. Ja.

SET IN STONE

(in Stein gesetzt)
Entspricht dem deutschen: in Stein gemeißelt

In der Bibel hat Gott Moses Steintafeln gegeben, auf denen die Zehn Gebote geschrieben standen: Sie waren in Stein geschrieben, da es Regeln waren, die man nicht ändern kann. Im Englischen sind gesetzliche Regelungen, die sich auf die Arbeit oder das häusliche Umfeld beziehen, in Stein gemeißelt – es sind Regeln, die man nicht ändern kann. Sie sind so – und fertig!

Listen, the guest list isn't set in stone. You can add a person if you want! Hör mal, die Gästeliste ist nicht in Stein gemeißelt. Du kannst noch jemanden aufnehmen, wenn du willst!

IDIOMS

SHORT AND SWEET

(kurz und süß)
Entspricht dem deutschen: kurz und schmerzlos/kurz aber gut

Diesen Ausdruck verwendet man, um eine kurze, aber angenehme Erfahrung zu beschreiben.

I had three days holiday, so we went to the coast for the weekend. It was short and sweet. I relaxed with a book. Ich hatte drei Tage Urlaub, deshalb sind wir übers Wochenende an die Küste gefahren. Es war kurz aber gut. Ich habe mich mit einem Buch entspannt.

SOFT SPOT (HAVE A)

(einen weichen Punkt haben)
Entspricht dem deutschen: eine Schwäche haben (für)

Dieses idiom bezieht sich auf die Schwächen, die jeder Mensch hat – jene Dinge, zu denen man nicht nein sagen, und denen man nicht widerstehen kann.

Terry: Why is your wife so big? Warum ist deine Frau so kräftig gebaut?
John: She has a soft spot for cakes. Sie hat eine Schwäche für Kuchen.
Terry: Does she have a soft spot for you, too? Hat sie auch eine Schwäche für dich?
John: No, just for cakes. Nein, nur für Kuchen.

SWEETEN THE PILL

(die Pille versüßen)
Entspricht dem deutschen: die bittere Pille versüßen/etw. angenehmer machen

Du musst jemandem eine schlechte Nachricht übermitteln? Du findest einen Trost, der den Schmerz lindert? Dir fällt etwas ein, womit du den Schlag mildern kannst? Du hast Zucker, den du auf die bittere Pille gibst, bevor das Kind sie schluckt?

He lost his job, but his boss sweetened the pill. He is giving him a few hours work in the evenings, until he finds something else. Er hat seinen Job verloren, aber sein Chef hat ihm die bittere Pille versüßt. Er hat abends einige Stunden Arbeit für ihn, bis er etwas Anderes findet.

SWIM AGAINST THE TIDE

(gegen die Flut schwimmen)
Entspricht dem deutschen: gegen den Strom schwimmen

Jemand, der das Gegenteil von dem tut oder sagt, was die Mehrheit macht, schwimmt gegen die Flut oder gegen den Strom. Oftmals gehört viel Mut dazu.

When the fashion was mini-skirts, Harriet wore long skirts. When the fashion was long hair, she cut her hair short. She was never a sheep and always swam against the tide.
Als Miniröcke modern waren, trug Harriet lange Röcke. Als lange Haare in waren, ließ sie sich einen Kurzhaarschnitt verpassen. Sie ist niemals dem Herdentrieb gefolgt, sondern stets gegen den Strom geschwommen.

ÜBERSETZE BITTE!

WORDS

mind	Geist, Verstand
thing	Ding
ridiculous	lächerlich
against	gegen
dummy	Dummkopf

ABOUT MADNESS

Theo und Brian sind zwei Intellektuelle an der Universität Göttingen, die miteinander diskutieren.

Theo: Ich denke, Freud hatte einen großen Verstand.
Brian: Er war verrückt.
Theo: Ach ja? Wenn er verrückt war, dann würde ich meine Seele verkaufen, um verrückt zu sein. Denk nur daran, als seine Bücher herauskamen: Er schwamm völlig gegen den Strom, aber sie gingen weg wie warme Semmeln.
Brian: Theo, ich weiß, dass du eine Schwäche für Sigmund hast, aber er hat auch viel Lächerliches gesagt.
Theo: Brian, es war nicht alles in Stein gemeißelt, es waren nur Ideen.
Brian: Er war verrückt.
Theo: Nein! Er war Gold wert.
Brian: Warum hast du eine Schwäche für Freud?
Theo: Ich habe keine Schwäche für ihn, du Dummkopf!
Brian: Siehst du? Ich sage etwas gegen Freud, und du siehst rot!
Theo: Ich weiß, dass es dir in Fleisch und Blut übergegangen ist, die Leute zu verärgern, aber ich sage dir jetzt etwas – und um dir die bittere Pille zu versüßen, sage ich dir, dass nicht nur du es bist. Ich mache es kurz und schmerzlos, bist du bereit?
Brian: Ja.
Theo: Du bist ein Dummkopf.
Brian: Ach ja?
Theo: Ja, und wenn man es mit eigenen Augen gesehen hat, glaubt man es; und ich kann dich sehen: Du bist ein Dummkopf.

IDIOMS

T

TAKE IT OR LEAVE IT

(nimm es oder lass es)
Entspricht dem deutschen: Friss oder stirb!

Nicht immer hat man Lust, Dinge zu diskutieren. Wenn dir jemand sagt *take it or leave it*, dann hat er nicht die Absicht, mit dir zu verhandeln: entweder du akzeptierst sein Angebot oder es gibt nichts – friss oder stirb!

Egyptian farmer (ägyptischer Bauer): I will give you one camel for your wife. Take it or leave it. Ich gebe dir ein Kamel für deine Frau. Nimm es oder lass es!
John: I'll take it! Concettina, darling! Please go with this nice man. Ich nehme es! Concettina, Liebling! Bitte gehe mit diesem netten Mann.
Egyptian farmer (ägyptischer Bauer): Hey, crazy Englishman! You forgot to take your camel! Hey, du verrückter Engländer! Du hast vergessen, dein Kamel mitzunehmen!

Du weißt ja, dass ich scherze. Ich würde meine geliebte Concettina niemals gegen ein Kamel eintauschen – für wen hältst du mich eigentlich? Ich wüsste auch gar nicht, wo ich ein Kamel unterbringen sollte. Wenn ich einen größeren Garten hätte, dann vielleicht …

TAKE SOMEBODY FOR A RIDE

(jemanden auf eine Fahrt mitnehmen)
Entspricht dem deutschen: sich über jemanden lustig machen, jdn übers Ohr hauen

Das englische *idiom* für ‚jemanden auf den Arm nehmen' – sich also einen (netten) Scherz mit jemandem erlauben – kennst du ja bereits. Dieses *idiom* bezieht sich im Gegensatz dazu auf einen üblen Scherz, den man mit jemandem treibt.

A lot of these salesmen take you for a ride. They bend the truth so much that you don't really know what you are buying. Viele dieser Verkäufer machen sich über einen lustig. Sie verdrehen die Wahrheit solange, bis man nicht mehr weiß, was man kauft.

TALK SHOP

(über den Laden reden)
Es gibt im Deutschen keine entsprechende Redewendung. Kurz gesagt, bezeichnet dieses *idiom* Personen, die ständig über ihre Arbeit reden.

Die Redewendung trifft meiner Meinung nach das Laster vieler Geschäftsleute, die nach Feierabend nicht abschalten können und ohne Unterlass über ihre Arbeit reden ... *Shop* steht in diesem Fall nicht nur für einen Laden, sondern für einen beliebigen Arbeitsplatz oder anders gesagt, die Arbeit im Allgemeinen.

I have a friend from Naples. I've known him for twenty years, but I don't know what he does, because he never talks shop. Ich habe einen Freund aus Neapel. Ich kenne ihn seit zwanzig Jahren, aber ich weiß nicht, was er beruflich macht, weil er nie über seine Arbeit redet.

THERE WASN'T A SOUL

(es war keine Seele da)
Entspricht dem deutschen: es war keine Menschenseele da

Genau wie im Deutschen bezieht sich dieses *idiom* auf Situationen, bei denen keiner anwesend war.

We are playing really badly, in fact, on Saturday there wasn't a soul at the game. Not even the referee came! Wir spielen zur Zeit sehr schlecht. Tatsächlich ist am Samstag keine Menschenseele zum Spiel gekommen. Nicht einmal der Schiedsrichter war da!

THINK AGAIN

(nochmals denken)
Entspricht dem deutschen: überdenken

Wenn jemand dir sagt *think again*, dann rät er dir entweder, deine Meinung über etwas zu ändern, oder er erteilt dir unterschwellig den Befehl dazu. Das ist in etwa, wie wenn du sagst „das glaube ich nicht, es ist besser, wenn du das nochmal überdenkst, denn was du willst, kann ich nicht akzeptieren!".

John: Tonight, I am going to the pub. Heute Abend gehe ich ins Pub.
Wife (Ehefrau): Think again, you have to wash the dog. Das glaube ich nicht, du musst den Hund baden.

IDIOMS

WORDS		VERBS	
true	wahr	to meet	kennenlernen/
come on!	Komm (schon!)		treffen
opinion	Meinung		

GOSSIP

Anna und Lucy zerreißen sich den Mund über ihre Freundin Amber.

Anna: Hast du Ambers neuen Freund kennengelernt?
Lucy: Ja, der Typ, der bei der Party ständig über seine Arbeit geredet hat ... das Mädchen sollte das noch einmal überdenken, er macht sich über sie lustig.
Anna: Das stimmt aber nicht, komm!
Lucy: Das ist meine Meinung, friss oder stirb.
Anna: Ich war gestern bei ihr zu Hause, und es war keine Menschenseele da. Sind sie weggegangen?

U

UNDER A PERSON'S THUMB

(unter jds. Daumen)
Entspricht dem deutschen: unter jds. Fuchtel stehen

Mit diesem Ausdruck bezeichnet man jemanden, der komplett von einer anderen Person dominiert wird.

Amber is totally under her boyfriend's thumb. When he says "jump", she jumps. Amber steht komplett unter der Fuchtel ihres Freundes. Wenn er sagt „spring", dann springt sie.

UP IN THE AIR

(oben in der Luft)
Entspricht dem deutschen: in der Schwebe sein

Diesen Ausdruck benutzt man, wenn viele Dinge geschehen, aber noch nichts sicher, nichts konkret ist.

I have a chance to go to America to work, but I have to finish many things here, first, so everything is up in the air. Ich habe die Möglichkeit, nach Amerika zu gehen, um dort zu arbeiten, aber ich muss hier noch viele Dinge zu Ende bringen; es ist also alles noch in der Schwebe.

IDIOMS

W-Y

WAITING GAME

(Wartespiel)
Entspricht dem deutschen: abwarten/jemanden zappeln lassen

Manchmal ist es besser, seine Hände in den Schoß zu legen und abzuwarten, wie die Dinge sich weiterentwickeln. Es ist eine Taktik.

Hannah: Did Lenny call? Hat Lenny angerufen?
Lisa: No, he's playing the waiting game. He wants to see if I will go crazy without him.
Nein er lässt mich zappeln. Er möchte sehen, ob ich ohne ihn durchdrehe.

WALK ON AIR

(auf Luft gehen)
Entspricht dem deutschen: sich wie im siebten Himmel fühlen/auf Wolken schweben

Dieses *idiom* bezeichnet Situationen, in denen man so glücklich ist, dass man abhebt – sozusagen in der Luft geht.

Jason: Hey, you got the job! How do you feel? Hey, du hast den Job bekommen! Wie fühlst du dich?
Lucy: I'm walking on air! Ich fühle mich wie im siebten Himmel!

WEAR MANY HATS

(viele Hüte tragen)
Es gibt im Deutschen keine entsprechende Redewendung. Man könnte dieses *idiom* mit ‚viele Funktionen ausüben' oder ‚vielseitig sein' übersetzen.

Diesen Ausdruck benutzt man für jemanden, der verschiedene Tätigkeiten oder Funktionen ausübt.

The school caretaker has to wear many hats. He has to be a plumber, a gardener and a security guard. Der Schulhausmeister muss viele Funktionen ausüben. Er ist Flaschner, Gärtner und Wachmann.

YOU CAN'T TEACH AN OLD DOG NEW TRICKS

(du kannst einem alten Hund keine neuen Tricks beibringen)
Entspricht dem deutschen: Was Hänschen nicht lernt, lernt Hans nimmermehr/der Mensch ist ein Gewohnheitstier

Es gibt viele Vergleiche zwischen Mensch und Tier. Manche sind eher beleidigend, andere netter. Wenn du im Englischen zu einer Dame *you are an old dog* sagst, dann beleidigst du sie damit sehr. Sagst du hingegen zu einem alten Seemann *you are an old sea dog*, dann ist das ein Ausdruck der Bewunderung und der Zuneigung. Dieses *idiom* ist eines der herzlichen Art.

Unter *tricks* versteht man in diesem Fall Befehle; einem Hund beizubringen, das Pfötchen zu geben, ist leicht, wenn der Hund noch jung ist. Ist er älter, ist das sehr kompliziert, wenn nicht gar unmöglich. Mit der Zeit bürgern sich alte Gewohnheiten ein.

My Grandmother is learning English, but she isn't making much progress. You can't teach an old dog new tricks. Meine Großmutter lernt gerade Englisch, aber sie macht keine großen Fortschritte. Was Hänschen nicht lernt, lernt Hans nimmermehr.

$$E=mc^2$$

IDIOMS

ÜBERSETZE BITTE!

WORDS		VERBS	
agitated	aufgeregt	to look like/	
lawyer	Rechtsanwalt	to seem	(er)scheinen
way	Art	to think	denken
angry	wütend	to wait for	erwarten
positive	positiv		

THE BOSS

Frank und Freddy unterhalten sich über ihren Firmenchef.

Frank: Der Chef ist aufgeregt. Er erwartet einen Anruf aus Berlin.
Freddy: Ist er der Chef? Ist er nicht der Rechtsanwalt?
Frank: Doch, aber er übt hier viele Funktionen aus, weil es die Firma seines Vaters ist.
Freddy: Warum ruft er nicht in Berlin an?
Frank: Weil er abwarten will. Es ist seine Art, und der Mensch ist eben ein Gewohnheitstier.
Freddy: Er scheint wütend zu sein ...
Frank: Ich denke, du wirst ihn sehr glücklich sehen, wenn Berlin heute anruft und eine positive Antwort gibt. Aber jetzt wartet er erst einmal ab.

FINAL PART

SOLUTIONS AND TRANSLATIONS

VOCABULARY

REGULAR VERBS

IRREGULAR VERBS

SOLUTIONS AND TRANSLATIONS

ÜBUNG Nr. 1

1. I am thin.
2. We are old and tired.
3. They are drunk.
4. You are generous.
5. She is fat.
6. We are happy.
7. The car is fast.
8. He is generous.
9. I am fat.
10. We are sad.

ÜBUNG Nr. 2

1. She is generous because she is drunk.
2. He is tired because he is old.
3. They are fast because they are young.
4. We are slow because we are fat and drunk.
5. I am nice, but he is young and handsome.
6. She is beautiful, but she is not elegant.
7. We are fat, but we are fast.
8. You are thin and young, but you are slow.
9. They are honest and generous.
10. We are handsome and nice, but we are not elegant.

ÜBUNG Nr. 3

1. We are with you.
2. Are you with him?
3. He and she are with me.
4. You are with them.
5. You are not with her.
6. I am not with them.
7. Aren't you with him?

ÜBUNG Nr. 4

1. We have a small garden.
2. I have a fat dog.
3. She has an ugly brother.
4. They have a thin mother.
5. He has a beautiful wife.
6. He has a beautiful, but sad sister.
7. I am young, but I have a big car.
8. I am not beautiful, but I have a handsome boyfriend.
9. She has two brothers and a sister.

ÜBUNG Nr. 5

1. He has got a fast red car.
2. I have a big white house.
3. They have a slow black dog.
4. He has blue eyes.
5. She has an orange hat.
6. We have a brown bike.
7. Have you got a black and white
8. Have you got a grey cat?
9. Have you got a black pen?
10. I have a green apple.
11. I haven't got time.
12. She hasn't got money for me.
13. We haven't got a beautiful house.
14. We haven't got a beautiful car.
15. You haven't got time for me!

GRAMMAR - **STEP 1**

ÜBUNG Nr. 6

1. My father is under the car in the garage.
2. My grandmother is in the bedroom with her book.
3. The black cat is in the cellar because it is cool.
4. The bedroom is near the bathroom.
5. My brother is in the living room with his friend, but without the dog.
6. My sister is in the garden.
7. My mother is in the kitchen.
8. My grandfather is in bed and the cat is under the bed.
9. My cousin is in the car in the garage.
10. My parents are in the cellar.

ÜBUNG Nr. 7

1. is
2. Is
3. Are
4. Has
5. has
6. is
7. Is
8. Have
9. is
10. have/am
11. is
12. are
13. have
14. has
15. are
16. is
17. are/are
18. has
19. are
20. are/have

ÜBUNG Nr. 8

1. She has two big ugly dogs.
2. He hasn't got a black bike.
3. Have you got four euros? I have no money.
4. No, I haven't got four euros because I haven't got a job.
5. He has two big, red eyes because he is tired.
6. We have forty chickens in the garden.
7. Have you got a big, white chicken?
8. They haven't got a big, white chicken but they have a nice grey rabbit.
9. They have seven children because they have a big house.
10. You are fast because you have long legs.

ÜBUNG Nr. 9

1. I go to my house in my yellow car.
2. My wife and her mother go shopping with my money!
3. I am in the garden with my dog and my cat, which are old and tired.
4. Sarah has my red car because her green bike is broken.
5. They are in their car with my brother and his friend.
6. My book is on the table; your book (o yours) is in the bedroom.
7. His father is old and thin; mine is fat.
8. Our parents are old; their parents (o theirs) are young.
9. Her bag is big and new, but yours is old and dirty.
10. Your mother is English; their mother (o theirs) is American.

ÜBUNG Nr. 10

1. I am my mother's son.
2. He is Anna's husband.
3. The cooks' hat is white.
4. Peru's mountains are beautiful.
5. My grandfather's newspaper is on the table.
6. Tomorrow's newspaper.
7. I have my brother's radio.
8. He has my father's car.
9. The workers' canteen is open.

ÜBUNG Nr. 11

1. My father is under the yellow car in the garage with his toolbox.
2. I am in front of a drunk and stupid person in the mirror.
3. Beside the bed there is a black book on the table.
4. In front of my house there is a house with a pool and a big car.
5. Inside my house in the kitchen, under the table there is a mouse.
6. Grandmother is outside the house; she is in the garden reading under a tree.
7. I sleep between my brother and my sister in a small bed and under the bed sleeps my grandfather.
8. They are near Stuttgart, but far from my house.
9. Near here there is a cinema and inside there is my friend among the 100 people inside; he went there to see a film.

ÜBUNG Nr. 12

1. for
2. to
3. to
4. for
5. to
6. for
7. to
8. for
9. to
10. to

ÜBUNG Nr. 13

1. These cups are big.
2. That man is nice.
3. This bar is ugly.
4. That bar is beautiful.
5. Those men are honest.
6. These children are fast.
7. These cars are slow.
8. That girl is with that man with the green jacket; that one with the blue eyes is with this girl here.

ÜBUNG Nr. 14

1. Who is the woman with the red skirt and green eyes?
2. Who is that mad man in the road?
3. Who are you to ask me who I am?
4. Who are those children in the pub?
5. Who gives the orders in this house?
6. Who are these men in black?
7. Who is the tall girl?
8. Who is fat and stupid?!
9. Who knows who those old men are in my garage?
10. Who are you to ask me who I am?

ÜBUNG Nr. 15

1. What is a 'nerd'?
2. What are these green things on my plate?
3. What do you eat in London?
4. What?
5. What are we?
6. What are you?
7. What is that?
8. What have you got?
9. What have I got in my bag?
10. What has he got that I haven't got?

ÜBUNG Nr. 16
1. Where is the cinema?
2. Where are my beautiful, black shoes?
3. Where is the train station?
4. Where is my money?
5. Where does he play?
6. Where are you?
7. Where am I?
8. Where is it?
9. Where is the shop?
10. Where do I go?

ÜBUNG Nr. 17
1. How are the children?
2. How can I cook without a kitchen?
3. How can you resist him?
4. How do I look with this red hat?
5. How do you know my name?
6. How do you like your pasta?
7. How can I know?
8. How are the children where you work?
9. How are you?
10. How am I? Beautiful or ugly?

ÜBUNG Nr. 18
1. Are there three fat girls at the bar?
2. There are no men at the bar today because there is a football match.
3. That girl isn't there this evening.
4. There are those sweets in the kitchen.
5. There is no money for the holiday.
6. There is no hope for that team.
7. There are two horses in the stable.
8. There are two Indian boys in my class.
9. There is time!
10. There are two red cats on the roof of my house.

GRAMMAR - STEP 2

ÜBUNG Nr. 19

1.	much	6.	many
2.	many	7.	much
3.	a lot of	8.	a lot of
4.	a lot of	9.	much
5.	much	10.	many

ÜBUNG Nr. 20

1. There is not enough work to do.
2. There are not enough people on the bus.
3. There is not enough panic about the crisis!
4. We don't have enough rabbits in the garden.
5. There is not enough interest in my sister!

ÜBUNG Nr. 21

1. Do
2. Is
3. Do
4. do
5. are
6. do
7. is
8. does
9. do
10. isn't
11. have
12. do
13. is
14. do
15. is
16. am
17. are
18. do
19. do
20. does
21. is
22. do
23. does
24. am
25. do/are

ÜBUNG Nr. 22

1. I usually swim with my brother.
2. She never sleeps.
3. I walk often.
4. I never eat pasta.
5. They usually drink white wine.
6. We always go to the cinema on Sundays.
7. My mother always does the shopping on Mondays.
8. Philipp rarely goes to the doctor.
9. I won't answer you because you are stupid.
10. Sandra works in a restaurant.
11. I often write e-mails.
12. I always speak with my boss.
13. I usually answer the telephone.
14. Every week I send orders to clients.
15. I call the clients when there are problems.
16. I work in customer service.
17. I work in the reception.
18. I don't call the clients.
19. I don't understand when my boss speaks to me on the telephone.
20. I sometimes take part in the meetings.

ÜBUNG Nr. 23

J: Hi love, where are you?
C: In front of the TV; I'm watching a film.

C: Where are you? I am waiting for you!
J: Why are you waiting for me, my love?
C: I haven't got any money for the hairdresser.

J: Hi love, do you miss me?
C: Yes, I miss you, but who are you?
J: I am getting angry!
C: Aaah, it's you!

J: Love, what are you doing?
C: I am crying.
J: Don't cry! I'm coming home!
C: That is why I am crying.

J: Are you at home?
C: Yes, I am making a cake with a lot of love.
J: For who?

C: What are you watching on the TV?
J: I don't know; I'm not hearing it.
C: Why aren't you hearing it?
J: Because you are talking to me!

ÜBUNG Nr. 24

B: When will you send the material?
E: I am sending it now.

B: Are you in the office?
E: Yes, I am turning on the pc.

B: Are you in the office?
E: Yes, but I'm turning off the pc now.

B: Is Müller there?
E: No, he's eating in the canteen.

B: And what is he eating?
E: I don't know what Müller is eating!!

B: What are you doing?
E: I am talking with Mr. Smith; do you know him?

B: What time will the delivery arrive?
E: I am looking into it now.

B: I am waiting.
E: Ok, they are delivering it now.

B: Is Frank finishing the project?
E: No, but I am helping him.

B: What is he doing, now?
E: He is waiting for me.

ÜBUNG Nr. 25

1.
Mother: What is Timmy doing?
Father: He is trying to find his ball.
Mother: Is he looking under the bed? Because the ball is there.

2.
Boss: What are you doing?
Secretary: I am calling the client.
Boss: Isn't he answering?
Secretary: No, but I am waiting.
Boss: I am going.
Secretary: Bye!

3.
Karl: What is happening?
Lisa: The dog is eating, my mother is cooking, my father is cleaning his motor-bike and I am talking to you.

4.
Sales Manager: What are you doing?
Lucy: I am sending an e-mail, Tom is sleeping on his desk, Jonas is drinking a coffee and Lukas is reading the newspaper.
Sales Manager: Ah, so all is normal!

ÜBUNG Nr. 26

1. These days I paint.
2. I am reading a book.
3. My wife often goes to Yoga these days.
4. I'm not going to the restaurant because I'm dieting.
5. I am studying English.
6. Where are you going? I am going to the doctor. I am ill.
7. We are studying; we aren't playing!!
8. Are you doing the French translation?
9. Hey! Hello, where are you going?
10. We are going to George Michael's concert.
11. I am working on the Star project.
12. I'm making/doing a conference call.
13. We are trying to sell to Russia.
14. Are you trying out new software?
15. I'm not going to work at seven a.m.
16. She is booking the hotel for the Boss.
17. I am covering for my colleague who is at home.
18. Are they buying our products?
19. We are not opening a new office.
20. We are closing the office.

ÜBUNG Nr. 27

Shop keeper: We are losing money with this crisis.
Assistant: I have an idea; let's sell for less.
Shop keeper: No!
Assistant: But everybody is selling for less now - and they're working!

ÜBUNG Nr. 28

1. work
2. is sleeping
3. is raining
4. singing/is talking
5. play
6. is writing
7. is working/cooks
8. swim
9. takes
10. eats
11. making
12. comes
13. gives
14. are giving
15. works
16. running
17. is falling
18. love
19. am studying
20. is walking

ÜBUNG Nr. 29

1. too much
2. too many
3. too much
4. too much
5. too much
6. too many
7. too much
8. too much
9. too many
10. too many

ÜBUNG Nr. 30

1. On Sunday morning I am painting the kitchen.
2. This evening I am seeing my mother.
3. Tonight I am leaving for London.
4. This evening I am sleeping at my friend's house.
5. Tomorrow I am leaving my girlfriend.
6. I am taking a shower.
7. This afternoon I am doing my homework with Alex.
8. Tomorrow morning I am washing the car.
9. On Wednesday I am buying a cat.
10. On Saturday I am buying Christmas presents.

ÜBUNG Nr. 31

1. This evening I am leaving the office at 8 p.m.
2. We are having a meeting at 4 p.m.
3. Tomorrow we are meeting all our London colleagues.
4. The new Boss is arriving at 12.
5. Are we moving to a new office on Tuesday?
6. This afternoon the Boss is making a moving speech.
7. Monday morning they are paying us.
8. At 2 p.m. I am sending the fax.
9. Are you calling the supplier after lunch?
10. I am not going to the office with them.

ÜBUNG Nr. 32

K: What are you doing, this evening?
S: I am watching a film with Mary.
K: Mary?
S: Yes, I am taking her to the cinema.
K: I will come with you! (soeben beschlossen)
S: Are you crazy? They are showing a violent film; you are sensitive.
K: Ok thanks, Rocco; you are kind to protect me!

W: This evening, we are celebrating my birthday!
S: Who is coming?
W: Everybody is coming!
S: Are they bringing presents?
W: I hope so!

ÜBUNG Nr. 33

B: I need the X file.
H: I will send it to you now.

J: Lukas, will you help me lift the sofa?
L: I will try!/I'll try!

B: Where is Mr. Jones?
H: I will ask Martha./I'll ask Martha.

C: I will return at 3 a.m.
J: I will not open the door after twelve!

B: Will you book me a table at the "Goldenen Ochsen" for this evening?
H: Of course! I will call immediately!

J: Will you snore when you sleep?
P: No! I won't.
J: Good!

B: Is the flight booked?
H: I'll check now.

C: I am going to Bingo.
J: I will stay here.

T: Don't eat the cake. It's for Sunday!
A: I won't.

T: Now I will book the hotel.
A: Ok, I will tell my mother now.

ÜBUNG Nr. 34

1. Hoffenheim will lose on Sunday.
2. She will leave you for this.
3. Take Julie to the cinema and she will love you.
4. John will not (won't) come with us.
5. Suzy will hate you for this.
6. The e-mail will arrive on Monday.
7. My colleagues will be happy that they will be giving us more money now.
8. The package will arrive today.
9. I think that Mr. Baker will receive you soon (o shortly).
10. You will get a promotion for that project.
11. The London Boss will speak during the conference call.
12. Your idea will be liked.
13. They will hate your idea.
14. They will cut expenses this year.
15. The clients will be happy with the discount.

ÜBUNG Nr. 35

B: On Saturday my husband is taking me shopping.
C: I'm going to find a husband like yours!
S: I will give you mine if you want him!

S: Tomorrow evening I am eating with my sister at her house. Do you want to come, Concetta?
C: Yes! Now I will call my husband.
B: Will she make "tiramisù"?

ÜBUNG Nr. 36

1. Yesterday evening I cooked, ate, cleaned the house, then went to bed.
2. Today, I worked, watched a film, took my son to school, then slept.
3. This morning, I bought the milk, went home, and then returned to bed.
4. Yesterday we finished the project, then went to celebrate.
5. I wrote a letter, then slept for 3 hours.

GRAMMAR - STEP 2

ÜBUNG Nr. 37

On Monday I saw a handsome man.
I asked him to go out with me.
We went to the lake, and then ate.
While we were eating, he asked me to kiss him, but my mouth was full of bread.
When my mouth was empty, he was kissing another.
"You are a playboy!", I shouted.
"But she is my sister", he said.
I saw in the mirror that my face was red.
While we were finishing eating the bill arrived.
He paid for everything and afterwards we went to the bar and got a bottle of wine.
While we were drinking, he asked me for a kiss, but my mouth was full of wine.
When my mouth was empty, he was kissing another.
"Is she your sister too?", I asked.
"No, I'm a playboy", he said.
I went out, took a taxi and went home.
When I arrived home, I saw some flowers on the table with a message.
The message was "I love you".
While I was smiling because of the message, my neighbour entered.
"Suzy!", she said, "you are in my house! Did you drink wine again?".

ÜBUNG Nr. 38

1. While I was cleaning, Simon called me.
2. I was talking when she started to cry.
3. While I was watching the game, I fell.
4. He was running when he broke his leg.
5. While she was asking me a question, I forgot her name.
6. I was sorting out the bedroom when I found a pound!
7. I was undressing when your wife arrived!
8. While we were playing, we heard a scream.
9. I was falling asleep when she gave me a kick.

GRAMMAR - **STEP 2**

ÜBUNG Nr. 39

1. Präsens: I am aiming my pistol.
   Imperfekt: I was aiming my pistol.
   Futur: I will be aiming my pistol.
2. Präsens: I allow people in my house.
   Imperfekt: I allowed people in my house.
   Futur: I will allow people in my house.
3. Präsens: I avoid stupid people.
   Imperfekt: I avoided stupid people.
   Futur: I will avoid stupid people.
4. Präsens: I am begging her to go out with me.
   Imperfekt: I was begging her to go out with me.
   Futur: I will be begging her to go out with me.
5. Präsens: I behave very well when she is with me.
   Imperfekt: I behaved very well when she was with me.
   Futur: I will behave very well when she is with me.
6. Präsens: He is boiling eggs for breakfast.
   Imperfekt: He was boiling eggs for breakfast.
   Futur: He will be boiling eggs for breakfast.
7. Präsens: She is counting her money to see if she can buy a new dress.
   Imperfekt: She was counting her money to see if she could buy a new dress.
   Futur: She will be counting her money to see if she will be able to buy a new dress.
8. Präsens: I complain to the father when the child behaves badly at school.
   Imperfekt: I complained to the father when the child behaved badly at school.
   Futur: I will complain to the father when the child will behave badly at school.
9. Präsens: I am cleaning my garage.
   Imperfekt: I was cleaning my garage.
   Futur: I will be cleaning my garage.
10. Präsens: I am concentrating on my work.
    Imperfekt: I was concentrating on my work.
    Futur: I will be concentrating on my work.
11. Präsens: The postman delivers letters to my house sometimes.
    Imperfekt: The postman delivered letters to my house sometimes.
    Futur: The postman will deliver letters to my house sometimes.
12. Präsens: I dislike everything he says.
    Imperfekt: I disliked everything he said.
    Futur: I will dislike everything he will say.

13. Präsens: I am describing the party to Simon.
    Imperfekt: I was describing the party to Simon.
    Futur: I will be describing the party to Simon.
14. Präsens: She develops projects for big companies.
    Imperfekt: She developed projects for big companies.
    Futur: She will develop projects for big companies.
15. Präsens: I don't decide what to do in my house.
    Imperfekt: I didn't decide what to do in my house.
    Futur: I won't decide what to do in my house.
16. Präsens: She isn't forcing her son to study.
    Imperfekt: She wasn't forcing her son to study.
    Futur: She will not be forcing her son to study.
17. Präsens: They are improving conditions, finally.
    Imperfekt: They were improving conditions, finally.
    Futur: They will be improving conditions, finally.
18. Präsens: I am learning Russian.
    Imperfekt: I was learning Russian.
    Futur: I will be learning Russian.
19. Präsens: They live in a big house.
    Imperfekt: They lived in a big house.
    Futur: They will live in a big house.
20. Präsens: We are launching the new product in January.
    Imperfekt: We were launching the new product in January.
    Futur: We will be launching the new product in January.
21. Präsens: I am watching TV and opening my mail, while Tina is cleaning the room.
    Imperfekt: I was watching TV and opening my mail, while Tina was cleaning the room.
    Futur: I will be watching TV and opening my mail, while Tina will be cleaning the room.
22. Präsens: They shout, scream and complain about everything.
    Imperfekt: They shouted, screamed and complained about everything.
    Futur: They will shout, scream and complain about everything.
23. Präsens: The police arrest, the lawyers accuse and the judge sentences.
    Imperfekt: The police arrested, the lawyers accused and the judge sentenced.
    Futur: The police will arrest, the lawyers will accuse and the judge will sentence.

24. Präsens: I park the car, press the button, then pull out the ticket.
     Imperfekt: I parked the car, pressed the button, then pulled out the ticket.
     Futur: I will park the car, press the button, then pull out the ticket.
25. Präsens: I regret that I refuse to remove the offensive poster.
     Imperfekt: I regretted that I refused to remove the offensive poster.
     Futur: I will regret that I will refuse to remove the offensive poster.

ÜBUNG Nr. 40

1.   Before going out, clean the bathroom and kitchen.
2.   I went to school without doing my homework.
3.   Why don't you speak/talk instead of crying?
4.   Stop repeating the same words always.
5.   Instead of playing tennis, why don't you study?
6.   We are used to listening to his nonsense.
7.   They are tired of repeating the same words always.
8.   My mother is fond of music.
9.   We are afraid of making a bad impression.
10. I'll start painting the bathroom, then I'll finish cleaning the kitchen.

GRAMMAR - STEP 3

ÜBUNG Nr. 41

1. The sun is above the mountain.
2. I walked against the wind.
3. I slept among (oder between) the trees.
4. Behind the mountain, there is a river.
5. About 6 o'clock we went away.
6. The temperature in the forest was 5 degrees below zero.
7. Jane was beside (oder next to) me.
8. Between the two mountains there was a beautiful pub.
9. Despite the cold we swam in the river.
10. During our walk I fell.
11. It was beautiful, except for the rain.
12. I ran like the wind.
13. There was a WC in front of the pub.
14. Unlike Mark, I found the WC without any problems.
15. After the pub we slept under a tree until dawn.

ÜBUNG Nr. 42

1. in
2. on
3. in
4. at
5. in
6. in/on
7. at
8. on
9. On
10. on/at
11. at/at
12. in/at
13. in/on
14. in
15. at/at
16. on
17. in/at/in
18. in/on
19. in
20. at

ÜBUNG Nr. 43

Aboard the plane I asked for a drink.
The hostess poured hot coffee into my cup, while the plane was going against the wind.
Through the window I saw a bird among the clouds and when I looked down, I saw boats on the sea.
Suddenly, I smelled whiskey and when I looked around, I saw that I was sitting in between two Scots.
During the flight I spoke with an American lady near me.
She put her coffee onto the little table and listened to my funny jokes.

ÜBUNG Nr. 44

Yesterday morning at 10.15 I was in a bar in the centre of Bologna.
In front of me there was a lady sitting on the table, who was pouring wine into a glass.
I didn't know her but I knew her face.
On the wall, there was a photo of a bird that was flying through the clouds.
Outside, I saw a child, who was waiting for his Mum in front of a shop.
While the woman was drinking her wine, a man came in and sat next to her.
At eleven, I went to the Hotel.
I put my hands into my pocket and I got the keys for my room.
I switched on the TV in the room.
It was the woman and the man from the bar!
Suddenly I understood everything: they were actors!

ÜBUNG Nr. 45

1. Tom: If I find a job (oder work), I will buy a car.
   Tim: If I had known yesterday, I would have sold you mine.
   Tum: If I could drive, I would buy a beautiful, fast car.

2. Sara: If I have the money, I will go to New York this summer.
   Julia: If I had the time, I would come with you.
   Lisa: If I had had the time and the money, I would have gone to New York last year.

3. Concetta: If you come with me, I will be happy.
   Emma: If you had asked me before, I would have said yes.
   Carmen: If you had asked me, I would have come.

4. FC: If you play like on Saturday again, we will lose.
   P: I will play well; you will see.
   FC: I'm sorry; I wanted to say, if you played today, you would not play well.
   P: Why? Am I not playing?
   FC: No!

ÜBUNG Nr. 46

I was walking with Karl when we saw a bar.
The bar was old and ugly, but I said, "That bar could be a gold mine, look at how many offices there are in the area. If I had money, I would buy that bar and I would get rich!".
Karl, unlike me, has got a lot of money, so at lunchtime he went to the bar and he asked the owner "Would you sell this bar?".
The owner answered "I would sell it but I have to ask my wife; call me at 6 p.m."
Afterwards in the office Karl said, "If he sells me that bar, I'll get rich".
At 6 p.m. Karl called the owner, but the owner said, "I'm sorry, but my wife doesn't want to sell".
One month later the council of Milan decided to open a new exhibition centre next to (or beside) that bar.
Karl was sad. "If he had sold me that bar, I would have gotten rich", he said.

ÜBUNG Nr. 47

1. If everybody is going to the cinema, I will stay at home.
2. You have something in your eye.
3. I want to buy something for you.
4. Somebody ate my ice cream!
5. Nobody wants to come with me!
6. I have nothing to hide!
7. I would give you everything, but I have nothing!
8. Every day, I hope you arrive.
9. Everytime I go there I come back tired.
10. Sometimes he calls me.
11. Everything I do, I do for you.
12. Everybody needs somebody to love.
13. Nobody understands me.
14. I need somebody, sometimes.
15. If you eat something, you'll feel better.

ÜBUNG Nr. 48

1. John is a	tall, young, handsome, white man.
2. John's dog is a	short, old, fat, ugly pet.
3. He had a	long, brown, wooden leg.
4. She had a	short, old, nice, glass table.
5. They were in a	new, fast, blue, metal car.
6. I have a	new, soft, white, cotton T-shirt.
7. She wears	modern, pink, plastic glasses.
8. She had	big, beautiful brown eyes.
9. He was a	tall, old, thin boy.
10. She is a	young, nice, polite girl.

ÜBUNG Nr. 49

1. He is as fast as a leopard.
2. He is as fat as a pig.
3. I am as big as an elephant.
4. She is as slow as a snail.
5. She is as busy as a bee.
6. I am as dangerous as a lion.
7. He eats as much as a horse.
8. He is as blind as a bat.
9. She is even lighter than a feather.
10. A lion eats even more than a camel.

ÜBUNG Nr. 50

1. as
2. like
3. As
4. as
5. like
6. as/as
7. like
8. as/as
9. like
10. as

ÜBUNG Nr. 51

1. hotter
2. deepest
3. livelier
4. sadder
5. ugliest
6. smallest
7. most unpleasant
8. more destructive
9. softest
10. nichts von alledem, REINGEFALLEN! Heat ist kein Adjektiv, sondern ein Substantiv!

ÜBUNG Nr. 52

Dear Mr Smith,

On Monday, a fat, slow, white dog arrived.

On Tuesday, a fatter and slower dog than the first arrived.

On Wednesday, the fattest and slowest dog of all arrived.

On Thursday, a thin, slow, stupid, black dog arrived.

On Friday, a stupider dog than that of Thursday and fatter than that of Wednesday arrived.

On Saturday, the worst dog in the world arrived. A dog called 'Lucky' with a wooden leg and a broken glass eye.

I want my money back!

Mr Jones

ÜBUNG Nr. 53

Yesterday evening at 7:30, I was in a taxi with my wife.

I was sitting (or sat) behind the driver and I was looking at the photos of the new house, while my wife listened to the radio.

The driver spoke with (or to) us, but I couldn't hear (did not hear) what he was saying. From behind, I saw that the driver had long black hair and big ears.

Suddenly, I heard a scream and I touched my wife's arm.

I wanted to see what had happened, so I told the taxi driver to stop.

I went towards the house, but my wife didn't want to come with me.

When I was outside of the house, I couldn't see anything, so I went into the garden to see better.

Through the window I couldn't see anything because it was all dark so I decided to go behind the house. I entered through the back door.

Inside the house I heard someone whisper. I wanted to run away, but I was too curious.

After 5 minutes I heard somebody shout "Away! Away from here!"

I wanted to die.

Slowly I walked into the living room and I saw everything.

It was a television, turned on at maximum volume, with an old lady, who slept (or was sleeping) in front of it.

GRAMMAR - **STEP 4**

ÜBUNG Nr. 54

1. J: My love, you are tired. How come?
   W: Because I have been cleaning all day.
   J: I know, I have been watching you all day.
   W: You have been watching me all day? Why didn't you help me?
   J: Because I didn't want to disturb you!
2. J: Since when have they been building that house?
   L: They have been working for two years.
   J: Has it been raining until now?
   L: No, the problem is that there are only two builders!

ÜBUNG Nr. 55

1. yet
2. again
3. still
4. still
5. again
6. again
7. still
8. yet
9. yet
10. again
11. still
12. still
13. yet
14. again

ÜBUNG Nr. 56

1. Erlaubnis
2. Fähigkeit
3. Erlaubnis
4. in der Lage sein
5. Erlaubnis
6. Fähigkeit/in der Lage sein
7. Fähigkeit
8. Fähigkeit/in der Lage sein
9. Fähigkeit
10. in der Lage sein

ÜBUNG Nr. 57

1. I can't help you, but maybe James can.
2. Can you come with us?
3. I can't listen to this music!
4. But can you dance?
5. I can't talk to you; my wife is jealous even though she envies you because of your husband.
6. I will be able to pay you in 50 years.
7. I could speak Chinese when I was a child because we lived in China.
8. She will be able to take you to school when she has a car.
9. Can we talk (or speak) tomorrow?
10. I can because it is mine!

ÜBUNG Nr. 58

1. She will be there; you could meet her to speak (with her).
2. If you don't feel well, you could see a doctor.
3. I'm sorry, I could have been with you.
4. Give Hannah a kiss; she could leave tomorrow.
5. Could you buy me a book? Then tomorrow, I will bring you the money.
6. If I find time this summer, I could come to London.
7. You could have called me.
8. I could have eaten with you.
9. If I hadn't seen you, I couldn't have given you the money.
10. If I hadn't studied, I couldn't have gone to University.

ÜBUNG Nr. 59

1. If I could, I would go away with you.
2. I would do it, if I could.
3. Would you do it, if you could?
4. If we could, we would buy you a car.
5. If he could, he would marry Lucy.
6. If I had money, I would buy a house.
7. If we could, we would go to London.
8. If I could come, I would be happy.
9. If I had known you were there, I could have bought you a beer and I would have.
10. If I had known you were at home, I would have come to your home.

ÜBUNG Nr. 60

G: Do you think I should change woman?
M: You should be happy, no other woman would take you.
G: You shouldn't say that; you are my friend!
M: What should I say? It's true!

ÜBUNG Nr. 61

1. You should stay at home this evening; it might rain.
2. You should have called the office; they might have found your mobile.
3. I might stay at home and watch the film; it should be good.
4. Should I forgive her? It might be better.
5. They shouldn't cause problems; they might regret it.

ÜBUNG Nr. 62

1. I have to get the kids (or children) from school.
2. I must smoke less!
3. I have to get a license if I want to drive here.
4. You have to pay taxes.
5. You must help me more!

ÜBUNG Nr. 63

If I can go to visit Frank in hospital today, I will go.
I would have gone yesterday, but I worked.
I could ask Tommy to come with me.
I would go alone, but I haven't got a car.
I must go today, and I should take a present (or gift).
Something Frank will like.
Flowers? An apple? A blonde?
I should ask advice from his mom.
The doctor said that he has to stay in hospital for two weeks.
I couldn't stay in a hospital; I would go crazy.
I might be crazy already.
Wouldn't it be better to go tomorrow?
I wouldn't want to go there now; he might be sleeping.
As long as I don't go for nothing.
Should I stay, or should I go?
Would Frank be offended if I didn't go?
I wouldn't want him to be offended.
I must go, yes! At the end of the day, it was me who pushed him down the stairs.
But if I had known that he would break his leg, I would not have done it!
I'm not going.

GRAMMAR - **STEP 5**

ÜBUNG Nr. 64

1. K: This evening I am having a party, are you coming?
   L: Yes, but first I have to get my son from school, take him to his grandmother, then get a bottle of wine to bring to the party.
2. K: This evening I am having a party, are you coming?
   T: No, sorry, I have to get shampoo from the supermarket, wash my hair, then take my husband to the theatre.

ÜBUNG Nr. 65

1. Let's see what's on at the cinema this evening.
2. Let's play football!
3. Let's ask Susan where they are going, this evening.
4. Let's sleep a little (or a bit).
5. Let's listen to some music.

ÜBUNG Nr. 66

Anne: The crisis accounts for one million euros less in profit this year.
Boss: But we were aiming for fifty million more! So, we have to cut back on staff by 30%.
Anne: Yes, but we must also beef up the advertising budget if we want to build up a better relationship with our clients.
Boss: We can't spend more; if we do we will close down and I won't back down this time!
Anne: Oh no, something has cropped up and I have to answer for it! I have to run!

ÜBUNG Nr. 67

Andy: It's a bad day.
Jake: Why?
A: I didn't go to my wife's birthday party and I must sort things out because she's angry.
J: Why didn't you go?
A: Because the car ran out of petrol and by the time I arrived (or got there) the party had already finished.
J: Couldn't she wait?
A: No, I called her and said "Can you put off the party for two hours. I'm arriving!".
J: Did you point out that the car had stopped?
A: Yes, but she just (or only) said "No, I will bring forward ... our divorce!".
I wanted to make up for it, but nothing doing.
J: So, you have to sort out a lawyer, now.
A: I can't, I have run out of money!

ENGLISH IN USE
GOING ABROAD

DIALOG ZWISCHEN EINEM DEUTSCHEN TOURISTEN UND EINEM ENGLÄNDER
IT: Excuse me! Where is Buckingham Palace, please?
E: From here?
IT: Yes, from here.
E: Ok, go straight on, then take the second road on your right, go straight on until you see a traffic light, at the traffic light turn left then go straight on until you get to a roundabout. From there take the first left, then ask again.
IT: Perfect, thanks.

DIE GUT AUSSEHENDEN MÄNNER VON BIRMINGHAM (ALICES TAGEBUCH)
At six in the morning, we got ready and we called a taxi.
There was a lot of traffic on the road and it took us twenty minutes to get to the train station.
We got our tickets and the train arrived 10 minutes later.
The train stopped at seven stations before it arrived at the central station.
From there, we took the bus to the airport.
It took us three minutes to get on the bus with all our luggage (or baggage).
After thirty-five minutes we got off the bus in front of the airport.
The check-in took fifteen minutes.
Our plane landed in London at 11 o'clock (a. m.).
In London, we took the underground to get to the hotel.
At the reception, I said: "Good morning, is there a double room, please?"
"Certainly. How long will you be staying?"
"Just for tonight, thank you."
"Ok, we have a room with a shower for one hundred pounds per night."
"Ok, that's fine, thanks."
The next day, we took a train to the destination of my heart, Birmingham.
The city of Birmingham is in the centre of England and is famous for its men who are all really handsome and intelligent... and for its fantastic football team.
After the paradise of Birmingham, we took a train to the coast. Next destination: Ireland.
On the coast, we took a ferry to Ireland.
The sea was calm and beautiful.
At the port we got off the ferry and we went around all day.
That evening, we returned to Germany and I slept on the plane, dreaming about the really handsome men of Birmingham.

SITUATIONS AND WORDS
REAL LIFE

GROCERY SHOPPING

Since they started showing Dr. House in the afternoon, I have to do the shopping.
I took the shopping list and went to the supermarket.
While I was taking the trolley, I looked at it. "Ok, first thing salad, then vegetables." I couldn't find the fruit, so I asked another man. He laughed.
When I found the fruit, I took two apples and two bananas.
Then I took meat, beef, sausage and fish.
Then, the only thing that interested me. A cake.
There was no more food on the list.
Now I had to find detergent and soap. No problem.
When the trolley was full, I queued at the till.
In Germany they don't love to queue. They really suffer. It is torture for them.
For me, it is the shopping that is the torture. I'm happy when I'm in the queue because it has finished.

A DAY OUT

At 7 o'clock in the morning, the postman arrived with three letters. They were all for my wife. At 7:30 I went to get the bread from the bakers (or baker's).
I like the smell of bread in the morning.
After, I went to get the newspaper but when I entered the shop, the shop assistant wasn't there.
I took a newspaper and was leaving, when I saw a policeman.
In that moment, I started to daydream.
I was in court (or in the court room), my lawyer was showing the stolen newspaper to the judge and I was between two policemen.
Then my accountant spoke, "Maybe you think it is stupid to steal a newspaper that costs only a pound, but it's understandable ... because he has run out of money! And why hasn't he got any money? Because he needs a job and why hasn't he got a job?"
"Because he's a thief!" shouted the judge.
I decided to pay for the newspaper.
At one in the afternoon, I had an interview for a new job, so I went to the hairdressers.
Yes! It takes two hours to sort out my hair.
While I was going to the hairdressers, I saw some builders on a building site and I asked them what they were building.
"A vet's surgery", said a builder.
"And what do you do?" I asked.
"I am a plumber" he said "I sort out the water system".

After twenty minutes, my tooth hurt (*or* I had a bad tooth), so I went to the dentist for a quote. He told me the sum and the pain passed immediately.
After the hairdressers, it was lunchtime and I went to the pub for a quick (*or* fast) beer, then to the restaurant.
The waiter brought me a plate of pasta and complimented me on my hair.
After, I paid my compliments to the chef and went to my interview.
While I was entering into the building where I had my interview, an sms arrived. It was my accountant. "If they don't take you on, you are in trouble".
At the reception, I gave my name and the secretary of the boss came to get (*or* receive) me.
In the bosses' office, I introduced myself and he complimented me on my hair.
I was talking to the boss when I heard a woman shout "fire!".
The boss called the fire man and I, trying to be a hero, escaped.
While I was running down the stairs, I fell.
In hospital, the nurse brought me a newspaper. She was very kind.
Incredibly, I was on the front page!
"Coward breaks a leg escaping from a building in flames!"
The doctor said I had to remain (*or* stay) there for four days.
After, the cleaning lady arrived.
"You are a loser", she said.
"There was fire!" I answered.
"Not because you escaped!" she said. "Because you couldn't put the butchers (*or* get the butchers) in your stupid little story (*or* tale)", she said.

A WEEKEND IN GREAT BRITAIN
The weather in Great Britain is really crazy!
We arrived in London and it was very cloudy and chilly.
There was no famous London fog.
Only thirty minutes later (*or* after) it was raining and we were without an umbrella!
But it wasn't a problem because, five minutes later, the sun was in the sky.
Two hours later, we were in Manchester and it was snowy.
The day after, we went to Scotland and there it was very (*or* really) cold.
We slept in the mountains and that night there was a snow storm.
The day after, it was very (*or* really) beautiful outside. All the trees were covered in (*or* with) snow and it was warm.
After lunch, an incredible wind arrived and we saw the trees were green again.
We saw all four seasons in two days!

NEAR MY HEART

In England, I live in the countryside (*or* in the country).

Near my house, there is a stream where I wash in the morning.

If you follow the stream, you will arrive at a river. The river flows through a forest and arrives at the sea.

I like to go to the sea (*or* seaside). I like to walk on the shore with my wife.

The waves make so much noise, I can't hear her voice.

It's really beautiful.

If you look up from the beach, you can see the old castle on the hill.

Near the beach, there is a small village, where I buy milk and cheese.

Behind the village, there are woods, where I pick blackberries.

When I was a child, I loved to watch (*or* look at) the sea. So big, so vast.

In Milan, I live in the suburbs, but I work in the city centre.

In front of my office, there is the town hall.

From my window, I can see only cars and chaos, but at least near my house there is a park.

In Milan it is difficult to find a parking lot for the car, so I go to work by tram.

Milan is an important city in Italy, but the capital is Rome.

Rome is an historical city because it is there that Liverpool won the Champion's cup.

I love Italy, but I always say to my friends, who live in Milan "go to the countryside sometimes, without your pc, without your cell phone and live a little with your soul. Just for a weekend".

But they never have time.

SITUATIONS AND WORDS
IDIOMS

NICK, MAX UND TIM (THE LETHAL PLAN)

M: We have to kill Tim; he's a pain in the neck.

N: But isn't that a little drastic?

M: He did it on purpose; he was asking for trouble.

N: And how are we going to kill him? I'm all ears.

M: Very easy. While he's sleeping, I will suffocate him.

N: But it's dangerous, everybody knows him.

M: They knew him, he was famous, but many years ago. He was a flash in the pan.

N: Eh?

M: Nothing.

N: When his mum finds out, all hell will break loose!

M: So?

N: His mum helped us: she's our cash cow!

M: That woman is a bad egg; let's kill her, too!

N: Don't touch Tim's mum; she is the apple of my eye!

M: Shut up!

N: Thank goodness the idioms have finished... otherwise you would have killed me too!

THE ACCIDENT

Joe: Why did you hit a tree?

Simon: I don't know.

Joe: Gnnnnnff!

Simon: What did he say?

Terry: It's beyond me...wait, oh yes...he's biting his tongue.

(Terry looks under the bonnet.)

Terry: How much did you pay for this car?

Simon: Fifty euros.

Terry: Ok, I'll give you the benefit of the doubt.

Simon: Guys, maybe I bent the truth with you.

Joe: What?

Simon: I can't drive.

Joe: We saw that! You are an imbecile, not only ugly, but also stupid.

Simon: Wait! That is below the belt! I wanted to come with you because if I stayed home, I would have had to wash the dog, so I was between the devil and the deep blue sea.

Terry: I get it.
Simon: I saved a lot of money to buy this car and now I'm back to square one.
Joe: Anyway, you're an imbecile.
Terry: Stop being a pain in the neck, Joe!

FALLING IN LOVE

Billy: I want to tell her that I love her and that I want to take her to America with me.
Steve: Are you crazy? If your mum finds out, she will kill you.
Billy: And who will tell her?
Steve: Me, if you don't cough up 100 euros.
Billy: You shut up! Anyway, she is the best, the cream of the crop, so it's worth it.
Steve: There will be a mess.
Billy: Come what may, I love her and you can't make an omelette without breaking a few eggs.
Steve: You are really ridiculous, do you know that?
Billy: Steve, listen...
Steve: I'm all ears.
Billy: We have to clear the air you and me. I'm sorry I let you down last year.
Steve: I think you have to take a crash course in life, my friend!

THE LYING GAME

Jonny: What happened?
Freddy: I'm in the doghouse.
Jonny: Why?
Freddy: Because I promised my mother I'd sort out my bedroom, then I didn't do it.
Jonny: Won't she let you come to the cinema on Saturday?
Freddy: I don't know; the die is cast.
Jonny: Tell her you didn't sort out your bedroom because Paul called you and he kept you on the telephone for an hour.
Freddy: But then Paul will be in the doghouse with his mum.
Jonny: So? It's dog eat dog. Come on! You can't miss the film. I'm dying to see it. Lilly will be there, too, so I have to be dressed to kill.
Freddy: Wow, Lilly? The down to earth girl at school?
Jonny: This is, without doubt, the worst tale (*or* story) John ever wrote.
Freddy: I know, he should speak to a professional.

TIME TO PAY

Jim: What happened?

Ken: To get that job, I bent the truth. Anyway, everything was difficult and I couldn't find my feet. Then I caused a disaster and the boss called me. I went into his office to face the music. I tried to convince him that I would learn the job well, but it was like flogging a dead horse. He said I was full of hot air.

So, I offered to work for less money, but that didn't go down well.

Jim: But you are incredibly stupid!

Ken: Come on, Jim, don't go bananas!

Jim: Listen to me, if you don't pay the rent, I have to find somebody who can, get the message?

Ken: Yes, I got it.

CONVERSATION NEAR THE LAKE

Toby: Gerry? Gerry?!!

Gerry: Huh? What?

Toby: Sorry, but you had your head in the clouds. What were you thinking about?

Gerry: I was thinking about when I'll be a famous actor. I had an audition today.

Toby: How did it go?

Gerry: I don't know, one of the actors was hand in glove with the director and he was wearing a beautiful suit. If I wasn't so hard up, I would buy one, too.

Toby: Why don't you work with Mr Jennings again?

Gerry: Because after that affair with his girlfriend, he doesn't want to see me anymore.

Toby: You had an affair with his girlfriend?!

Gerry: Yes, but my heart was in the right place!

Toby: What?

Gerry: She wasn't good for him, in some way, I did him a favour.

Toby: Why don't you explain this to him?

Gerry: I can't, it's a hot potato with him.

Toby: Go there with your heart on your sleeve and you will see!

THE PRICE OF THE SAND

Max: How many shares did you buy?

Nick: 200! I will be rich!

Max: Are you sure?

Nick: Very sure. It's in the bag!

Max: But why did you buy them?

Nick: In a nutshell, they sell sand to the Arabs for next to nothing. Surely, they will sell a lot! I won't see the money immediately, but in the long run, you'll see!

Max: But the Arabs already have a lot of sand, Tim!

Tim: I know, but he's happy. Sometimes ignorance is bliss.

Max: No, I have to say something to Nick.

Tim: Listen! He's happy, if it isn't broke don't fix it!

LOOKING FOR A JOB

Franz: Why did they sack you?

Hans: I sent the wrong files to the wrong people.

Franz: Why?

Hans: I was confused, I was still learning the ropes!

Franz: Didn't you lick the Bosses' boots? As a last resort?

Hans: No!

Franz: Ok, but look on the bright side, you'll have more time for the play-station.

Hans: I need money!

Franz: Maybe there is a job at the baker's.

Hans: Really? Thank goodness! There is light at the end of the tunnel!

Franz: Yes, but Robert works there too.

Hans: Robert? But I broke his car. He isn't speaking (or talking) to me.

Franz: It would be better to let sleeping dogs lie.

Hans: Eh?

Franz: Robert's car, that you broke.

Hans: When?

Franz: The lights are on, but nobody is at home, today, eh?

Hans: Eh?

Franz: Listen, you could be a mechanic! That way, you work and you could sort out Robert's car and kill two birds with one stone!

FROM RAGS TO RICHES

Bill: Look at Thomas! He's made of money.

Bob: I know, he made a killing on Wall Street.

Bill: I can't afford a scooter and he arrives in a Mercedes!

Thomas: Hi guys! I told you to invest on Wall Street...you missed the boat.

Bill: I'm going to Wall Street! I have to make up for lost time. Are you coming, Bob?

Bob: I don't know, I have mixed feelings ...On the one hand, I like the idea of getting rich, but on the other hand I don't want to change.

Bill: You are a loser! And you will die here with all the other losers!

Bob: Don't make a mountain out of a mole hill, please. You go, I'll stay here with your girlfriend.

Bill: Why? What kind of relationship have you got with my girlfriend? There is more than meets the eye?

Bob: Don't say stupid things... we are just friends, very close friends and sometimes we kiss near the lake, at night.

Bill: Ah, ok.

ON HOLIDAY

Wife: Look! Spain for only 800 euros for two, five star hotel! Spain costs next to nothing now.

John: We can't.

Wife: Why not? We have 5000 euros in the bank!

John: That is our nest egg!

Wife: Come on!

John: No, not for all the tea in China.

Wife: Please...

John: Nothing doing.

Wife: Then I will go alone.

John: Perfect!

THE FILM

Paul: They will make the film here dad, we will be on the map!
Father: No, it's out of the question.
Paul: But why? As an opportunity, it's out of this world! You're crazy!
Father: You are really out of order, Paul.

FRIENDS

Bruce: I am tired of my job. I want to find something else.
Lenny: Listen, if you play your cards right, I'll find you a job in my factory.
Bruce: Do they pay well?
Lenny: They pay very well.
Lenny: A penny for your thoughts.
Bruce: Are you pulling my leg? Because if you are, you are playing with fire.
Lenny: No, Bruce, I can help you.
Bruce: Thank you.
Lenny: One day, you could become (or get to be) an important manager.
Bruce: Yes, and pigs will fly.
Lenny: Listen, if they don't take you on at my factory there is Plan B. You can be a babysitter... Lucy is pregnant!

GENTLEMAN THIEF

Bones: Ok, are you ready to rob the bank with me?
Rocky: Now? It's raining cats and dogs outside!
Bones: I have two umbrellas.
Rocky: Yes, but that's a quick fix, Bones! Where will we put the umbrellas when we have to enter? We have to be as quiet as a mouse!
Bones: You always have to rock the boat, eh?
Rocky: Always?
Bones: Yes, even when we were in the group. You always found problems with my plans. The group ended for that reason.
Rocky: No, the group ran out of steam in the end. Anyway, you can't take umbrellas into the bank.
Bones: Eh?
Rocky: An umbrella could be used as a weapon, so by law they can't be taken into public places... you know how the red tape is for banks.
Bones: I'm going alone.

ABOUT MADNESS

Theo: I think that Freud had a great mind.

Brian: He was crazy.

Theo: Oh yes? If he was crazy, then I would sell my soul to be crazy. Think about when his books came out. They (or he) totally swam against the tide, but they sold like hot cakes.

Brian: Theo, I know you have a soft spot for Sigmund, but he said a lot of ridiculous things.

Theo: Brian, it wasn't all set in stone; they were just ideas.

Brian: He was crazy.

Theo: No! He was the salt of the earth.

Brian: Why have you got a soft spot for Freud?

Theo: I haven't got a soft spot for him, you dummy!

Brian: See? I say something against Freud and you see red!

Theo: I know that for you it is second nature to get people angry, but now I'll tell you something and to sweeten the pill, I will tell you that it's not only (or just) you. I'll make it short and sweet, ready?

Brian: Yes.

Theo: You are a dummy.

Brian: Oh yes?

Theo: Yes, and seeing is believing and I can see you, and you're a dummy.

GOSSIP

Anna: Have you met Amber's new boyfriend?

Lucy: Yes, the guy who talked shop at the party... she should think again, that girl, he is taking her for a ride.

Anna: It's not true, come on!

Lucy: That's my opinion, take it or leave it.

Anna: I went to her house yesterday, and there wasn't a soul there. Have they gone away?

THE BOSS

Frank: The boss is agitated. He's waiting for a call from Berlin.

Freddy: Is he the boss? Isn't he the lawyer?

Frank: Yes, he wears many hats here because it's his father's company.

Freddy: Why doesn't he call Berlin?

Frank: Because he's playing the waiting game. It's his way and you can't teach an old dog new tricks.

Freddy: He seems angry...

Frank: I think that, if Berlin calls today with a positive answer, you'll see him very happy. But for now he is playing the waiting game.

VOCABULARY

A

aboard an Bord
about ungefähr/gegen (zeitlich)/
    hinsichtlich/über
above über
across hinüber/querdurch
actor Schauspieler(in)
address Adresse
advice Rat
affair Affäre
after nach
afternoon Nachmittag
against gegen
agitated aufgeregt
ago vor (zeitlich)
air Luft
airport Flughafen
alone alleine
already bereits/schon
always immer
among unter (mehreren)
angry wütend
apple Apfel
apple pie Apfelkuchen
April April
area Gegend
arm Arm
around um ... herum
as long as vorausgesetzt dass/solange
at least mindestens
attic Dachboden/Speicher
audition Vorsprechen
August August
aunt Tante
autumn Herbst
awful furchtbar/schrecklich

B

back Rücken
back door Hintertür
bad schlecht
bad day schlechter Tag
bad impression schlechter Eindruck
bag Tasche/Tüte
ball Ball
banana Banane
bank Bank
bank account Bankkonto
bat Fledermaus
bathroom Bad/Toilette
beach Strand
beautiful schön
bed Bett
bedroom Schlafzimmer
bee Biene
beef Rindfleisch
before bevor
behind hinter
belly Bauch
below unter
beside neben
between zwischen/unter (2 Dingen)
beyond jenseits
big groß
bike Fahrrad
bikini Bikini
bill Rechnung (im Restaurant)
bird Vogel
birthday Geburtstag
black schwarz
blackberry Brombeere
blind blind
blouse Bluse
blue blau
boat Boot

bonnet Motorhaube
book Buch
boss Chef(in)
bottom Gesäß/Boden
boyfriend fester Freund
bra BH
bread Brot
breakfast Frühstück
breasts Busen
bridge Brücke
brother Bruder
brown braun
builder Maurer(in)
bus Bus
busy beschäftigt/fleißig
buttocks Pobacken
by neben/bei/um (zeitlich)
by the time bis

C

cake Kuchen
camel Kamel
canteen Kantine
capital Hauptstadt
captain (Flug)kapitän(in)
car Auto
car park Parkplatz
cardigan Strickjacke
carrot Karotte
cash Bargeld
cash point Bankomat
cashier Kassierer/in
castle Burg/Schloss
cat Katze
cathedral Kathedrale
cellar Keller
centre Zentrum
changing room Umkleideraum

check-in Check-in
cheek Wange
cheese Käse
cheesecake Käsekuchen
chemist's Apotheke
cheque/check Scheck
chest Brust
chicken Huhn
child (Plural children) Kind
chilly kühl/frisch
chin Kinn
chips Pommes frites
chocolate cake Schokoladenkuchen
church Kirche
city Stadt
city centre Stadtzentrum
clean sauber
client Kunde/Kundin
cliff Klippe
cloth Stoff
clothes Kleidung
cloud Wolke
cloudy bewölkt
coast Küste
coat Mantel
coffee Kaffee
coin Münze
cold kalt/Kälte
collaboration Mitarbeit
colleague Kollege/Kollegin
come on! komm schon!
compliment Kompliment
confused verwirrt/durcheinander
cook Koch/Köchin
cool kühl
cotton Baumwolle
could be es könnte sein
countryside (auf dem) Land

court Gericht
cousin Cousin(e)
coward Feigling
credit card Kreditkarte
crew Bordpersonal
crisis Krise
cup Tasse
customer Kunde/Kundin
customer service Kundendienst

D

dad Papa
damp feucht
dangerous gefährlich
dark dunkel
daughter Tochter
dawn Morgendämmerung
day (all) Tag (den ganzen)
dead tot
December Dezember
deep tief
delicious köstlich/lecker
delivery Lieferung
desk Schreibtisch
despite trotz
dessert Dessert
destination Ziel
detergent Putzmittel
difficult schwierig
dinner Abendessen
director Regisseur(in)
disaster Chaos/Katastrophe
discount Nachlass
doctor Arzt/Ärztin
dog Hund
door Tür
doubt Zweifel
down hinunter

drastic drastisch
dress Kleid
driver Fahrer(in)
drunk betrunken
dummy Dummkopf
during während

E

ear Ohr
eight acht
eighteen achtzehn
eighty achtzig
elegant elegant
elephant Elefant
eleven elf
employee Angestellte(r)
enormous enorm
equipment Ausrüstung
essential wesentlich
evening Abend
every jede/r/s
everybody jeder (bei Personen)
everything alles
everywhere überall
except außer/abgesehen von
exhibition centre Messegelände
expenses Kosten
eye Auge

F

face Gesicht
factory Fabrik
famous berühmt
fantastic fantastisch
far (away) weit entfernt
fast schnell
fat dick
father Vater

favour Gefallen
fax Fax
feather Feder
February Februar
ferry Fähre
fifteen fünfzehn
fifty fünfzig
finance Finanzen
finger Finger
fire Feuer
first erste/r/s
fish Fisch
five fünf
flames Flammen
flight Flug
fog Nebel
foggy neblig
food Essen
foot Fuß
for für
for less für weniger
forest Wald
four vier
fourteen vierzehn
forty vierzig
freezing eiskalt/frostig
Friday Freitag
friend Freund(in)
from von
fruit Obst
full voll
funny lustig
furniture Möbel

G

garage Garage
garden Garten
generous großzügig

genitals Genitalien
gift Geschenk
glass Glas
gold mine Goldgrube
good gut
good smell Duft
grandchild Enkel(in)
grandfather Großvater
grandmother Großmutter
granny Oma
grandson Enkel
grapefruit Grapefruit
grateful dankbar
green grün
grey grau
ground Boden

H

hairdresser Frisör(in)
hand Hand
handsome gutaussehend
happy glücklich/froh/zufrieden
hat Hut
head Kopf
health Gesundheit
hero Held(in)
high hoch
high volume hohe Lautstärke
hill Hügel
historic historisch
holiday Urlaub
home Heim
homework Hausaufgaben
honest ehrlich
hope Hoffnung
horse Pferd
hospital Krankenhaus
hot heiß

hotel Hotel
house Haus
hundred hundert
husband Ehemann

I

ice cream Eis
idea Idee
imbecile Dummkopf
immediately sofort
impolite unhöflich
in in
in a loud voice mit lauter Stimme/laut
in front of vor
information Informationen
inside drinnen/im Inneren
instead of anstelle von
intelligence Intelligenz
interview (Vorstellungs)gespräch
invoice Rechnung
island (Verkehrs)insel
it is worth it das ist es wert

J

jacket Jacke
January Januar
jealous eifersüchtig
jeans Jeans
job Arbeit
joke Witz
journey Reise
juice Saft
July Juli
jumper Pullover
June Juni
jungle Dschungel
just nur
justice Gerechtigkeit

K

key Schlüssel
kick Tritt
kind freundlich
kitchen Küche
knee Knie
knickers Schlüpfer

L

lake See
land Land
landing Landung
last year letztes Jahr
law Gesetz
lawyer (Rechts)Anwalt/Anwältin
leg Bein
leopard Leopard
less niedriger/weniger
letter Brief
lift Aufzug
light leicht
light blue hellblau
like wie/ähnlich
lingerie Unterwäsche
lion Löwe
living room Wohnzimmer
long lang
loser Verlierer(in)
low niedrig
lucky glücklich
luggage Gepäck
lunch Mittagessen

M

mad verrückt
man (Plural: men) Mann
March März
marvellous wundervoll/großartig

match Spiel/Partie/Streichholz
material Material
May Mai
maybe vielleicht
meeting Treffen/Sitzung
melon Melone
mess Unordnung/Durcheinander
metal Metall
midday Mittag
midnight Mitternacht
milk Milch
mind Geist/Verstand
mirror Spiegel
Monday Montag
money Geld
morning Morgen/Vormittag
mother Mutter
motorbike Motorrad
motorway Autobahn
mountain Berg
mouse Maus
mouth Mund
mum Mama
museum Museum
music Musik

N

name Name
narrow schmal/eng
nature Natur
near in der Nähe/nahe bei
neck Hals/Nacken
neighbour Nachbar(in)
nephew Neffe
never nie
new neu
news Neuigkeit
newspaper Zeitung

nice gut/hübsch/nett
niece Nichte
night Nacht
nine neun
nineteen neunzehn
ninety neunzig
nobody niemand
noise Lärm
nonsense Unsinn
noon Mittag
nose Nase
nothing nichts
November November

O

October Oktober
odour Duft/Geruch
of von
off weg von
offended beleidigt
office Büro
often oft
old alt
on auf
one eins
only nur
open geöffnet
opinion Meinung
opposite gegenüber
orange orangefarben/Orange
order Auftrag
out (of) außerhalb/außer
outside draußen/außerhalb
owner Eigentümer(in)

P

package Paket
pain Schmerz

palm Handfläche
parents Eltern
park Park
parking lot Parkplatz
passenger Passagier(in)
peace Frieden
pear Birne
pea Erbse
pen Stift
pepper Pfeffer
perfect perfekt
photo Foto
pig Schwein
pineapple Ananas
pink rosa
plane Flugzeug
plastic Kunststoff
playboy Playboy
pleasant angenehm
plus plus
pocket Tasche
pointless zwecklos
police station Polizeirevier
polite höflich
pollution Verschmutzung
pool Schwimmbad
poor arm
pork Schweinefleisch
port Hafen/Portwein
positive positiv
post office Postamt/Post
potato Kartoffel
power Macht
pregnant schwanger
present Geschenk
private parts private (Körper)teile
problem Problem
product Produkt

profit Gewinn
progress Fortschritt
project Projekt
promise Versprechen
promotion Beförderung
pudding Pudding
purple lila/violett
purse Portemonnaie/Geldbeutel

Q
question Frage
queue (Kassen)schlange
quote Angebot/Kostenvoranschlag

R
rabbit Kaninchen
railway station Bahnhof
rain Regen
rainy regnerisch
rarely selten
reader Leser(in)
ready fertig
reason Grund
reception Rezeption
red rot
regarding bezüglich
relationship Beziehung
relatives Verwandte
rent Miete
restaurant Restaurant
rich reich
ridiculous lächerlich
ristorante Restaurant
river Fluss
road Straße
roof Dach
room Zimmer
roundabout Kreisverkehr

route Route

S

sad traurig
safe sicher
safely mit Sicherheit/sicher
salad Salat
salt Salz
same selbst
sand Sand
Saturday Samstag
sausage Wurst
school Schule
scooter Motorroller
scorpion Skorpion
Scots Schotten
scream Schrei
sea Meer
seaside (Meeres)küste
second zweite/r/s
secret Geheimnis
sensitive sensibel
September September
serious ernst
seven sieben
seventeen siebzehn
seventy siebzig
shallow seicht/flach
share Aktie
shelf Regal
ship Schiff
shirt Hemd
shop Laden/Geschäft
shop assistant Verkäufer(in)
shopping list Einkaufsliste
shore Küste/Ufer
short klein (bei Personen)
shut up! halte den Mund!

since seit/da/seitdem
sister Schwester
six sechs
sixteen sechzehn
sixty sechzig
skirt Rock
slow langsam
small klein
snail Schnecke
snow Schnee
snowy verschneit/schneebedeckt
so daher/also
so much so viel
soap Seife
sock Strumpf
sofa Sofa
somebody jemand
something etwas
sometimes manchmal
son Sohn
soon bald
sorry tut mir leid
soul Seele
speech Rede
spring Frühling
square Platz
stable Stall
stairs Treppe
steel Stahl
stolen gestohlen
storm Sturm
stormy stürmisch
story Geschichte
strawberry Erdbeere
stream Bach
street Straße
suburbs Stadtrand/Vororte
suddenly plötzlich

suit Anzug
sum Betrag
summer Sommer
sun Sonne
Sunday Sonntag
sunny sonnig
supermarket Supermarkt
supplier Lieferant(in)
sure sicher
swimming pool Schwimmbad
system Anlage

T

table Tisch
tactic Taktik
tale Erzählung
tall groß (bei Personen)
tea Tee
team Mannschaft
tear Träne
telephone Telefon
television Fernsehgerät
temperature Temperatur
ten zehn
than als (Komparativ)
thank goodness Gott sei Dank!
that jener/dass (Konjunktion)
the only thing das Einzige
there dort
these diese
thief Dieb(in)
thin dünn
thing Ding
thirteen dreizehn
thirty dreißig
this diese/r/s
those jene
three drei

throat Hals
through durch
thumb Daumen
thunder Donner
Thursday Donnerstag
tie Krawatte
tights Strumpfhose
till Kasse
time Zeit
tired müde
tired (of) satthaben
to nach
toe Zeh
toilette WC
torture Folter
towards gegen
tower Turm
town hall Rathaus
toy Spielzeug
traffic Verkehr
traffic lights Ampel
train Zug
train station Bahnhof
translation Übersetzung
transport Transport
tree Baum
trifle Trifle
trip Kurzreise
trolley Einkaufswagen
trouble (in) in Schwierigkeiten
trousers Hose
true wahr
T-shirt T-Shirt
Tuesday Dienstag
turned off ausgeschaltet
turned on eingeschaltet
TV Fernseher
twelve zwölf

VOCABULARY

twenty zwanzig
two zwei

U
ugly hässlich
umbrella Regenschirm
uncle Onkel
under unter
underground/tube U-Bahn
underpants Unterhose
understandable verständlich
ungrateful undankbar
unlike anders als
unlucky unglücklich
until bis
up hinauf
usually normalerweise

V
valley Tal
vampire Vampir
vast riesig
vegetables Gemüse
village Dorf
violent gewalttätig

W
walk Spaziergang
wall Wand
wallet Brieftasche

wardrobe mistress Garderobiere
warm warm
water Wasser
watermelon Wassermelone
waves Wellen
way Art/Weg
weapon Waffe
wedding Hochzeit
Wednesday Mittwoch
well gut
white weiß
wide breit
wife Ehefrau
wind Wind
window Fenster
windy windig
wine Wein
winter Winter
with mit/bei
within innerhalb
without ohne
wonderful wunderbar
wooden hölzern
wood Holz/Wald
work Arbeit
wrong falsch

Y
yellow gelb
young jung

REGULAR **VERBS**

Infinitiv	Past Simple	Past Participle	Übersetzung
to accept	accepted	accepted	akzeptieren
to add	added	added	hinzufügen
to admire	admired	admired	bewundern
to admit	admitted	admitted	zugeben/zulassen
to allow	allowed	allowed	erlauben
to advise	advised	advised	raten
to afford	afforded	afforded	(sich etw.) leisten
to agree	agreed	agreed	einverstanden sein
to analyse	analysed	analysed	analysieren
to announce	announced	announced	ankündigen
to annoy	annoyed	annoyed	ärgern
to answer	answered	answered	antworten
to applaud	applauded	applauded	applaudieren
to appreciate	appreciated	appreciated	jdn./etw. schätzen
to approve	approved	approved	billigen
to argue	argued	argued	streiten
to arrest	arrested	arrested	verhaften
to arrive	arrived	arrived	ankommen/eintreffen
to ask	asked	asked	fragen/bitten
to attach	attached	attached	befestigen/beilegen
to attack	attacked	attacked	angreifen
to attend	attended	attended	besuchen/teilnehmen
to attract	attracted	attracted	anziehen
to avoid	avoided	avoided	vermeiden
to bake	baked	baked	backen
to behave	behaved	behaved	sich benehmen
to belong	belonged	belonged	gehören
to bless	blessed	blessed	segnen
to boil	boiled	boiled	kochen
to bomb	bombed	bombed	bombardieren/ danebengehen
to book	booked	booked	buchen
to bore	bored	bored	langweilen
to borrow	borrowed	borrowed	leihen
to bounce	bounced	bounced	(auf)springen
to breathe	breathed	breathed	atmen
to burn	burned	burned	brennen
to bury	buried	buried	begraben/vergraben
to call	called	called	anrufen
to cancel	cancelled	cancelled	löschen

REGULAR VERBS

to care	cared	cared	sich kümmern/versorgen
to cause	caused	caused	verursachen
to challenge	challenged	challenged	herausfordern
to change	changed	changed	(ver)ändern
to charge	charged	charged	laden/berechnen
to chase	chased	chased	verfolgen
to cheat	cheated	cheated	betrügen
to check	checked	checked	überprüfen
to chew	chewed	chewed	kauen
to claim	claimed	claimed	geltend machen/fordern
to clean	cleaned	cleaned	putzen
to clear	cleared	cleared	klären/räumen
to close	closed	closed	schließen
to collect	collected	collected	sammeln
to come	came	come	kommen
to command	commanded	commanded	befehlen
to communicate	communicated	communicated	mitteilen
to compare	compared	compared	vergleichen
to compete	competed	competed	konkurrieren/teilnehmen
to complain	complained	complained	sich beklagen/klagen
to complete	completed	completed	vervollständigen/ausfüllen
to concentrate	concentrated	concentrated	(sich) konzentrieren
to confess	confessed	confessed	zugeben
to confuse	confused	confused	verwirren
to connect	connected	connected	verbinden
to consider	considered	considered	nachdenken/erwägen
to contain	contained	contained	enthalten
to continue	continued	continued	fortfahren
to convince	convinced	convinced	überzeugen
to cook	cooked	cooked	kochen
to copy	copied	copied	kopieren
to correct	corrected	corrected	korrigieren
to count	counted	counted	zählen
to cover	covered	covered	bedecken/abdecken
to crash	crashed	crashed	verunglücken
to cross	crossed	crossed	überqueren
to cry	cried	cried	weinen
to damage	damaged	damaged	beschädigen
to dance	danced	danced	tanzen
to dare	dared	dared	wagen
to decide	decided	decided	beschließen/entscheiden
to delay	delayed	delayed	verzögern
to deliver	delivered	delivered	(aus)liefern

to describe	described	described	beschreiben
to deserve	deserved	deserved	verdienen
to destroy	destroyed	destroyed	zerstören
to develop	developed	developed	entwickeln
to die	died	died	sterben
to diet	dieted	dieted	fasten/Diät machen
to discover	discovered	discovered	entdecken
to dislike	disliked	disliked	missbilligen
to disturb	disturbed	disturbed	stören
to divide	divided	divided	teilen
to double	doubled	doubled	verdoppeln
to doubt	doubted	doubted	zweifeln
to dress	dressed	dressed	sich anziehen
to earn	earned	earned	verdienen
to embarrass	embarrassed	embarrassed	in Verlegenheit bringen
to employ	employed	employed	beschäftigen
to empty	emptied	emptied	leeren
to enjoy	enjoyed	enjoyed	genießen
to enter	entered	entered	eintreten/betreten
to envy	envied	envied	beneiden
to stand	stood	stood	stehen
to escape	escaped	escaped	fliehen/entkommen
to exaggerate	exaggerated	exaggerated	übertreiben
to excuse	excused	excused	entschuldigen
to expand	expanded	expanded	zunehmen/expandieren
to explain	explained	explained	erklären
to expect	expected	expected	erwarten
to fail	failed	failed	scheitern
to fear	feared	feared	(be)fürchten
to fill	filled	filled	füllen
to finish	finished	finished	fertig werden/ beenden
to fix	fixed	fixed	befestigen/reparieren
to flow	flowed	flowed	fließen
to fold	folded	folded	falten/zusammenklappen
to follow	followed	followed	folgen
to glue	glued	glued	kleben
to guarantee	guaranteed	guaranteed	garantieren
to guess	guessed	guessed	(er)raten
to guide	guided	guided	führen/lenken

REGULAR VERBS

to happen	happened	happened	geschehen/passieren
to hate	hated	hated	hassen
to heat	heated	heated	erhitzen
to help	helped	helped	helfen
to hope	hoped	hoped	hoffen
to hug	hugged	hugged	umarmen
to hunt	hunted	hunted	jagen
to ignore	ignored	ignored	ignorieren
to imagine	imagined	imagined	sich vorstellen
to improve	improved	improved	verbessern
to include	included	included	beinhalten/einschließen
to increase	increased	increased	erhöhen/steigen
to influence	influenced	influenced	beeinflussen
to inform	informed	informed	informieren
to intend	intended	intended	beabsichtigen
to interfere	interfered	interfered	sich einmischen/stören
to interrupt	interrupted	interrupted	unterbrechen
to introduce	introduced	introduced	einführen/vorstellen
to invest	invested	invested	investieren
to invite	invited	invited	einladen/auffordern
to irritate	irritated	irritated	(ver)ärgern/reizen
to join	joined	joined	sich anschließen/verbinden
to joke	joked	joked	scherzen
to judge	judged	judged	urteilen
to jump	jumped	jumped	springen
to kick	kicked	kicked	treten
to kill	killed	killed	töten/umbringen
to kiss	kissed	kissed	küssen
to knock	knocked	knocked	(an)klopfen
to land	landed	landed	landen
to last	lasted	lasted	(an)dauern
to laugh	laughed	laughed	lachen
to launch	launched	launched	beginnen
to learn	learned	learned	lernen
to lie	lied	lied	lügen
to like	liked	liked	gefallen
to listen	listened	listened	zuhören
to live	lived	lived	leben/wohnen
to load	loaded	loaded	(ver)laden
to lock	locked	locked	abschließen

to look	looked	looked	schauen
to love	loved	loved	lieben
to manage	managed	managed	führen/leiten
to marry	married	married	heiraten
to match	matched	matched	zu etw. passen/abstimmen
to miss	missed	missed	vermissen
to mix	mixed	mixed	mischen
to move	moved	moved	bewegen/rühren
to molest	molested	molested	belästigen
to multiply	multiplied	multiplied	multiplizieren
to need	needed	needed	brauchen
to notice	noticed	noticed	bemerken
to observe	observed	observed	beobachten
to offend	offended	offended	beleidigen
to offer	offered	offered	anbieten
to open	opened	opened	(er)öffnen
to order	ordered	ordered	bestellen
to own	owned	owned	besitzen
to paint	painted	painted	malen/anstreichen
to park	parked	parked	parken
to pass	passed	passed	vorbeigehen/ vorübergehen
to permit	permitted	permitted	erlauben
to pick	picked	picked	pflücken
to plan	planned	planned	planen
to play	played	played	spielen
to please	pleased	pleased	gefallen
to pour	poured	poured	einschenken
to practise	practised	practised	ausüben/praktizieren/üben
to pray	prayed	prayed	beten
to prefer	preferred	preferred	bevorzugen
to prepare	prepared	prepared	vorbereiten/zubereiten
to present	presented	presented	präsentieren/überreichen
to press	pressed	pressed	drücken
to pretend	pretended	pretended	vorgeben/vortäuschen
to print	printed	printed	drucken
to produce	produced	produced	produzieren
to promise	promised	promised	versprechen
to protect	protected	protected	schützen
to provide	provided	provided	liefern/zur Verfügung stellen

REGULAR VERBS

to pull	pulled	pulled	ziehen
to punish	punished	punished	bestrafen
to push	pushed	pushed	drücken
to queue	queued	queued	Schlange stehen
to reach	reached	reached	erreichen
to receive	received	received	erhalten
to recognise	recognised	recognised	erkennen
to reduce	reduced	reduced	reduzieren
to refuse	refused	refused	ablehnen/verweigern
to regret	regretted	regretted	bereuen/bedauern
to relax	relaxed	relaxed	sich erholen
to remember	remembered	remembered	sich erinnern
to remove	removed	removed	entfernen
to repeat	repeated	repeated	wiederholen
to request	requested	requested	bitten
to return	returned	returned	zurückkehren/zurückgeben
to risk	risked	risked	riskieren
to rob	robbed	robbed	(aus)rauben
to sack	sacked	sacked	feuern (kündigen)
to satisfy	satisfied	satisfied	zufriedenstellen
to save	saved	saved	sparen/retten
to scream	screamed	screamed	schreien
to search	searched	searched	suchen
to seem	seemed	seemed	(er)scheinen
to separate	separated	separated	trennen
to serve	served	served	(be)dienen
to share	shared	shared	teilen
to sign	signed	signed	unterzeichnen
to smell	smelled	smelled	riechen
to smile	smiled	smiled	lächeln
to smoke	smoked	smoked	rauchen
to spell	spelled	spelled	buchstabieren
to spill	spilled	spilled	verschütten
to spoil	spoiled	spoiled	verderben/verwöhnen
to start	started	started	beginnen
to stay	stayed	stayed	bleiben
to stop	stopped	stopped	(an)halten/aufhören
to study	studied	studied	lernen/studieren
to suffer	suffered	suffered	leiden
to suffocate	suffocated	suffocated	ersticken
to suggest	suggested	suggested	vorschlagen

to suit	suited	suited	passen/stehen
to support	supported	supported	unterstützen
to suppose	supposed	supposed	annehmen/vermuten
to surprise	surprised	surprised	überraschen
to surround	surrounded	surrounded	umgeben
to switch	switched	switched	umschalten/wechseln
to talk	talked	talked	reden
to taste	tasted	tasted	versuchen/probieren
to tempt	tempted	tempted	versuchen (Versuchung)
to test	tested	tested	testen/ausprobieren
to thank	thanked	thanked	danken
to tie	tied	tied	binden
to touch	touched	touched	berühren
to travel	travelled	travelled	reisen
to treat	treated	treated	behandeln
to trust	trusted	trusted	vertrauen
to try	tried	tried	versuchen/ausprobieren
to turn	turned	turned	drehen/abbiegen
to type	typed	typed	(auf der Tastatur) tippen
to undress	undressed	undressed	sich ausziehen
to unite	united	united	vereinigen
to unlock	unlocked	unlocked	entriegeln/aufschließen
to use	used	used	verwenden
to vanish	vanished	vanished	verschwinden
to visit	visited	visited	besuchen/besichtigen
to wait	waited	waited	warten
to walk	walked	walked	(spazieren) gehen
to want	wanted	wanted	wollen
to warn	warned	warned	warnen
to wash	washed	washed	waschen
to waste	wasted	wasted	verschwenden/vergeuden
to watch	watched	watched	anschauen/ beobachten
to welcome	welcomed	welcomed	willkommen heißen/ begrüßen
to wish	wished	wished	wünschen
to work	worked	worked	arbeiten
to worry	worried	worried	sich sorgen
to yawn	yawned	yawned	gähnen

IRREGULAR **VERBS**

Infinitif	Past Simple	Past Participle	Übersetzung
to be	was, were	been	sein
to beat	beat	beaten	schlagen
to become	became	become	werden
to begin	began	begun	beginnen
to bend	bent	bent	biegen
to bet	bet	bet	wetten
to bite	bit	bitten	beißen
to blow	blew	blown	blasen
to break	broke	broken	kaputt machen/zerbrechen
to bring	brought	brought	bringen
to build	built	built	bauen
to burn	burnt (burned)	burnt (burned)	verbrennen
to buy	bought	bought	kaufen
to catch	caught	caught	(ein)fangen
to choose	chose	chosen	(aus)wählen
to come	came	come	kommen
to cost	cost	cost	kosten
to cut	cut	cut	schneiden/kürzen
to dig	dug	dug	graben
to do	did	done	tun/machen
to draw	drew	drawn	zeichnen
to drive	drove	driven	fahren
to drink	drank	drunk	trinken
to eat	ate	eaten	essen
to fall	fell	fallen	fallen
to feel	felt	felt	(sich) fühlen
to fight	fought	fought	kämpfen
to find	found	found	finden
to fly	flew	flown	fliegen
to forget	forgot	forgotten	vergessen
to forgive	forgave	forgiven	verzeihen
to freeze	froze	frozen	gefrieren/einfrieren
to get	got	got	erhalten/werden
to give	gave	given	geben
to go	went	gone	gehen
to grow	grew	grown	wachsen

to hang	hung	hung	(auf)hängen
to have	had	had	haben
to hear	heard	heard	hören
to hide	hid	hidden	verstecken/verbergen
to hit	hit	hit	treffen
to hold	held	held	halten
to hurt	hurt	hurt	schmerzen/weh tun
to keep	kept	kept	(auf)halten
to know	knew	known	wissen/kennen
to lay	laid	laid	legen
to lead	led	led	führen
to leave	left	left	abreisen/verlassen
to lend	lent	lent	(ver)leihen
to let	let	let	lassen
to lie	lay	lain	liegen
to lose	lost	lost	verlieren
to make	made	made	machen/tun
to mean	meant	meant	bedeuten/meinen
to meet	met	met	treffen/kennenlernen
to pay	paid	paid	(be)zahlen
to put	put	put	legen/stellen
to read	read	read	lesen
to ride	rode	ridden	reiten
to ring	rang	rung	klingeln
to rise	rose	risen	steigen/aufgehen
to run	ran	run	laufen/rennen
to say	said	said	sagen
to see	saw	seen	sehen
to sell	sold	sold	verkaufen
to send	sent	sent	schicken
to show	showed	shown	zeigen
to shut	shut	shut	schließen
to sing	sang	sung	singen
to sit	sat	sat	sitzen
to sleep	slept	slept	schlafen
to speak	spoke	spoken	sprechen
to spend	spent	spent	ausgeben
to stand	stood	stood	stehen

IRREGULAR VERBS

to steal	stole	stolen	stehlen
to swim	swam	swum	schwimmen
to take	took	taken	nehmen
to teach	taught	taught	unterrichten
to tear	tore	torn	ziehen
to tell	told	told	sagen
to think	thought	thought	denken
to throw	threw	thrown	werfen
to understand	understood	understood	verstehen
to wake	woke	woken	(auf)wecken
to wear	wore	worn	(Kleidung) tragen
to win	won	won	gewinnen
to withdraw	withdrew	withdrawn	(Geld) abheben
to write	wrote	written	schreiben

INDEX

Introduction 4

GRAMMAR

STEP 1
1.1.1   Das Verb SEIN (*TO BE*) 9
            die bejahte Form 9
            die verneinte Form 13
            die Frageform 13
1.1.2   Der Artikel 16
1.1.3   Der Plural 17
1.1.4   Die Personalpronomen 19
1.1.5   Das Verb HABEN (*TO HAVE*) 21
            die bejahte Form 21
            die Frageform 22
            die verneinte Form 23
1.1.6   Grundwortschatz 25
            Farben 25
            Familie und Heim 26
            Zahlen 29
1.1.7   Possessivbegleiter und Possessivpronomen 32
1.1.8   *Double object* 34
1.1.9   Der S-Genitiv 35
1.1.10   Präpositionen 37
1.1.11   Demonstrativbegleiter und Demonstrativpronomen 41
1.1.12   Wer, wie, was, wann und wo? 43
1.1.13   *There is/there are* 48
1.1.14   Wochentage und Tageszeiten 50
1.1.15   Monate und Jahreszeiten 51
1.1.16   Die Uhrzeit 52

STEP 2
1.2.1   *Countables and uncountables* 55
1.2.2   *How much/How many* 57
1.2.3   *Much, many, a lot of* 58
1.2.4   *Very and really* 60
1.2.5   *Too much, too many, too* 61
1.2.6   *Question words* 64

1.2.7   *Simple Present/Present Simple* 65
der Aussagesatz 66
der Fragesatz 66
der verneinte Satz 68
using it! 68
1.2.8   Adverbien der Häufigkeit 72
1.2.9   *Present Continuous* 75
der Aussagesatz 76
der Fragesatz 76
der verneinte Satz 77
uses 77
1.2.10   *Going to* 93
1.2.11   *Das Simple Future* 94
1.2.12   *Das Simple Past* 102
der Aussagesatz 103
der verneinte Satz 104
der Fragesatz 104
examples 104
1.2.13   *Das Past Continuous* 109
1.2.14   *Prepositions, adjectives and verbs + -ING* 116

STEP 3
1.3.1   *Prepositions* 119
place 122
time 123
motion 127
1.3.2   *IF* 131
1.3.3   *Adjectives* 136
1.3.4   *Comparative* 139
Mehrheit 139
Minderheit 141
Gleichheit 141
1.3.5   *Superlative* 145
Der absolute Superlativ 145
Der relative Superlativ 146
1.3.6   *The human body and the five senses* 152
the head 153
the eyes 153

the nose 154
the ears 155
the mouth 155
"the voice" 156
the fifth sense 157

STEP 4
1.4.1   *Present Perfect* 161
1.4.2   *Present Perfect Continuous* 163
1.4.3   *Past Perfect* 166
1.4.4   Die Modalverben 168
         Can/Could/Be able to 168
         Could/Could have 173
         Would/Would have 176
         Should/Should have 177
         Might/Might have 179
         Must and have to 181

STEP 5
1.5.1   *Anglo Saxon family* 185
         To get 185
         To set 190
         To let 190
         To keep 191
1.5.2   *Phrasal verbs* 192
1.5.3   *Passive form* 205

ENGLISH IN USE

AT WORK
2.1.1   *Receiving someone* 209
2.1.2   *Small talk* 210
         Ice breakers 210
         How to say goodbye 211
2.1.3   *Communicate at work* 213
2.1.4   E-mail 214
         Das „Sandwichprinzip" (positiver Anfang – schlechte Nachricht –
         starker Schluss) 215

	Signing off 217
2.1.5	*On the telephone* 223
	A message on an answering machine 224
	The game rules 226
2.1.6	*Conference calls* 227
	Introduction 228
	How it is done 228
2.1.7	*Presentations* 230
	A funny start 231

GOING ABROAD
2.2.1	*Bookings* 233
	Flights 233
	Trains 235
	Hotels 236
	Restaurants 239
2.2.2	*Places and directions* 241
2.2.3	*Travel* 245
2.2.4	*Eating out* 248

SITUATIONS AND WORDS

REAL LIFE
3.1.1	*Shopping* 255
	Grocery 258
	Clothes 260
3.1.2	*Jobs* 262
3.1.3	*Money* 268
3.1.4	*Weather* 270
3.1.5	*Places* 272

IDIOMS
	American English 275
	A 276
	B 280
	C 284

D 288
F-G 292
H 296
I 299
K-L 302
M 306
N 311
O 314
P 317
Q-R 321
S 324
T 330
U 333
W-Y 334

FINAL PART

Solutions and translations
        step 1 339
        step 2 343
        step 3 354
        step 4 359
        step 5 362
        GOING ABROAD 363
        REAL LIFE 364
        IDIOMS 367

Vocabulary 375

Regular verbs 385

Irregular verbs 392